Rainer Dissars-Nygaard, Jahrgang 1949, studierte Betriebswirtschaft und ist als Unternehmensberater tätig. Er lebt auf der Insel Nordstrand bei Husum. Im Emons Verlag erschienen unter dem Pseudonym Hannes Nygaard »Tod in der Marsch«, »Vom Himmel hoch«, »Mordlicht«, »Tod an der Förde«, »Todeshaus am Deich«, »Küstenfilz«, »Todesküste«, »Tod am Kanal« und »Der Tote vom Kliff«.
www.hannes-nygaard.de

Dieses Buch ist ein Roman. Handlungen und Personen sind frei erfunden. Ähnlichkeiten mit lebenden oder toten Personen sind rein zufällig.

HANNES NYGAARD

MORD AN DER LEINE

NIEDERSACHSEN KRIMI

Emons Verlag

© Hermann-Josef Emons Verlag
Alle Rechte vorbehalten
Umschlagzeichnung: Heribert Stragholz
Druck und Bindung: CPI – Clausen & Bosse, Leck
Printed in Germany 2009
ISBN 978-3-89705-625-1
Niedersachsen Krimi
Originalausgabe

Unser Newsletter informiert Sie
regelmäßig über Neues von emons:
Kostenlos bestellen unter
www.emons-verlag.de

Dieser Roman wurde vermittelt durch die Agentur EDITIO DIALOG,
Dr. Michael Wenzel, Lille, Frankreich (www.editio-dialog.com)

Für Ulla und Axel

*»Jede Art zu schreiben
ist erlaubt,
nur nicht die langweilige.«*
Voltaire

EINS

Die tief liegenden Wolken hüllten die Stadt in ein düsteres Grau. Wo sonst eine farbenfrohe Schaufenstergestaltung, ein blumengeschmückter Balkon oder das aufreizende Bunt der nachsommerlichen Frauenkleidung dem Auge einen Anhaltspunkt bot, deckte der kräftige Landregen heute alles zu. Kaum jemand hatte sich auf die Straße getraut. Wer konnte, blieb in den eigenen vier Wänden.

Stoßstange an Stoßstange tasteten sich die Fahrzeuge Richtung Innenstadt. Handwerker, gewerbliche Arbeitnehmer und ein paar unentwegte Büroangestellte hatten ihren Arbeitsplatz erreicht. Der Rest saß in seinem Wagen, plierte durch die regennasse Windschutzscheibe und erfuhr den ersten Stress des Tages, der die Menschen unweigerlich erfasste, wenn ein simpler Regen den Strom der Autos noch zäher fließen ließ, als es der morgendliche Berufsverkehr in Hannovers Innenstadt ohnehin nur zuließ.

Gerlinde Scharnowski zog die Nase kraus. Ihr graues Haar hatte sie mit einer durchsichtigen Regenhaube aus Plastik geschützt. Über den Schultern hing das leichte Regencape. Die dunkle Stoffhose wies an der Rückseite schmutzig graue Regenspritzer auf, während die Füße in Schuhen mit Gummisohlen steckten.

Der Regen war über Nacht gekommen. Noch am Vortag hatte sie mit ihrem Mann Hubert bis zum frühen Abend auf dem Balkon gesessen und die immer noch kräftige Septembersonne genossen. Auch der unangenehme Regen hielt sie nicht von ihrem allmorgendlichen Ritual ab. Beim Bäcker hatte sie die drei Brötchen gekauft, die sich die beiden alten Leute zum Frühstück teilten. Dann war sie zum kleinen Zeitungsladen gegangen, um die Hannoversche Allgemeine und die Bildzeitung zu kaufen. Seit beide vor vielen Jahren in den Ruhestand gegangen waren, gehörte das schweigsame Zeitunglesen, zu dem das Morgenmahl eingenommen wurde, zu ihren lieb gewonnenen Gewohnheiten.

»Bring ein paar Stumpen mit«, hatte ihr Hubert aus dem Badezimmer hinterhergerufen und dabei sein mit weißem Rasierschaum verziertes Gesicht durch den Türspalt gesteckt. Ein Lächeln huschte über ihr Gesicht. Hubert verwandte für Zigarillos immer noch den von seinem Vater übernommenen Begriff »Stumpen«.

Sie hatte ein paar Worte mit Hassan, dem Betreiber des Zeitungsladens gewechselt. Jahrzehnte hatte die Familie Schiller das Geschäft betrieben, zunächst die Alten, dann hatte die Tochter den Laden übernommen. Irgendwann hatte die an Hassan verkauft. Und mittlerweile hatten sich auch die älteren Menschen des Viertels an den stets gut gelaunten Mann aus Afrika gewöhnt.

»So ein Schietwetter«, schimpfte Gerlinde Scharnowski, als sie auf die Straße trat.

»Das bleibt nicht so«, sagte Hassan hinter ihrem Rücken. »Bis Mittag hört das auf. Bestimmt.«

»Bis morgen«, rief sie dem Zeitungshändler zu und erschrak, als eine Frau dicht an der Hauswand entlanglief und sie anrempelte.

»Was ist denn mit der los?«, schimpfte Gerlinde Scharnowski. »Die hat sie wohl nicht mehr alle beieinander.«

»Die kenne ich«, antwortete Hassan ungefragt. »Die Frau arbeitet gleich hier nebenan. Beim Italiener.«

»Der mit den Lebensmitteln?«

»Genau der.«

»Da habe ich noch nie eine Konservendose gesehen«, stellte Gerlinde Scharnowski energisch fest.

»Ist ein Großhändler«, erklärte Hassan. »Der muss sein Lager woanders haben. Die Frau ist seine Sekretärin.«

»Hat der noch mehr Leute?«

»Ich habe noch keinen weiteren gesehen.«

»Wirklich komisch. Was machen die denn nur, ich meine – so zu zweit?«

Hassan lachte. »Das dürfen Sie mich nicht fragen.«

»Warum rennt die durch den Regen? Ohne Jacke und ohne Schirm. Die flüchtet wohl vor ihrem heißblütigen Chef. Man hört ja so einiges von den Italienern. Das sollen ja alles Casanovas sein.«

»Ja, ja«, pflichtete Hassan ihr bei. Er hatte sich angewöhnt, zu vielen von seinen Kunden geäußerten Meinungen in dieser Weise zu antworten. Das entband ihn von einer ausführlichen Stellungnahme und verärgerte nicht die von Jahr zu Jahr weniger werdenden Stammkunden.

»Die habe ich schon ein paar Mal gesehen«, meldete sich ein älterer Mann aus dem Hintergrund des Zeitungsladens und trat zu Gerlinde Scharnowski und Hassan. Ein dunkler Schatten lag auf seinen eingefallenen Wangen. Eduard Scheer nuckelte vorsichtig an seinem Flachmann. Viele Bewohner des Viertels nannten den Frührentner, der nach einem Arbeitsunfall das linke Bein leicht hinterherzog, Schluck-Ede. »Ist eine ganz Flotte. Aber da kommt unsereiner nicht ran.« Er klopfte Hassan jovial auf die Schulter. »Nicht wahr, mein Freund?«

Der Ladenbesitzer nickte Schluck-Ede freundlich zu. »Ja, ja.«

»Ich will dann mal«, sagte Gerlinde Scharnowski und wollte den Heimweg antreten, als sie durch ein direkt vor der Tür haltendes Lieferfahrzeug eines Paketdienstes abgelenkt wurde. Sofort bildete sich hinter dem Fahrzeug ein Stau, und die ersten ohnehin durch den Regen im Fortkommen eingeschränkten Autofahrer begannen wütend zu hupen.

»Der blockiert ja den ganzen Verkehr«, stellte Gerlinde Scharnowski fest und blieb entgegen ihrer Absicht doch stehen, während der Fahrer des Lieferwagens heraussprang. Die zornigen Autofahrer schienen ihn nicht zu irritieren.

»Wie soll der arme Kerl sonst seine Sachen ausliefern?«, sagte Schluck-Ede.

»Doch nicht so. Wenn das jeder machen würde. Was sagen Sie dazu?«, wandte sich Gerlinde Scharnowski an Hassan.

»Ja, ja.«

Der Paketbote hatte die Tür seines Aufbaus geöffnet und sprang jetzt mit einem Paket unterm Arm behände von der Ladefläche. Mit einem lauten Krachen schlug er die Tür hinter sich ins Schloss und verschwand im benachbarten Hauseingang.

Schluck-Ede besah nachdenklich seinen Flachmann. »Wartet Hubert nicht auf seine Brötchen?«, fragte er in Richtung Gerlinde Scharnowski.

Die schüttelte erbost ihr graues Haupt, als sich der Stau hinter dem die Fahrbahn blockierenden Lieferfahrzeug weiter aufbaute und ein Golf beim Versuch, auszuscheren, fast mit einem Mercedes kollidiert wäre, der nicht bereit war, eine Lücke zu machen.

»Man sollte die Polizei rufen«, schimpfte die Frau.

»Die kommen doch nicht bei solchem Wetter«, sagte Schluck-Ede lachend. Dann war sein innerer Widerstand gebrochen, und er nahm den restlichen Schluck aus seinem Flachmann. Er reichte Hassan die leere Flasche und wollte sich am Ladenbesitzer vorbei hinaus auf die Straße zwängen. »Macht's gut, Leute«, sagte er leise. »Morgen auf ein Neues.«

Der Regen war ein wenig heftiger geworden, sodass er entgegen seiner Absicht noch in der Eingangstür des Zeitungsladens verharrte. »So ein Schietwetter«, stellte er fest. Die drei standen eine Weile stumm da, bis der Paketbote aus der Haustür gerannt kam und sich gehetzt umsah. Er nahm die drei Leute im Eingang wahr und stürzte auf sie zu. Seine Haare hingen ihm in die Stirn und bedeckten fast die Augen, aus denen das tiefe Erschrecken sprach.

»Da liegt einer. Da oben. Da ist ganz viel Blut.«

Im ersten Augenblick herrschte Schweigen. Gerlinde Scharnowski sah den Zusteller mit großen Augen an. Schluck-Ede gewann als Erster die Fassung zurück. »Ehrlich?«, fragte er.

»Na klar. Ich wollte das Paket abgeben. Beim Italiener. Das Büro ist in einer ganz normalen Wohnung untergebracht. Weil niemand öffnete und die Tür nur angelehnt war, bin ich rein. ›Hallo‹, hab ich gerufen. Und im großen Zimmer lag er – der Mann. Rundherum alles voller Blut.«

»Ist ja 'n Ding«, murmelte Schluck-Ede.

»Wir müssen die Polizei rufen«, sagte Gerlinde Scharnowski entschlossen.

»Das wollten Sie doch sowieso«, erwiderte Schluck-Ede. »Der da oben – das ist wenigstens ein triftiger Grund, dass die Brüder auch bei solchem Wetter raus müssen. Oder was meinst du, Hassan?« Er drehte sich dabei zum Ladenbesitzer um.

»Ja – ja«, antwortete der automatisch. Dann gab er sich einen Ruck und verschwand hinter seinem Verkaufstresen. »Ich bin schon unterwegs«, sagte er.

»Das ist Frauke Dobermann. Herzlich willkommen in Hannover.«
Kriminaloberrat Michael Ehlers lehnte sich zurück und wies mit der ausgestreckten Hand auf die Frau mit der etwas zu spitzen Nase, der Brille und dem nackenlangen mahagonirot gefärbten Haar.

Frauke nickte dem Leiter der Abteilung für organisierte Kriminalität im Landeskriminalamt zu, während sie von den anderen fünf Personen neugierig begutachtet wurde.

Es war ein karg wirkender Raum, in dem die Mitarbeiter dieser Schwerpunktabteilung ihre Dienstbesprechungen abhielten. Die Wände waren ein wenig abgestoßen und hätten einen neuen Anstrich gut vertragen können. Irgendjemand hatte einen Wandkalender angebracht, der einen Sportwagen mit einem rasanten Fotomodell zeigte und für einen Mineralölkonzern warb. An der Querwand hing ein Werbeplakat, das Nachwuchskräfte für den Eintritt in den Polizeidienst ansprechen sollte und von einer verantwortungsvollen Lebensaufgabe sprach und dabei in rosigen Farben die Vorzüge dieses Berufs ausmalte. Mit dickem Filzstift hatte jemand »Lügen ist die Vorstufe des Betruges« darunter gepinselt. Ein Whiteboard war der dritte Wandschmuck. Neben dem Tisch mit der Kunststoffplatte und acht Stühlen zierte lediglich ein einsames Flipchart den Raum, wenn man von den kümmerlichen Topfpflanzen absah, die auf der Fensterbank standen.

Ehlers nahm einen Schluck Kaffee und verzog leicht das Gesicht. Er griff zur Untertasse auf dem Tisch, nahm ein Stück Würfelzucker und rührte gedankenverloren in seiner Tasse, bevor er Frauke Dobermann anlächelte.

»Die neue Kollegin ist Erste Hauptkommissarin und war bisher als Leiterin des K1 in Flensburg tätig. Ihr eilt der Ruf voraus, die nördlichste Mordkommission Deutschlands mehr als erfolgreich geleitet zu haben.«

Sie wurden durch ein schlürfendes Geräusch unterbrochen. Alle sahen den älteren Mann mit dem zerfurchten Gesicht und den grauen Haaren an. Er stellte seine Kaffeetasse auf den Tisch zurück und fuhr sich mit der Hand durch den gepflegten Bart, der Oberlippe und Kinn zierte und in dem das Weiß dominierte.

»Wenn Sie so tüchtig sind, verstehe ich nicht, weshalb Sie unbedingt zu uns nach Hannover kommen wollen.« Er hielt einen Moment inne.«Na ja. Andererseits ergreift man wohl gern einen Strohhalm, um vom Nordkap in eine richtige Stadt zu flüchten.«

Bevor Ehlers antworten konnte, beugte sich Frauke in die Richtung und sagte mit betont spitzer Stimme:»Ich nehme an, dass Sie Flensburg nur als Versandadresse für Bestellungen bei Beate Uhse kennen.«

Schallendes Gelächter brach aus, bevor der Enddreißiger, der neben dem Kriminaloberrat saß, sich einmischte.»Na, Jakob, manchmal stößt auch ein alter Macho an seine Grenzen.«

Ehlers hob die Hand und bedeutete damit das Ende des kleinen Geplänkels.»Sie sehen, Frau Dobermann, das ist eine muntere Truppe, zu der Sie stoßen werden.« Er zeigte auf den Älteren.»Das ist der Kollege Jakob Putensenf, der Senior. Ein altgedienter Haudegen. Er war schon dabei, als manche von uns noch intensiv über die Berufswahl nachdachten.« Dann nickte der Kriminaloberrat in Richtung seines Nachbarn.»Das ist Bernd Richter. Kriminalhauptkommissar. Er leitet das Kommissariat und ist demzufolge auch Ihr fachlicher Vorgesetzter.«

Frauke öffnete den Mund zu einer Antwort, aber Ehlers kam ihr zuvor.»Auch wenn Sie *Erste* Hauptkommissarin sind, wird die Verantwortung bei Herrn Richter bleiben. Ich darf davon ausgehen, dass es Ihnen nichts ausmacht.«

»Frauen gehören nicht zur Polizei. Schon gar nicht zur Kripo«, mischte sich Jakob Putensenf ein. Dann sah er die zweite Frau in der Runde an.»Höchstens im Innendienst. Aber da haben wir ja schon unsere Uschi.«

Alle Augen wanderten zu der jungen Schreibkraft mit der stufig geschnittenen blonden Kurzhaarfrisur. Frauke bemerkte mit einem Seitenblick, dass Putensenf der hochgewachsenen Frau ungeniert auf den üppigen Busen starrte.

»Frau Westerwelle-Schönbuch«, stellte Ehlers vor.»Wir haben uns angewöhnt, die Kollegin nur mit dem ersten Namensteil zu rufen. Nicht wahr?« Er lächelte in Richtung der Schreibkraft, die mit ernster Miene nickte. Dann lehnte sich der Kriminaloberrat entspannt zurück.»Bleiben noch zwei Kollegen, die ich Ihnen vorstellen darf. Lars von Wedell ist der Jüngste im Team. Er ist seit einem Monat Kommissar.«

Der junge Mann mit dem offenen frischen Gesicht lächelte Frauke an. »Ich freue mich auf die Zusammenarbeit«, sagte er. »Im Übrigen nennen mich alle Lars.«

»Bleibt noch Nathan Madsack«. Ehlers zeigte mit der offenen Handfläche auf einen schwergewichtigen Mann mit Doppelkinn und Pausbacken im runden Gesicht. Neben der fleischigen Nase beeindruckten die dichten Augenbrauen. Der Mann trug einen sandfarbenen Anzug mit korrekt gebundener Krawatte. Ein sauber gezogener Scheitel im dunkelblonden Haar unterstrich das biedere Aussehen.

»Madsack – aber nicht verwandt und nicht verschwägert«, sagte der Korpulente. Es hatte den Anschein, als würde er allein beim Sprechen vor Anstrengung kurzatmig werden.

»Herr Madsack ist auch Hauptkommissar.«

»Danke für die Vorstellung, Herr Ehlers«, ergriff Frauke das Wort und ließ den Blick von einem zum anderen wandern, als wollte sie sich die Gesichter einprägen. »Dann freue ich mich auf die Zusammenarbeit. Ich hoffe, es stört Sie nicht, dass ich eine Frau bin.« Dabei warf sie einen giftigen Blick auf Jakob Putensenf.

»Ach was. Es wird sich schon irgendeine Arbeit am Schreibtisch für Sie finden«, erwiderte der.

»Ich denke, dass ich unseren Kunden im Zweifelsfall schneller hinterherlaufen kann als Sie.«

»Das ist ja eine lebhafte Vorstellungsrunde«, mischte sich der Kriminaloberrat ein. »Sie sehen, liebe Frau Dobermann, dass wir hier eine ausgesprochen dynamische Mannschaft haben.«

Unwillkürlich sah er dabei den schwergewichtigen Madsack an.

»Zumindest scheint hier sehr viel Erfahrung zusammenzukommen, wenn mit Ausnahme des jungen Kollegen nur Hauptkommissare in diesem Kommissariat tätig sind«, versuchte Frauke einen versöhnlichen Abschluss.

Für einen Moment herrschte betretenes Schweigen, bis Ehlers sich räusperte. »Herr Putensenf ist ein altgedienter und verdienter Mitarbeiter. Sozusagen eine Recke von echtem Schrot und Korn.«

»Was wollen Sie damit andeuten?«, fragte Frauke.

»Nun ja. Damals gab es noch eine andere Struktur bei der Polizei«, wich der Kriminaloberrat aus. »Also – Herr Putensenf ist Kriminalhauptmeister.«

»Stört Sie das?«, fragte Putensenf in Fraukes Richtung.
»Lass gut sein, Jakob«, mischte sich Madsack ein.
Sie wurden durch das laute Klingeln eines Handys unterbrochen. Bernd Richter tauchte in die Tiefen seiner Jeans ein und angelte nach dem Mobiltelefon. »Richter.« Dann lauschte er in den Hörer. »Wo?«, fragte er kurz, nickte beiläufig und sagte: »Die Straße kenne ich. Gut. Wir sind schon unterwegs.«
Er steckte sein Handy wieder ein, stand auf und machte eine winkende Handbewegung. »Das war der Kriminaldauerdienst. Es gibt Arbeit, Leute. Man hat in der Sallstraße eine Leiche gefunden.«
»Das ist doch eine Sache für die Mordkommission«, warf Nathan Madsack ein.
»Man hat uns benachrichtigt, weil es sich um einen alten Bekannten handelt. Marcello Manfredi.« Hauptkommissar Richter stand auf. Putensenf, Madsack und von Wedell folgten ihm. Und mit einer Selbstverständlichkeit, als würde sie schon immer dazugehören, lief Frauke den Männern hinterher.

Die Beamten der Sonderkommission besetzten zwei Fahrzeuge, mit denen sie zum Tatort fuhren.
»Kommen Sie mit mir?«, hatte Madsack gefragt und einen Mercedes der A-Klasse angesteuert, während sich die drei anderen zu einem Ford Focus begaben.
Sie fuhren vom Landeskriminalamt in der Schützenstraße am Welfenplatz vorbei, der allerdings durch eine Schule verdeckt wurde. An der großen ARAL-Tankstelle mit dem futuristischen Design bog Madsack in die lebhafte Celler Straße ein, um kurz darauf an der Kreuzung Hamburger Allee in die vielspurige Straße abzuzweigen. Frauke hatte den Eindruck, dass hier Anarchie herrschte. Sie hätte den Hannoveranern kein südländisches Temperament zugesprochen, aber hinterm Steuer nahmen sie es mit jedem Römer auf. Zudem gehörte es in Hannover offenbar zur essenziellen Führerscheinausbildung, zu wissen, wo sich die Hupe des Fahrzeugs befand. Die Einheimischen machten jedenfalls vom Horn regen Gebrauch.
Über die Raschplatzhochstraße auf der Rückseite des Bahnhofs war es nur ein kurzes Stück bis zur Kreuzung Marienstraße.

»Dort ist das Henriettenstift, ein Krankenhaus der Allgemeinversorgung, das im Ursprung von Königin Marie von Hannover aus einer Erbschaft ihrer Großmutter Henriette gestiftet wurde.« Madsack streckte beim Passieren der Kreuzung seinen rechten Arm aus und kam Frauke dabei nahe.

»Verzeihung. Hier rechts die Marienstraße runter liegt die Unfallklinik. Ich sage es, weil Sie dort sicher irgendwann einmal zu tun haben werden. Hinter der Marienstraße beginnt die Südstadt.«

Frauke warf Madsack einen Seitenblick zu. »Höre ich aus Ihren Worten den Stolz eines Einheimischen über seine Stadt?«

Über Madsacks rundes Gesicht zog ein Strahlen. »Wenn es Sie nicht stört, erzähle ich Ihnen zwischendurch etwas über unsere schöne Stadt.«

An der nächsten Querstraße hatten sie ihr Ziel erreicht.

Der Tatort wäre auch ohne Adressangabe zu finden gewesen. Neben zwei Streifenwagen und drei Zivilfahrzeugen des Kriminaldauerdienstes hatte sich trotz des Regens bereits eine Ansammlung von Schaulustigen eingefunden.

Von Wedell hatte Mühe, das Fahrzeug auf dem gegenüberliegenden Bürgersteig vor dem Penny-Markt zu parken. Nur widerwillig traten die Passanten beiseite.

Frauke ließ die Fassade des Gebäudes auf sich wirken. Der Architekt hatte dem Haus durch eine gut proportionierte Gliederung Lebendigkeit verliehen. Der rote Klinker und die weiß abgesetzten Flächen, die Rundbogenfenster und die durch zwei Erkerreihen eingefassten Balkone waren Ausdruck des Lebensgefühls aus der Zeit des Hausbaus. Trotzdem stand das Eckgeschäft leer, während der Kiosk auf der rechten Hausseite von Schaulustigen fast verdeckt wurde.

Am Hauseingang hielt ein uniformierter Polizist Wache. Er nickte den Beamten des Kommissariats zu. »Erster Stock«, erklärte er.

Auf dem Treppenabsatz und im engen Hausflur herrschte geschäftiges Treiben. Drei Mitarbeiter der Spurensicherung wuselten durch die Räume, der Fotograf schimpfte, weil ihm der Rechtsmediziner im Weg stand, die beiden Beamten des Kriminaldauerdienstes versuchten, das Chaos zu organisieren, und nun erschien auch noch Richters Truppe.

»Wollen Sie nicht lieber einen Kaffee trinken gehen?«, wandte sich Putensenf an Frauke. »Ich habe gehört, da liegt eine Leiche.«

»Von denen ich wahrscheinlich schon mehr gesehen habe als Sie, selbst wenn Sie alle Fernsehkrimis mitzählen, aus denen Sie Ihren Erfahrungsschatz schöpfen.«

»Ruhig, Leute«, mischte sich Madsack ein. Er war vor der Tür stehen geblieben und schnaufte hörbar vom Treppensteigen.

Frauke drängte sich ungeachtet des Protests der Spurensicherung hinter Richter in die als Büro genutzte Wohnung.

»Vorsicht. Hier waren wir noch nicht«, sagte ein Kriminaltechniker und fluchte.

»Dann dürfte auch sonst keiner hier sein«, antwortete sie ungerührt. »Jetzt ist sowieso alles versaut, nachdem hier ganze Horden durchgetrampelt sind.«

Der Spurensicherer wollte antworten, aber Putensenf kam ihm zuvor. »Lass. Die ist neu. Da, wo die herkommt, kennt man keine Tatortaufnahme.«

Frauke unterließ es, zu antworten, und dachte an den ständig niesenden Klaus Jürgensen, der in Flensburg Leiter der Spurensicherung war und seiner Arbeit mit einem fortwährenden Klagelied über die unsauberen Leichen aber doch besonnen nachging. Hier, in Hannover, schien dagegen alles wie ein Hühnerhaufen wild durcheinander zu agieren. Außerdem war sie es gewohnt, an einem Tatort den Ton anzugeben. Es fiel ihr schwer, sich zurückzuhalten und anderen das Kommando zu überlassen.

Im Türrahmen stieß sie mit Bernd Richter zusammen. Der Hauptkommissar warf einen Blick in den Raum. Schräg vor dem Fenster stand ein schwerer Schreibtisch aus dunklem Holz, dahinter ein schwarzer Ledersessel mit hoher Rückenlehne. Eine Schrankwand mit Ordnern und Büchern, unterbrochen durch ein beleuchtetes Barfach, eine Sitzgruppe und ein Sideboard vervollständigten die Einrichtung. Das große Hydrogewächs in der Ecke war ein Blickfang in der sonst nüchternen Büroatmosphäre, wenn man vom Plasmafernseher und der Stereoanlage absah. Neben dem Schreibtisch stand ein schwarzer Aktenkoffer aus Leder. Auf der Tischplatte lag die ungeöffnete Tragetasche eines Notebooks. Offenbar hatte das Opfer seine Arbeit noch nicht aufgenommen, denn der Schreibtisch war leer, abgesehen von den üblichen Utensilien.

»Das ist Marcello Manfredi?«, fragte Frauke Hauptkommissar Richter, der den Toten nachdenklich betrachtete.

»Ja.«

Die beiden Beamten sahen eine Weile auf den Mann, der seitlich vor dem Schreibtisch lag. Um seinen Kopf hatte sich eine große Blutlache auf dem hellen Teppichboden ausgebreitet. Der Besucherstuhl vor dem Schreibtisch war in Richtung Fenster verschoben.

»Der Mann ist vermutlich erschlagen worden«, sagte Frauke.

Richter warf ihr einen finsteren Blick zu. »Ist es nicht ein wenig früh, Ferndiagnosen zu stellen?«, fragte er.

»Du musst dich daran gewöhnen, dass die Dame Röntgenaugen hat. Den Weitblick hat sie wahrscheinlich da oben in der Flensburger Tundra gelernt«, lästerte Putensenf, der sich zu den beiden gesellt hatte.

»Ich sagte, *vermutlich.*« Frauke blieb bei ihrem Verdacht.

Der Mann, der neben dem Toten gekniet hatte, kam aus der Hocke hoch, wischte sich mit dem Ärmel über die Stirn und trat zu den drei Beamten an der Zimmertür.

»Er ist noch nicht lange tot. Vielleicht eine Stunde.«

»Sie sind der Arzt?«, fragte Frauke.

Der Mann sah sie ein wenig irritiert an, während Jakob Putensenf antwortete. »Na, klar doch. Bei uns sehen die Totengräber anders aus.«

Der Mediziner nickte. »Riehl«, stellte er sich vor.

»Wissen Sie schon etwas über die Todesursache?« Frauke musterte den hochgewachsenen Arzt. Obwohl er sehr lichtes Haupthaar hatte, mochte er nicht älter als Mitte dreißig sein.

»Ziemlich konkret«, sagte Dr. Riehl lächelnd und zeigte auf den Kopf des Toten. »Das sehen Sie von hier aus nicht. Da liegt ein Fleischklopfer. Der ist so blutverschmiert … Das muss das Tatwerkzeug sein.«

»Ein was?«, mischte sich Bernd Richter ein, der wenig Begeisterung darüber zeigte, dass Frauke den Arzt befragte.

»Ein Küchengerät, vermute ich, mit dem Steaks und Schnitzel weich geklopft werden«, erklärte Frauke.

»Das kennt er nicht. Kochen ist Frauensache«, erklärte Putensenf und fügte ein wenig leiser an: »Da gehören die auch hin – in die Küche. Und nicht zur Polizei.«

Frauke lächelte Putensenf an. »Die besten Köche sind Männer. Und deshalb müssen Frauen sich andere Gebiete suchen, zum Beispiel bei der Polizei. Aber, lieber Herr Putensenf, ich bekomme auch noch heraus, wo Ihre liebenswerten Seiten sind.« Sie sah sich im Raum um. »Ein außergewöhnliches Utensil in einem Büro. Es sieht nicht so aus, als würde hier gekocht werden.«

»Wir haben nichts dergleichen gefunden«, mischte sich einer der Beamten der Spurensicherung ein, der zu ihnen getreten war. Dann sah der in einem weißen Schutzanzug gekleidete Mann Frauke an. »Sind Sie neu? Leiten Sie die Ermittlungen?«

»Dobermann, Erste Hauptkommissarin«, antwortete sie, wurde aber von Bernd Richter unterbrochen. »Die Kollegin ist heute den ersten Tag hier. Sie kommt aus Flensburg. Ich bin der verantwortliche Leiter.«

Der Spurensicherer nickte verstehend in Richters Richtung, sah dann aber wieder Frauke an. »Das ist hier eigentlich eine Dreizimmerwohnung. Im Schlafzimmer, wenn ich es einmal so umschreiben darf, sind zwei Schreibtische untergebracht. Wahrscheinlich für die Sekretärinnen. Dann gibt es noch das Kinderzimmer. Dort stehen Aktenschränke und der Fotokopierer. Ich würde sagen, der Raum wurde als Archiv benutzt.«

»Und die Küche?«

Der Beamte machte eine entschuldigende Geste. »Da sind wir noch nicht fertig. Da gibt es aber nichts, was darauf schließen lässt, dass hier jemand gewohnt hat. Geschweige denn gekocht. Bürogeschirr. Kaffeemaschine. Ein wenig Besteck.«

»Was haben Sie im Kühlschrank gefunden?«

Ein leises Lächeln umspielte die Mundwinkel des Mannes. »Kaffeesahne, Joghurt, Butter, ein wenig Aufschnitt, zwei Äpfel und …«

»Und was noch?«

Das Lächeln wurde zu einem breiten Grinsen. »Kosmetik. Für Frauen.«

»Überrascht es Sie?«

Der Beamte der Spurensicherung unterließ es, zu antworten.
»Haben Sie Töpfe gefunden? Eine Bratpfanne? Küchenmesser? Pfannenwender? Kochlöffel?«

»Nichts von alledem. Es sieht nicht so aus, als hätte hier jemand Essen zubereitet. Dagegen spricht auch, dass wir die Filtermatte des Wrasenabzugs untersucht haben. Da gibt es keine Fettspuren. Der ist aber nicht ausgewechselt worden, sondern noch neu seit dem Einbau. Nein! Ich behaupte, hier ist nicht gekocht worden.«

»Dann ist es ungewöhnlich, dass das Opfer mit einem Fleischklopfer erschlagen wurde«, erklärte Hauptkommissar Richter.

Frauke nickte versonnen. »Wer läuft mit einem Fleischklopfer herum und erschlägt damit Menschen?« Sie legte den gestreckten Zeigefinger an den Nasenflügel. »So etwas hat man nicht zufällig dabei.«

»Sie glauben doch nicht, dass jemand einen Fleischklopfer mitbringt, um Manfredi damit gezielt zu erschlagen?« Richter klang skeptisch.

Frauke sah zur Zimmerdecke. »Es sieht nicht so aus, als wäre das Gerät von dort herabgefallen.«

»Könnte es ein Ritualmord sein?«, fragte Putensenf aus dem Hintergrund.

Frauke drehte sich zu ihm um. »Das überrascht mich aber, dass von Ihnen auch konstruktive Beiträge kommen.«

»Jetzt ist Schluss«, fuhr Richter dazwischen. »Wir haben hier einen ernsthaften Job zu erledigen. Da ist kein Platz für Sticheleien.« Er sah Putensenf an. »Das ist zumindest eine Idee, Jakob. Wir sollten darüber nachdenken.«

»Zunächst müssen aber der Tatort und die Räumlichkeiten untersucht werden«, beharrte Frauke.

»Wir wissen, wie wir unsere Arbeit zu machen haben.« Richters Stimme klang deutlich genervt.

»Ich verabschiede mich«, sagte der Arzt und wandte sich erneut an Frauke. »Sie erhalten den Bericht, sobald wir ihn da«, er zeigte mit dem Daumen über die Schulter, »obduziert haben. Wie war noch gleich Ihr Name?«

»Frauke Dobermann. LKA Hannover.«

Als der Arzt den Raum verlassen hatte, fuhr Richter sie mit

scharfer Stimme an. »Das machen Sie nicht noch einmal. Sie haben es vorhin aus dem Mund von Kriminaloberrat Ehlers gehört. Noch bin *ich* der Leiter dieser Ermittlungsgruppe.«

Es lag ihr auf der Zunge, zu antworten. *Noch!* Sie verschluckte die Entgegnung aber. Bei all ihrer Erfahrung bei Mordermittlungen und an Tatorten fiel es ihr schwer, sich zurückzuhalten. Stattdessen fragte sie den Beamten von der Spurensicherung: »Können wir uns schon umsehen?«

Der Mann nickte und machte mit der Hand eine einladende Handbewegung.

»Haben Sie ein paar Handschuhe für mich?«, fragte Frauke.

»Kommen Sie mit. Unser Koffer steht im Treppenhaus.«

Sie folgte dem Mann, zog sich Einmalhandschuhe über und kehrte in die Wohnung zurück. In der Tür zum Büro des Toten blieb sie wie angewurzelt stehen. »Das glaube ich nicht«, sagte sie in scharfem Ton, als sie Richter und Putensenf sah, die sich beide interessiert über das Opfer beugten. »Sie können doch nicht alle Spuren zertrampeln!«

Richter bog sein Kreuz durch. Er machte einen Schritt auf Frauke zu. »Wenn Sie noch einmal in diesem Ton mit mir oder den Kollegen sprechen, wird Ihr erster Tag in Hannover auch der letzte sein«, drohte er. »Und nun machen Sie Ihre Arbeit. Aber bitte professionell.«

Sie sah ihn an und stemmte dabei ihre Fäuste in die Hüften. »Und? Was schlägt der Herr Hauptkommissar vor?«

»Ja ... ähm.« Sie hatte Richter aus dem Konzept gebracht. »Sie könnten damit beginnen, Zeugen zu suchen.«

Kopfschüttelnd verließ Frauke den Raum. In Flensburg war sie es gewohnt gewesen, Anweisungen zu erteilen. Dort hatte ihr keiner widersprochen. Es würde sicher ein schwieriger Prozess der Umgewöhnung werden, sich ein-, vor allem aber unterordnen zu müssen. Nur ungern hatte sie ihre Position als eine von vier in Schleswig-Holstein ansässigen K1-Leitern aufgegeben. Das für schwere Straftaten zuständige K1 der Bezirkskriminalinspektion, im Volksmund auch Mordkommission genannt, war für alle gegen das Leben von Menschen gerichteten Gewalttaten im äußersten Norden Deutschlands zuständig. Und ob sie sich in Hannover jemals wohlfühlen würde, wagte sie im Augenblick zu bezweifeln. Aber es hatte sich ihr keine Alternative geboten.

Im Treppenhaus hatten sich die Bewohner des Hauses eingefunden. Sie befragte die Leute, aber niemand wollte etwas gesehen oder gehört haben.

»Haben Sie Besucher des Büros gesehen, die regelmäßig dort erschienen sind?«

»Nur die Angestellte. Ich glaube zumindest, dass es seine Sekretärin war«, erklärte eine grauhaarige ältere Frau. »Ich wohne nämlich gleich nebenan.«

»Haben Sie früher einmal Lärm oder Streit gehört? Ist Ihnen irgendetwas aufgefallen?«

Die Frau schüttelte den Kopf. »Nein. Nie. Immer nur ihn …«

»Sie meinen Herrn Manfredi?«

»Heißt er so, der Italiener? Ich habe keine Ahnung. Ich weiß nicht einmal, was die da gemacht haben.« Sie drehte abwägend ihre faltige Hand im Gelenk. »Wenn das man nicht so ein Liebesnest war. Man hört ja immer solche komischen Sachen von den Italienern. Die sind ja wohl ganz heißblütig. Und die junge Frau – also. Die war immer ganz chic angezogen.«

Es ließ sich nicht vermeiden, dass andere Mitbewohner dem Gespräch lauschten. Jetzt erhob sich beifälliges Stimmengemurmel.

»Na schön.« Frauke ließ sich die Namen der Leute geben und verließ das Treppenhaus. Es regnete immer noch in Strömen. Das hinderte aber nicht das Dutzend Schaulustige daran, vor der Tür auszuharren.

»Hat jemand von Ihnen etwas bemerkt?«, fragte sie in die Runde, erntete aber nur verständnisloses Glotzen. Ein wenig abseits gewahrte Frauke drei Leute, die vor der Tür eines Ladens standen. Sie steuerte die kleine Gruppe an.

»Ich bin von der Polizei. Ist Ihnen heute Morgen etwas aufgefallen?«

»Nee, nichts. Es war wie immer. Nur der blöde Regen«, erklärte eine ältere Frau mit einer Brötchentüte in der Hand. »Was ist denn da passiert? Stimmt es, dass da oben ein Toter liegt?«

Frauke ging nicht auf die Frage ein. »Und Sie?«, wandte sie sich an einen Mann, der einen Flachmann in der Hand hielt.

»Doch. Ich habe etwas gesehen.« Vorsichtig nippte der Mann an seiner Flasche. »Sonst trinke ich immer nur eine – zum Frühstück. Damit kommt mein Kreislauf in Schwung«, erklärte er ungefragt. »Heute ist das was anderes. Also – wenn da oben was passiert ist, ich meine, bei dem Italiener, dann haben wir was mitgekriegt.«

»Nun reden Sie schon«, forderte Frauke den Mann auf.

Der schüttelte den Kopf. »War das nun beim Italiener?«

Frauke nickte.

»Gut. Dann haben wir drei hier, Gerlinde«, er zeigte auf die ältere Frau mit der Brötchentüte, »Hassan«, dabei nickte er in Richtung eines dunkelhäutigen Mannes, »und ich, die Sekretärin gesehen.«

»Wann und wo war das? Und wie heißen Sie überhaupt?«

Der Mann spitzte die Lippen. »Scheer.«

»Haben Sie auch einen Vornamen?«

»Früher nannte man mich Eduard. Heute bin ich der Schluck-Ede.« Milde lächelnd hielt er Frauke den Flachmann hin. »Jeder hat etwas von Hartz abbekommen. Er selbst eine Riesenabfindung. Ich das hier. Aber zurück zu Ihrer Frage. Vom Ansehen her kannten wir die Sekretärin vom Italiener. Eine flotte Biene. Die ist vorhin hier entlanggerannt. Nach rechts. Wir haben uns gewundert, weil sie keine Jacke und keinen Schirm bei sich hatte. Und das bei diesem Wetter.« Um seine Worte zu unterstreichen, zog Schluck-Ede die Nase kraus.

»Ist Ihnen an der Frau etwas Außergewöhnliches aufgefallen?«

»Was verstehen Sie unter außergewöhnlich?«

»Wirkte sie gehetzt? War ihre Kleidung befleckt?«

»Eigentlich nicht.«

»Was heißt das?«

»Nuuun.« Schluck-Ede dehnte das Wort. »Neee. Sie trug dunkle Kleidung. Fast wie immer. Was genau – das weiß ich nicht. Wie gesagt. Besonders auffällig war nur, dass sie ohne Jacke und Schirm unterwegs war. Und – dass sie gelaufen ist. Ich glaube, die hat uns gar nicht gesehen.«

»Haben Sie sonst jemanden gesehen?«

»Jaaa.«

»Herrje. Nun lassen Sie sich doch nicht alles aus der Nase ziehen.«

Schluck-Ede lachte leise. »Den Paketboten. Aber das war auch alles. Wer geht bei solchem Wetter schon vor die Tür?

»Ja, ja«, pflichtete ihm der dunkelhäutige Hassan, offenbar der Ladenbesitzer, bei.

Frauke notierte sich die Namen und Anschriften der Zeugen und kehrte zum Tatort zurück. Dort herrschte immer noch ein heilloses Durcheinander von Spurensicherung, Kriminaldauerdienst und ihren neuen Kollegen. Es war eine völlig andere Arbeitsweise, als sie es aus Flensburg gewohnt war. Für einen kurzen Moment schloss Frauke die Augen und erinnerte sich an ihre Tätigkeit im äußersten Norden.

»Werden Frauen immer so schnell müde?«, vernahm sie die Stimme Jakob Putensenfs.

»Im Unterschied zur unkoordinierten Hektik, die Sie verbreiten, versuche ich mir ein Gesamtbild von der Lage zu machen«, entgegnete sie.

Putensenf lachte. »Ich bin gerade unterwegs, den Paketboten zu verhören. Kommen Sie mit?«

Frauke nickte und folgte die Treppe hinab. Der Mann in der braunen Uniform saß mit bleichem Gesicht in einem Polizei-Bulli.

Er hieß Simon Fröscher.

»Ich war schon öfter bei diesem Kunden«, erklärte er nach Aufforderung. »Die haben gelegentlich eine Lieferung erhalten.«

»Haben Sie auf die Absender geachtet?«, fragte Frauke dazwischen.

»Leider nicht. Dafür gehen zu viele Sendungen durch meine Hände«, entschuldigte er sich. »Ich bin also die Treppe hoch.«

»War die Haustür geöffnet?«, unterbrach Frauke ihn erneut.

Fröscher sah sie irritiert an. »Ja. Jetzt, wo Sie das sagen, erinnere ich mich. Das hat mich auch gewundert.«

»Wodurch wurde die Tür offen gehalten?«

Der Paketbote sah an Frauke und Putensenf vorbei in die Ferne. Dann schüttelte er bedauernd den Kopf. »Keine Ahnung. Ich habe nicht darauf geachtet.«

»Sie sind also die Treppe hoch. Und dann?«

»Ich war so schnell durch die offene Haustür, dass ich unten gar nicht geklingelt habe. Oben war die Wohnungstür nur angelehnt. Ich habe trotzdem geläutet. Als sich niemand gemeldet hat, habe ich gegen die Tür gedrückt und ›Hallo‹ gerufen.«

»Und im Treppenhaus gewartet?«

»Nein, sondern gleich rein. Ich kenne mich ja aus. Ich bin in das Zimmer von der Frau, die sonst auch immer die Lieferungen entgegennimmt.«

»Sie meinen die Sekretärin?«

»Keine Ahnung, was die dort macht. Da war immer nur die Schwarzhaarige. Heute war aber keiner anwesend. Als ich in das nächste Zimmer gesehen habe, lag da einer.«

»Haben Sie sonst etwas bemerkt?«

»Um Gottes willen. Ich habe das Paket abgesetzt und bin sofort raus aus dem Haus. Zum Zeitungsladen. Da habe ich Bescheid gesagt.«

Frauke wandte sich an Putensenf. »Haben Sie noch eine Frage, Herr Kollege?« Der Kriminalhauptmeister schüttelte stumm den Kopf.

»Fühlen Sie sich in der Lage, zu fahren?«, fragte Frauke den Paketboten zum Abschluss.

Der fasste sich an den Kragen und schluckte einmal heftig. »Ich glaube, schon«, stammelte er.

Putensenf hüstelte. »Ich habe mich nach dem Hausmeister erkundigt«, erklärte er dann. »Der wurde nach Auskunft der Bewohner wegrationalisiert. Die Arbeit hat ein mobiler Service übernommen. Seitdem wurde hier schon lange niemand mehr gesehen. Dafür hat mir jemand aus dem Haus den Hintereingang gezeigt. Er führt durch den Keller in den Garten. Vor der Tür haben einige Mieter aber ihr Gerümpel abgestellt. Eine Kommode, Kartons, eine Teppichrolle. Dort ist mit Sicherheit keiner durchgekommen.«

»Also muss der Täter das Haus durch den Vordereingang betreten und auch wieder verlassen haben«, folgerte Frauke.

»Deshalb habe ich es Ihnen erzählt.«

Sie sah Putensenf an und lächelte dabei. »Es gibt noch eine andere Möglichkeit.«

»Welche?«

»Der Täter gehört zu den Hausbewohnern.«

»Das kann ich mir kaum vorstellen«, erwiderte Putensenf. »So wie der Tote zugerichtet war.«

Frauke schenkte ihm ein mitleidiges Lächeln.

»Wir werden sicher noch häufig unterschiedlicher Auffassung sein«, schimpfte Putensenf und entfernte sich durch den Regen in Richtung Hauseingang.

Frauke folgte ihm einen Moment später. Im Hausflur traf sie Nathan Madsack. Der schwergewichtige Hauptkommissar kam schnaufend die Treppen herab und hielt sich dabei vorsichtig am Geländer fest. Frauke vermutete, dass sich die einzelnen Stufen vor ihm seinem Blick entzogen. »Da oben kommt allmählich Ordnung hinein«, erklärte er und ließ sie passieren.

Sie traf Hauptkommissar Richter im Büro der Sekretärin an. Er saß hinter dem Schreibtisch und blickte kurz auf, als sie eintrat. »Hallo. Haben Sie etwas Interessantes herausbekommen?«

Frauke berichtete kurz. Dann wies Richter auf das Paket, das der Bote angeliefert hatte. »Ich habe es durch die Technik öffnen lassen, nachdem die Kollegen es zuvor untersucht und mögliche Spuren gesichert hatten.«

Frauke besah sich den Inhalt. »Was ist das?«, sagte sie mehr zu sich selbst. »Das sind ja Steine. Die haben einen besonderen Schliff.«

»Ich hatte gehofft, eine Frau versteht mehr davon als wir Kerle«, sagte Richter. »Ich würde auf Halbedelsteine tippen. Kommt übrigens aus Italien, wenn man dem Absender glauben darf. Aber das wird unsere nächste Aufgabe sein.«

»Für Edelsteine scheint mir der Schliff zu rau«, sagte Frauke zweifelnd und strich vorsichtig mit der Fingerkuppe über die Oberfläche. Dann beugte sie sich herab und betrachte den Paketinhalt gegen das Licht. »Kein Schimmern, kein Glänzen. Alles wirkt so duff.«

»Wir werden einen Experten befragen«, sagte Richter und tippte mit dem Zeigefinger auf den Ordner, in dem er las. »Ich stöbere ein wenig in den Akten. Vielleicht finden wir darin etwas Aufschlussreiches.«

»Sie sagten, Sie würden das Opfer von früher kennen?«

Richter fuhr sich gedankenverloren mit der Hand über die Mundwinkel. »Kennen ist zu viel. Wir haben vor zwei Jahren gegen eine Gruppe von Fleischhändlern ermittelt, die im Verdacht standen, im großen Stil mit Gammelfleisch gehandelt zu haben. Dabei ging es auch um Steuerhinterziehung und unrechtmäßigen Bezug von Subventionen aus Brüssel. Marcello Manfredi war in dieses Netzwerk eingebunden. Wir konnten ihm allerdings nichts beweisen. Und so wurde die Anklage gegen ihn verworfen.«

»Gegen alle Beschuldigten?«

»Nein. Ein paar sind im Netz hängen geblieben. Gegen zwei werden noch Beweise zusammengetragen. Die Staatsanwaltschaft scheint sich sehr schwerzutun. Es ist ein nicht leicht zu durchschauendes Netzwerk zwischen den mafiösen Strukturen, den Interessen der örtlichen Politik, die Betriebe und Arbeitsplätze erhalten wollen, und Beteiligten, die nach außen ein sauberes Hemd vorweisen, aber dennoch von den Geschäften profitieren. Banken zum Beispiel.«

»Und das alles hat sich hier in Hannover abgespielt?«

»Nein«, wehrte Richter ab. »Schwerpunkt der Ermittlungen war Oldenburg. Dort sitzt die ›Schweine-Mafia‹, wie ich sie einmal genannt habe, was mir einen Verweis eingebracht hat.«

Unbemerkt war Jakob Putensenf hinzugetreten und hatte Richters letzte Worte gehört. »Wir waren uns zu guter Letzt nicht mehr sicher, wer die wirklichen Schweine waren«, sagte der Kriminalhauptmeister. »Es fiel schwer, zu unterscheiden, ob es die Tiere waren oder die Leute, die in diese ganze Geschichte verstrickt waren.«

Richter zeigte mit der Spitze seines Kugelschreibers auf Putensenf. »Jakob war dabei. Es war unser erster gemeinsamer Einsatz.«

»Und seither hatten Sie Kontakt zu Manfredi?«, fragte Frauke.

Richter straffte sich hinter dem Schreibtisch. »Wie soll ich das verstehen? Nachdem die Ermittlungen abgeschlossen waren und die Staatsanwaltschaft unsere Erkenntnisse nicht verwerten konnte…«

»Oder wollte«, warf Putensenf ein.

»Quatsch. Also – Manfredi war nichts nachzuweisen. Ich wusste nicht, dass er inzwischen sein Aktionsgebiet in die Landeshauptstadt verlagert hat. Das habe ich vorhin erfahren, als der Name genannt wurde. Und dann habe ich ihn erkannt, als ich ihn da drüben«, dabei zeigte er mit dem Kugelschreiber in Richtung des Nebenraums, »liegen sah.«

»Das ist eine interessante Konstellation«, sagte Frauke und musterte den Hauptkommissar. »Ist Ihnen das gar nicht aufgefallen?«

»Was meinen Sie?«

»Marcello Manfredi war in einen Fleischskandal verwickelt. Und jetzt ist er vermutlich mit einem Fleischklopfer erschlagen worden.«

»Mensch, Bernd, die Lady hat recht«, entfuhr es Putensenf.

»Nennen Sie mich gefälligst nicht Lady«, fauchte Frauke ihn an und warf ihm einen bösen Blick zu.

Putensenf zuckte die Schulter, verzog das Gesicht und öffnete die Hände zu einer Geste, die seine Unschuld ausdrücken sollte.

»Wir sollten auf jeden Fall noch prüfen, womit die Haustür offen gehalten wurde. Und der Gegenstand muss zur Kriminaltechnik.«

»Sie meinen die Tür zur Straße?«, fragte Putensenf.

»Wenn Sie möchten, können Sie ja alle Türen aushängen und zur KTU schicken«, entgegnete Frauke schnippisch.

Putensenf sah Richter an. »Bernd, immerhin bist du hier der Chef. Noch. Was ist nun?«

»Sieh dir die Haustür an, Jakob. Und falls du etwas findest, soll sich die Spurensicherung der Sache annehmen.«

»Jetzt begreife ich langsam, weshalb die da oben in Flensburg die Tante nicht behalten wollten«, fluchte Putensenf und verließ den Raum.

»Wissen wir etwas über die Sekretärin, abgesehen davon, dass sie offensichtlich panisch das Haus verlassen hat?«, fragte Frauke.

Richter wies auf eine Handtasche, die auf einem Sideboard neben dem Schreibtisch stand. Dann zeigte er auf eine dunkelblaue Popelinejacke, die über einen Bügel gezogen an der Wand hing. »Sie heißt vermutlich Tuchtenhagen. So weit konnte ich es den Akten entnehmen. Die Handtasche haben wir noch nicht untersucht. Dazu fand sich noch keine Zeit.«

Frauke streifte sich erneut Einmalhandschuhe über, die sie sich von einem Mitarbeiter der Spurensicherung besorgte.»Haben Sie die Tasche geöffnet?«, fragte sie und sah auf die sportliche Umhängetasche.

»Die war offen.«

Vorsichtig untersuchte Frauke die Handtasche. Es fanden sich die Accessoires, die man bei Frauen erwarten durfte. Ein wenig Kosmetik. Lippenstift. Puderdose. Augenbrauenstift. Lidschatten. Ein Stoffbehälter mit Papiertaschentüchern. Als sie die angebrochene Packung mit handelsüblichen Kopfschmerztabletten herausnahm, musste Frauke lächeln. Das Handy war eingeschaltet. Das Portemonnaie enthielt eine Handvoll Kleingeld und einhundertdreißig Euro in Scheinen. Eine Kreditkarte, die EC-Karte der Sparkasse Hannover, eine Paybackkarte, die Mitgliedskarte der Barmer sowie mehrere Kundenkarten steckten in den Kartenfächern der Geldbörse. Aus einem Plastikfenster der aufgeklappten Geldbörse lächelte auf einem Passfoto ein Mann mit deutlich sichtbaren Geheimratsecken. Neben einem Etui mit Nagelschere und Feile fand Frauke noch eine kleine lederne Hülle, in der der Personalausweis, Führerschein und die Zulassung für einen Mazda steckten.

»Manuela Tuchtenhagen«, las sie vor. »Zweiunddreißig. Wohnhaft am Froschkönigweg.« Sie sah Richter an.

»Kenne ich«, sagte der Hautkommissar. »Die Straße. Nicht die Frau. Das Märchenviertel mit Straßennamen wie Froschkönig, Drosselbart uns so weiter liegt nördlich des Mittellandkanals im Stadtteil Sahlkamp. Es ist eine ruhige und gutbürgerliche Gegend.«

»Da fehlt etwas«, stellte Frauke fest und wartete nicht auf Richters Antwort. »In der Handtasche sind weder Wohnungs- noch Autoschlüssel.«

»Hm«, sagte Richter.

»Das heißt, Manuela Tuchtenhagen hat überstürzt das Büro verlassen und dabei lediglich ihr Schlüsselbund mitgenommen. Sie muss sehr erregt gewesen sein, dass sie weder die Jacke übergezogen noch ihre Handtasche mitgenommen hat. Es muss schon viel geschehen, damit eine Frau ihre Handtasche liegen lässt.«

»Immerhin hat sie die Schlüssel mitgenommen.«

»Die benötigt sie für das Fortkommen«, sagte Frauke ein wenig geistesabwesend und zog die Luft ein. Dann sah sie Richter an. »Rauchen Sie?«

»Schon, aber nicht am Tatort.« Er zeigte auf einen Aschenbecher, der bisher von einem aufgeschlagenen Ordner verdeckt war. Darin lag eine inzwischen erloschene Zigarette, von der ein paar Züge geraucht worden waren, die zweite Hälfte aber im Aschenbecher verglommen war. Am Filteransatz waren Spuren von Lippenstift zu erkennen. Neben dem Aschenbecher lagen eine angebrochene Zigarettenpackung und ein Einwegfeuerzeug.

»Was ist hier geschehen?«, überlegte Frauke laut. »Manuela Tuchtenhagen ist zur Arbeit erschienen. Sie hat ihre Jacke ausgezogen, sich an den Schreibtisch gesetzt und sich eine Zigarette angezündet. Während des Rauchens ist sie unterbrochen worden. Irgendetwas hat sie veranlasst, ihren Schreibtisch zu verlassen und in Manfredis Büro zu gehen. Dort hat sie ihren Chef erschlagen aufgefunden. Dann ist sie geflüchtet.«

»Eine gewagte These«, erwiderte Richter. »Manfredi könnte sie auch zu sich gerufen haben. Dann kam es zum Streit, und sie hat ihn erschlagen.«

Frauke lächelte spöttisch. »Weil Frauen standardmäßig einen Fleischklopfer mit sich herumtragen. Wenn Manfredi sie zu sich gerufen hat, dann hätte sie entweder ihre brennende Zigarette mitgenommen oder, falls er das nicht mochte, den Stummel ausgedrückt. Nein. Das muss anders gewesen sein.«

»Wollen Sie sich nicht lieber auf die Fakten verlassen, anstatt sich als Hellseher zu produzieren?«, mahnte Richter.

»Moment.« Sie verließ den Raum und kehrte kurz darauf zurück. »Manfredi war auch Raucher. Seine Utensilien liegen auf seinem Schreibtisch. Außerdem hat er deutlich erkennbare Nikotinspuren an der linken Hand. Ihn hätte es folglich nicht gestört, wenn seine Mitarbeiterin ihn mit brennender Zigarette in seinem Büro aufgesucht hätte. Außerdem haben wir seine Leiche vor dem Schreibtisch gefunden. Es wäre doch wahrscheinlicher – wenn er sie zu sich gerufen hätte –, dass er hinter dem Schreibtisch gesessen hätte. Aber das sind alles nur Vermutungen. Da stimme ich Ihnen zu. Das Beste wird sein, wir befragen Frau Tuchtenhagen. Vielleicht erfahren wir dann, was hier vorgefallen ist.«

»Tun Sie das«, knurrte Richter. »Und nehmen Sie Madsack mit. Die beiden anderen brauche ich hier vor Ort.«

Auf der Treppe stieß sie mit Lars von Wedell zusammen. »Mein erstes Tötungsdelikt«, verkündete der junge Kommissar strahlend, und Frauke vermeinte, fast ein Glühen der Wangen zu erkennen.

Es regnete immer noch, und das trübe Wetter schien sich auf das Gemüt der Autofahrer niederzuschlagen.

»Wenn ein paar Tropfen vom Himmel fallen, bricht der Verkehr bei uns in Hannover häufig zusammen«, erklärte Nathan Madsack und ließ sich nicht aus der Ruhe bringen. Die deutlich spürbare Aggressivität der anderen Verkehrsteilnehmer färbte nicht auf ihn ab.

Frauke beobachtete ihren neuen Kollegen von der Seite. Madsack hatte sich hinter das Steuer des Mercedes der A-Klasse gezwängt.

Zwischendurch warf er Frauke einen Seitenblick zu. »Möchten Sie auch?«, fragte er und angelte aus der Seitenablage einen Schokoladenriegel hervor.

»Nein danke.«

Geschickt öffnete er die Verpackung mit einer Hand und den Zähnen und schob den mit Karamellcreme gefüllten Riegel stückchenweise aus der Umhüllung in den Mund. »Meine kleine Zwischenmahlzeit«, erklärte er. Es klang fast wie eine Entschuldigung.

Routiniert steuerte Madsack durch den dichten Verkehr. »Es ist interessant, wie Sie sich quasi aus dem Nichts in unsere Teamarbeit eingefügt haben«, sagte er nach einer Weile. »Lars von Wedell ist auch neu, während wir anderen seit zwei Jahren zusammenarbeiten.« Er unterbrach sich kurz, um sich auf die aktuelle Verkehrssituation zu konzentrieren. »Bernd Richter werden Beziehungen nach oben nachgesagt. Es wäre aber ungerecht, ihn als Protektionskind zu bezeichnen. Bisher hat er solide seine Arbeit erledigt. Ich habe den Eindruck, dass er darin aufgeht.«

»Hat er keine Familie? Keine Interessen?«

»Bernd ist geschieden. Eine Tochter lebt bei der Mutter, die wieder mit jemandem zusammen ist – wie man heute sagt.« Madsack überlegte einen Moment. »Von sonstigen Interessen weiß ich nichts.«

»Und Putensenf?«

Nathan Madsack lachte leise. »Der ist ein bellender Kettenhund. Ich glaube, er ist manchmal frustriert, weil ihm im Laufe seines Berufslebens immer wieder junge Leute vor die Nase gesetzt wurden. Jakob hat eine Berufsausbildung absolviert und sich bei der Polizei hochgedient. Durch die leidige Laufbahnordnung steigen junge Leute heute gleich nach dem Abitur als Kommissar ein, während er mit jahrzehntelanger Erfahrung immer noch im mittleren Dienst tätig ist.« Madsack warf Frauke einen Seitenblick zu. »Er ist noch von der alten Schule. Damals gab es keine Frauen im Polizeidienst. Damit hat Jakob immer noch seine Schwierigkeiten. Aber sonst ist er ein zuverlässiger Kollege. Sie sollten ihn im Kreise der Familie erleben. Das ist sein Ein und Alles. Und Jakob wird von seinen Enkelkindern abgöttisch geliebt.«

Sie fuhren eine Weile schweigend weiter.

»Und Sie?«, fragte Frauke.

»Ich? Ich bin zufrieden mit meinem Beruf und fühle mich wohl. Ich habe das Gefühl, etwas Sinnvolles zu tun. Die Arbeit ist vielseitig, macht Spaß, und ich darf viele Facetten des menschlichen Lebens kennenlernen.«

»Gibt es auch einen privaten Nathan Madsack?«

»Natürlich. Der fängt nach Dienstschluss an und fühlt sich wohl, wenn er mit seiner Frau die gemeinsame Zeit genießen kann.«

»Kinder?«

Madsack schüttelt knapp den Kopf. »Und wer sind Sie?«

»Frauke Dobermann. Verheiratet. Keine Kinder. Seit heute beim LKA in Hannover.«

Madsack schmunzelte. »Das war aber knapp. Es klingt fast wie eine Aussageverweigerung.«

Frauke unterließ es, zu antworten. Sie sah keine Notwendigkeit, dem neuen Kollegen mehr aus ihrem Leben zu berichten, von ihrem Werdegang bei der Landespolizei Schleswig-Holstein, von der Anerkennung, die man ihr als erfolgreiche Leiterin einer Mordkommission dort gezollt hatte, und vor allem nicht davon, weshalb sie jetzt in Hannover tätig war. Siebenundvierzig, dachte sie, und immer dem Beruf zugewandt. Darunter hatte ihr Privatleben erheblich gelitten. Welches Privatleben eigentlich?, schoss es ihr durch den Kopf. Mit Ausnahme von ... Aber daran mochte sie nicht denken. Männer waren derzeit nicht ihr Thema.

Madsack bog vom Sahlkamp in eine stille Seitenstraße ein. Links lagen ein Tennisplatz und die Bezirkssportanlage. Dieses Wohnviertel unterschied sich deutlich von den Hochhäusern, die sich am vorderen Abschnitt des Sahlkamps entlangzogen.

»Gänselieselweg, Elfenweg, Drosselbartweg, Froschkönigweg. Da ist es.«

Madsack bog ab und ließ den Mercedes langsam durch die schmale Straße rollen, die nur an einer Seite einen Gehweg hatte. Links reichten die Grundstücke bis an die Fahrbahn heran und wurden durch hohe Hecken von der Straße abgeschirmt. Der Hauptkommissar hielt vor einem relativ neuen Einfamilienhaus aus Klinker.

»Da wären wir«, sagte Madsack und verließ mit einem Ächzen das Fahrzeug. Nachdem auch Frauke ausgestiegen war, sahen sie sich um. Niemand war zu sehen. Entweder waren die Bewohner dieser Straße berufstätig, oder sie hatten andere Dinge zu erledigen, als die Straße zu beobachten. Die beiden Polizisten durchquerten den kleinen sorgfältig gepflegten Vorgarten und klingelten an der Haustür. Ein schlichtes Messingschild »Tuchtenhagen« wies auf die Hausbesitzer hin. Nichts rührte sich. Alles blieb still. Frauke versuchte es erneut. Niemand schien anwesend zu sein.

»Wenn Manuela Tuchtenhagen fluchtartig den Tatort verlassen hat, ohne Handtasche und Papiere, dann muss sie doch irgendwo abgeblieben sein«, sagte Madsack mehr zu sich selbst.

»Vielleicht gibt es Gründe, weshalb sie nicht die Polizei oder den Rettungsdienst benachrichtigt hat«, erwiderte Frauke. »Dann wird sie kaum nach Hause gefahren sein. Wir müssen in Erfahrung bringen, wo ihr Ehemann beschäftigt ist.«

Ohne eine Antwort abzuwarten, ging sie zum Nachbarhaus und läutete. Aber auch dort war niemand zu Hause. Es schien wie verhext. Der ganze Straßenzug war ausgeflogen.

»Das ist das Revier, in dem sich die Langfinger tummeln«, merkte Madsack an, der Frauke nicht begleitet hatte, sondern am Dienstwagen stehen geblieben war. Er hatte sich gegen die Beifahrerseite des Mercedes gelehnt und telefonierte. Er zuckte trotz des Wetters nicht mit der Wimper. Es sah aus, als würde der feine Regen an ihm abperlen. Als Madsack das Gespräch beendet hatte, erklärte er: »Ich habe Lars von Wedell angerufen und gebeten, ob der Kollege herausfinden kann, wo der Ehemann beschäftigt ist.«

Frauke sah ihn fragend an.

»Internet«, erklärte Madsack. »Vielleicht ist Tuchtenhagen selbstständig. Oder er hat sich in sonst einer Weise irgendwo im Netz verewigt. Außerdem soll Lars prüfen, wie oft der Name in Hannover vorkommt. Möglicherweise gibt es Verwandte. Und dann möchten wir gern den Mädchennamen der Frau wissen. Dann können wir auch in deren Verwandtschaft herumhorchen.«

Frauke nickte anerkennend. Madsacks geistige Beweglichkeit schien nicht unter seiner Korpulenz zu leiden.

Aus dem Wageninneren plärrte der Funk. Madsack übte Funkdisziplin und meldete sich mit der Kennung des Fahrzeugs und schloss mit »Hört« ab. Er lauschte einen Moment, sagte: »Danke. Ende«, und sah Frauke an. Ein leichtes Lächeln zeigte sich auf den gut gepolsterten Wangen. »Wir haben die Mobilnummer der beiden Tuchtenhagens.«

»Mit der Nummer der Frau können wir nichts anfangen. Der Apparat liegt in der Handtasche am Tatort.«

»Wir haben die Handynummer des Ehemannes.« Madsack nannte eine Zahlenfolge.

»Moment«, bat Frauke und holte ihr Telefon hervor. »Wiederholen Sie bitte.«

Während Nathan Madsack die Ziffern einzeln aufsagte, wählte Frauke die Rufnummer. Es war zunächst das elektronische Signal des Verbindungsaufbaus zu hören, dann dauerte es eine Weile. Frauke musste mehrere Freizeichen abwarten, bis sich eine entschlossene Männerstimme meldete.

»Ja bitte?«

»Herr Tuchtenhagen?«

»Wer möchte das wissen?«

»Sind Sie Herr Tuchtenhagen?«

»Wenn Sie mich angewählt haben, müssten Sie wissen, mit wem Sie sprechen möchten.«

»Dobermann. Kripo Flens..., Polizei Hannover«, korrigierte sie sich sofort. Ihrem Gesichtsausdruck war anzusehen, dass sie sich über diesen Fauxpas ärgerte. »Ich möchte mit Herrn Tuchtenhagen sprechen.«

»Am Apparat. Um was geht es?«

»Das würden wir gern persönlich mit Ihnen besprechen. Wo können wir Sie erreichen?«

»Ich bin sehr beschäftigt. Muss das sofort sein?« Es entstand eine kurze Pause. »Polizei, sagten Sie? Ist etwas mit meiner Frau?«

»Das Telefon ist ein ungeeignetes Medium. Wir sind schnell bei Ihnen. Nennen Sie uns bitte die Adresse.«

»Schön. Schröder-Fleisch in der Seligmannallee.«

»Das liegt am anderen Ende der Stadt«, stöhnte Madsack, umrundete den Mercedes und stieg ein, nachdem er sich einmal wie ein nasser Hund geschüttelt hatte.

Frauke nahm auf dem Beifahrersitz Platz, zog ein Papiertaschentuch hervor und rieb sich damit das Gesicht trocken. Dann putzte sie ihre Brillengläser. Madsack steuerte den Dienstwagen zurück zur Hauptstraße. »Bei dieser Gelegenheit lernen Sie unsere schöne Stadt kennen«, sagte er und tippte über das Display eine Telefonnummer ein. »Wir sollten den Kollegen Richter informieren, dass wir zu einer anderen Adresse unterwegs sind.«

»Wieso? Wir sind immer noch damit beschäftigt, Manuela Tuchtenhagen ausfindig zu machen.«

Madsack presste die Lippen zu einem schmalen Strich zusammen und nickte bedächtig. »Donnerwetter. Sie haben Ihren eigenen Kopf. Ich fürchte, das wird Bernd Richter nicht gefallen.«

»Ich bin nicht nach Hannover gekommen, um Männern zu gefallen.«

»Sondern?«

Frauke warf Madsack einen Seitenblick zu. »An Ihrer Verhörtechnik müssen Sie noch arbeiten.«

Sie hatte einen Blick auf den Mittellandkanal geworfen, den sie in der Zwischenzeit überquert hatten. Nach einem kleinen Gewerbegebiet, das Madsack kurz und bündig mit »List« vorgestellt hatte, fuhren sie durch ein größeres Waldgebiet.

»Unsere grüne Lunge – die Eilenriede«, erklärte er Frauke. »In diesem Naherholungsgebiet kann man wunderbar spazieren gehen. Man trifft dort auch viele Jogger.« Dann lachte er. »Ich bin allerdings nicht darunter.«

»Sie sind wohl begeisterter Hannoveraner?«, fragte Frauke zwischendurch.

Ein Strahlen überzog Madsacks Gesicht. »O ja. Das kann man sagen.« Dann erklärte er weiter. »Links ist der Zoologische Garten. Voraus sehen Sie das Congress Centrum, die Niedersachsenhalle, und dann folgt der Stadtpark.«

Madsacks Ortsbeschreibung endete, als sie eine Eisenbahnunterführung passierten und an einer stark befahrenen Straße vor einer roten Ampel halten mussten.

»Über die Hans-Böckler-Allee rollt ein Großteil des Verkehrs Richtung Osten.«

Sie überquerten die Hauptstraße und waren in der Zielstraße. Ein breiter, mit Bäumen bepflanzter Grünstreifen war noch der erfreulichste Anblick. Alles andere sah in seiner schlichten Funktionalität tot aus. Da halfen auch nicht die quer zur Straße stehenden Bürohäuser im uniformen Wellblechlook auf der Gegenseite.

»Merkwürdig«, stellte Frauke fest, als sie vor dem Arbeitsplatz Thomas Tuchtenhagens hielten.

Madsack runzelte die Stirn. Dann zog ein Leuchten über sein Antlitz. »Das ist aber ein sehr weiter Gedankensprung.«

»Immerhin sind Sie auch angekommen«, erwiderte Frauke und las das Firmenschild: »Schröder Fleischgroßhandel EG-Zerlegbetrieb«. »Wäre Manfredi mit einem Bleirohr erschlagen worden und wir würden vor einem Klempnerbetrieb stehen, hätten Sie sich nicht so gewundert. Das verstehe ich auch. Denn der Fleischklopfer ist sicher kein Standardwerkzeug in einem Großbetrieb der Fleisch verarbeitenden Industrie.«

»Wollte uns jemand einen Hinweis geben?«, fragte Madsack mehr zu sich selbst.

»Diese Frage können wir nicht beantworten. Noch nicht. Es ist aber vor dem Hintergrund des sonderbaren Mordwerkzeuges eigentümlich, dass Frau Tuchtenhagen panikartig geflüchtet und bisher nicht aufgetaucht ist und ihr Ehemann in einer Fleischfabrik tätig ist.«

Sie stiegen aus und gingen rasch zur Pförtnerloge, die den Zugang zum Firmengelände abschirmte. Madsack zeigte mit seinem wurstigen Zeigefinger zum Himmel, aus dem es immer noch regnete. »Sie müssen nicht glauben, dass wir in Hannover immer so ein Wetter haben. Normalerweise lacht die Sonne über unsere Stadt.«

»Und über die Hannoveraner auch?«, sagte Frauke mit einem Lächeln.

In dem kleinen Häuschen saß ein grauhaariger Mann im weißen Hemd und mit korrekt gebundener Krawatte. Über der Stuhllehne hing sein Jackett, die Uniformjacke eines Wach- und Sicherheitsdienstes.

Frauke beugte sich zu dem Mikrofon vor, das neben der Glasscheibe angebracht war. »Guten Tag. Wir sind mit Herrn Tuchtenhagen verabredet.«

»Wie war der Name?«, fragte der Grauhaarige durch die quakende Anlage zurück.

Frauke nannte den Namen erneut.

Sie sahen, wie der Mann einen zerfledderten Ordner mit Klarsichthüllen zur Hand nahm und mit seinem Finger die Liste abwärtsfuhr. Dabei bewegten sich seine Lippen unablässig, als er den Namen des Gesuchten wiederholte. Der Finger verharrte an einer Stelle. Dann griff der Pförtner zum Telefon, wählte eine Nummer, und die beiden Polizisten konnten gedämpft durch die Glasscheibe hören, wie er erklärte: »Da sind zwei Besucher für Herrn Tuchtenhagen.« Er lauschte in den Hörer, nickte beifällig und legte auf. Dann schaltete er die Gegensprechanlage wieder ein. »Tut mir leid. Herr Tuchtenhagen ist vor fünf Minuten weg.«

»Was soll das heißen?«, fragte Frauke barsch.

»Mehr kann ich nicht sagen«, bedauerte der Pförtner. »Ich bin hier nicht angestellt und kenne die Leute nicht.«

»Dann wissen Sie auch nicht, mit was für einem Fahrzeug Herr Tuchtenhagen weggefahren ist? Oder wurde er abgeholt?«

»Keine Ahnung.« Der Mann zuckte mit den Schultern. Es war sinnlos, ihm weitere Fragen zu stellen.

»Schön«, sagte Madsack, drehte sich um und stapfte zum Dienstwagen zurück, während er sein Handy ans Ohr hielt. »Dann werden wir nachfragen, was für ein Fahrzeug der Ehemann fährt. Vielleicht hat seine Frau ihn informiert, und nun treffen sich die beiden. Ich werde auch einen Streifenwagen zur Wohnung des Ehepaares schicken, falls die beiden sich dort verabredet haben.«

»Uns bleibt nur, zur Dienststelle zurückzukehren«, stellte Frauke fest.

Frauke und Madsack wurden im Landeskriminalamt bereits erwartet und sofort in den Besprechungsraum gebeten.

»Wo seid ihr gewesen?«, fragte Hauptkommissar Richter. Er musterte die beiden Beamten mit einem finsteren Blick.

»Wir haben die Spur der Frau verfolgt«, sagte Madsack.

»Und das dauert so lange?«

»In der Wohnung haben wir die Zeugin nicht angetroffen. Daraufhin haben wir Kontakt zum Ehemann aufgenommen und versucht, diesen zu befragen«, mischte sich Frauke ein.

»Was heißt *versucht*?«

Frauke erklärte es Richter.

»Das war unprofessionell«, maßregelte der Teamleiter die beiden Beamten. »Jetzt trifft sich Tuchtenhagen mit seiner Frau, stimmt womöglich deren Aussage ab, und wir haben eine wichtige Spur verloren. Außerdem möchte ich, dass solche Dinge mit mir abgestimmt werden. Ist das klar für die Zukunft?«

»Moment mal …«, begehrte Frauke auf, wurde aber durch Kriminaloberrat Ehlers unterbrochen, der energisch mit der flachen Hand auf den Tisch schlug.

»So geht das nicht, Herrschaften. Ich bitte Sie, an einem Strang zu ziehen. Wir suchen einen Mörder. Da ist Teamwork erforderlich. Halten Sie sich bitte daran. Alle!« Ehlers sah die Beteiligten der Reihe nach an. Richter erwiderte trotzig den Blick und zog die Nasenspitze in die Höhe. Putensenf konnte ein leichtes Grinsen nicht unterdrücken, während der junge von Wedell verlegen mit der Fingerspitze eine Figur auf der Tischplatte nachzeichnete. Madsack machte einen bekümmerten Eindruck. Ihm war anzumerken, dass ihn die Auseinandersetzung berührte.

»Das kommt nicht ins Protokoll, Frau Westerwelle«, sagte der Kriminaloberrat zur Schreibkraft. Dann zog er die linke Augenbraue in die Höhe, als er Fraukes Reaktion registrierte.

Sie lächelte.

Ehlers räusperte sich. »Fahren Sie bitte fort, Herr Richter.« Dem Hauptkommissar war der Ärger deutlich anzumerken.

»Wir haben die Akten sichergestellt«, erklärte er. »Sie befinden sich in unseren Dienstraumen. Der Tote ist zur Rechtsmedizin verbracht worden. Mit dem Obduktionsergebnis können wir frühestens morgen rechnen.«

»Wir sollten davon ausgehen, dass er erstickt ist«, mischte sich Frauke ein.

Richter sah sie böse an. »Darf ich meine Ausführungen zunächst zu Ende bringen? Das Tatwerkzeug ist in der KTU. Der Bericht der Spurensicherung liegt noch nicht vor. Zeugen haben wir nicht ausmachen können, zumindest keine, die etwas Brauchbares sagen konnten.«

Frauke wollte antworten, aber Ehlers unterbrach sie und zeigte in Richtung Lars von Wedell.

»Das klingt vielleicht blöde«, warf der junge Kommissar ein. »Aber wieso ist das Opfer erstickt, wenn es mit einem Fleischklopfer erschlagen wurde?«

Plötzlich sahen alle Frauke an.

»Wir haben gesehen, dass vermutlich mehrfach auf Manfredi eingeschlagen wurde. Das Opfer hat sich möglicherweise über den Schreibtisch gebeugt, als der Täter oder die Täterin zuschlug. Durch den krummen Rücken musste der Mörder – ich spreche jetzt der Einfachheit halber nur in der männlichen Form – einen längeren Weg zurücklegen und hat Manfredi nicht oben auf dem Kopf, sondern am Hinterkopf getroffen, und zwar an einer sehr unglücklichen Stelle. Wenn Sie vom Hals die Wirbelsäule aufwärtstasten, spüren Sie am unteren Kopf eine Kuhle und kurz darauf einen Knubbel.«

Frauke sah in die Runde. Lars von Wedell war mit seiner linken Hand simultan Fraukes Erläuterungen gefolgt und nickte erkennend. Auch Putensenf hatte seinen Arm erhoben, fuhr aber fast erschrocken zusammen, als die Blicke auf ihn gerichtet wurden, und murmelte: »So ein Blödsinn. Wie im Kindergarten.«

»Dahinten sitzt die Medulla oblongata. Das ist das verlängerte Mark und Teil des Hirnstammes. Es gehört somit zum zentralen

Nervensystem und steuert die wesentlichen vitalen Funktionen. Speziell finden wir dort das Atemzentrum. Wenn es durch die Compressio, die Gehirnquetschung, zu einer Ödembildung, also zu einer Gefäßschädigung im Hirn, kommt, drückt der Bluterguss auf das Atemzentrum, und binnen kurzer Zeit erstickt das Opfer.«

»Spannend«, murmelte Putensenf, während Madsack anerkennend nickte.

»Wir warten, bis der Bericht der Rechtsmedizin vorliegt«, sagte Richter. »Es ist nicht unsere Art, uns auf Vermutungen zu stützen.«

»Was ist mit der Türblockade?«, fragte Frauke in den Raum.

Der Kriminaloberrat sah sie an. »Was meinen Sie damit?«

»Die Tür zum Hausflur, das heißt zur Straße, war offen. Irgendjemand hat sie blockiert.«

Jakob Putensenf hob wie ein Grundschüler seinen Zeigefinger. »Darum habe ich mich gekümmert«, erklärte er, als Richter ihn ansah. »Das war ein Mitbewohner. Der hat die Angewohnheit, die Haustür mit einem kleinen selbst geschnitzten Keil offen zu halten, wenn er Dinge aus dem Keller auf die Straße trägt oder sein Auto auslädt.«

»Hat der etwas gesehen?«, fragte Frauke.

»Leider nicht. Er war eine ganze Weile in seinem Keller mit Umräumarbeiten beschäftigt und hat Leergut sortiert. Während dieser Zeit muss der Mord geschehen sein. Jedenfalls ist der Nachbar durch den Lärm, den der Polizeieinsatz ausgelöst hat, aus dem Keller gelockt worden.«

»Schade«, stellte Frauke fest. »Wenn der Täter die Tür blockiert hätte, wüssten wir, dass es eine geplante Tat war und der Mörder sich den Fluchtweg frei halten wollte. So bleiben wir im Ungewissen, ob es vorsätzlich war oder Manfredi als Folge eines Streits erschlagen wurde. Übrigens habe ich in Ihrer Zusammenfassung einen Punkt vermisst.« Sie wandte sich an Richter. »Was ist mit der Lieferung, die der Paketbote heute gebracht hat?«

Dem Hauptkommissar stieg die Zornesröte ins Gesicht. »Das hätte ich noch erklärt«, sagte er eine Spur zu hastig. »Die Steine sind ebenfalls im Labor. Die erste Vermutung lautet, dass es Marmorproben sind.«

»Marmor?«, fragten Putensenf und Lars von Wedell gleichzeitig. Richter nickte.

»Wie wollen Sie weiter vorgehen?«, fragte Ehlers Richter.

»Wir müssen die Spuren auswerten«, sagte der Hauptkommissar ausweichend.

»Wir müssen jemanden finden, der die Verhältnisse in diesem Büro kannte«, schlug Frauke vor.

»Es sind alle verfügbaren Zeugen vernommen worden, von den Hausbewohnern bis zum Paketboten. Und Manuela Tuchtenhagen ist untergetaucht«, erklärte Richter.

»Weder Manfredi noch seine Sekretärin werden das Büro geputzt haben«, sagte Frauke. »Wir sollten in den Buchungsunterlagen nach dem Gehalt einer Putzfrau suchen. Dort muss es einen Namen geben. Dann hätten wir einen Anhaltspunkt.«

»Wir werden das feststellen und die Frau dann verhören«, sagte Richter mit Entschiedenheit. »Da kann sich Herr von Wedell hineinknien.«

»Wenn Sie einverstanden sind«, sagte Frauke in Richters Richtung, »werde ich mich weiter um die verschwundene Sekretärin und ihren Ehemann kümmern.«

»Das ist sicher ein guter Ansatz«, pflichtete Nathan Madsack bei, der sich bisher auffallend zurückgehalten hatte. »Es sind schon merkwürdige Zufälle, dass Manfredi mit einem Fleischklopfer erschlagen wurde und der Ehemann der untergetauchten Sekretärin in einer Fleischfabrik beschäftigt ist. Weiß jemand, welche Funktion er dort ausübt?«

Niemand antwortete.

»Noch eine Aufgabe für Lars von Wedell«, sagte Richter.

»Gut«, schloss Kriminaloberrat Ehlers die Besprechung. »Wir treffen uns wieder, wenn es neue Ergebnisse gibt.«

Alle Teammitglieder standen auf. Ehlers hielt Frauke zurück. »Einen kleinen Moment, bitte. Mit Ihnen möchte ich noch sprechen.«

Der Kriminaloberrat nahm seine Brille ab und ließ sie am Bügel kreisen, als alle anderen den Raum verlassen hatten. »Sie sind jetzt wenige Stunden hier«, begann er vorsichtig. »Deshalb erfüllt es mich ein wenig mit Sorge, dass es schon atmosphärische Störungen gibt. Ich kenne Ihre Personalakte und die Beurteilungen, die Sie als erfolgsorientierte und führungsstarke Frau auszeichnen. Mir ist auch bekannt, weshalb Sie von der dänischen Grenze zum LKA Niedersachsen gewechselt haben. Bei allem Respekt vor Ihrer Einsatzfreude sollten Sie aber auch ein wenig Teamgeist walten lassen. Hauptkommissar Richter ist ein erfahrener Kriminalbeamter und nicht zufällig mit der Teamleitung betraut. Haben Sie damit ein Problem?«

»Ich danke Ihnen für die offenen Worte. Nein, ich möchte niemandem die Rolle streitig machen. Mein Ehrgeiz gilt einzig der Aufklärung von Straftaten. Wir alle wissen, dass der erste Angriff namentlich bei Tötungsdelikten für die Ermittlungsarbeit von immenser Bedeutung ist. Was dort versäumt wird, lässt sich später nur schwer kompensieren. Deshalb liegt mir am Herzen, dass alle Aspekte bedacht werden.«

»Kollege Richter und die anderen arbeiten routiniert. Sie können sicher sein, dass den Kollegen nichts entgeht. Ich bitte Sie deshalb um ein wenig gebremsten Schaum, wenn hier bei uns in Hannover anders gearbeitet wird, als Sie es aus Flensburg gewohnt sind. Vielleicht liegt es auch an der personellen Ausstattung. Dort oben waren Sie ein einzelnes Kommissariat, dessen Arbeitsweise Sie allein bestimmt haben. Hier sind wir in das LKA eingebunden und legen sehr viel Wert auf Teamarbeit. Es wäre schön, wenn sich nach den ersten holprigen Schritten ein gedeihliches Miteinander entwickeln würde. Ich wünsche Ihnen und uns jedenfalls eine erfolgreiche Zusammenarbeit.«

Der Kriminaloberrat setzte seine Brille wieder auf, fuhr sich mit der Hand über den kahlen Streifen seines nur von einem Haarkranz umsäumten Kopfes und stand auf, ohne auf eine Antwort zu warten. An der Tür drehte er sich noch einmal um. »Wenn Sie etwas bedrücken sollte, so gilt für Sie wie für jeden anderen Mitarbeiter: Der Kummerkasten der Abteilung heißt Michael Ehlers.«

Frauke blieb noch eine Weile sitzen. Es war nicht ihre Absicht, gleich in den ersten Stunden in der neuen Dienststelle für Unruhe zu sorgen. Sicher war es bis zur Ersten Hauptkommissarin ein langer Weg gewesen. Entgegen der Vielzahl von seichten weiblichen Ermittlern in Fernsehkrimis war der Frauenanteil in Polizeiführrungspositionen immer noch verschwindend gering. Insbesondere in den »harten« Kommissariaten wie denen für Tötungsdelikte, dem Mobilen Einsatzkommando oder dem Sondereinsatzkommando stellten sie eine Minderheit dar. Und bei gleicher Qualifikation mussten sie stets eine Spur besser und härter als männliche Mitbewerber sein. In dieser von Männern dominierten Welt hatte sie es bis zur Leiterin der Mordkommission geschafft, des nördlichsten K1 Deutschlands. Und die Erfolge ihres Teams waren anerkannt.

Sie stützte für einen Moment die Ellenbogen auf die Tischplatte und versenkte ihren Kopf in die offenen Handflächen. Nein! Freiwillig hatte sie den Norden nicht verlassen. Trotz der mahnenden Worte ihres neuen Vorgesetzten fühlte sie sich nicht schuldig. Sie hatte lediglich ihre Erfahrung einfließen lassen, und wenn Richter kein Mannschaftsspieler war, dann stand für die Zukunft ein Problem zwischen ihnen. Andererseits hatte es der Kriminaloberrat nicht an mahnenden Worten missen lassen. Ehlers hatte zwar keine Drohungen ausgestoßen, aber wenn die Konflikte schon nach wenigen Stunden zu eskalieren drohten, dann bestand die Gefahr, dass man sie irgendwo in die Weite Niedersachsens schickte, auf eine Dienststelle in der Provinz, wo sie sich mit Kleinkriminalität und jugendlichen Straftätern auseinanderzusetzen hätte.

Sie stützte sich auf der Schreibtischplatte ab, stand auf und ging in Richters Büro. Im Unterschied zu den anderen Räumen hatte der Hauptkommissar seine Tür geschlossen.

»Hallo«, sagte sie.

Richter sah mürrisch auf. Er blätterte in den Akten, die sie aus dem Büro Manfredis mitgenommen hatten.

»Kann ich helfen?«, fragte Frauke.

»Man kann die Ordner schlecht teilen«, knurrte Richter.

»Ich könnte einen anderen durchsehen.«

»Es gibt nur wenige, die von Interesse sind. Es ist ohnehin erstaunlich, mit wie wenig Papier der Betrieb ausgekommen ist.«

»Heute wird vieles auf dem elektronischen Weg erledigt«, überlegte Frauke laut. »Allerdings sind wir in Deutschland. Da verlangt die Bürokratie jede Menge Nachweise in Papierform. Womit hat sich Manfredi eigentlich beschäftigt?«

Richter lehnte sich in seinem Bürostuhl zurück. Da er Frauke keinen Platz angeboten hatte, setzte sie sich unaufgefordert auf den Besucherstuhl.

»Früher war er in einen Gammelfleischskandal verwickelt. Aber das sagte ich bereits. Wir haben ihm nichts nachweisen können.«

»Können Sie das ein wenig ausführlicher erläutern?«, bat Frauke.

»Wozu? Das alte Thema ist abgeschlossen. Ich habe wenig Zeit, Sie in die Historie einzuweihen. Wenn es Sie interessiert, sollten Sie einen Blick in die Ermittlungsakten werfen.«

Frauke war nicht überrascht, dass Richter sich wenig kooperativ zeigte. Wie in vielen anderen Bereichen des Berufslebens baute auch in Behörden die Dominanz der Führungskräfte auf das auf, was man als »Herrschaftswissen« umschrieb. Sie nahm sich vor, dem alten Fall Aufmerksamkeit zu widmen. Vielleicht gab es Verbindungen in die Vergangenheit.

»Und welche Geschäfte hat Manfredi in seinem neuen Betrieb abgewickelt?«

»Das heißt nicht Betrieb, sondern Unternehmen«, korrigierte Richter. Dann tippte er mit dem Zeigefinger auf die vor ihm liegenden Papiere. »Er scheint sich mit Importen beschäftigt zu haben.«

»Fleisch?«

»Alles Mögliche. Viele Lieferpapiere sind in Italienisch. Da kann ich nur raten, was sich dahinter verbirgt. Ich vermute, Sie sind dieser Sprache auch nicht mächtig. Wahrscheinlich sprechen Sie nur Eskimoisch, wenn Sie von dort oben kommen.«

»Dänisch«, korrigierte Frauke ihn. »In Flensburg spricht man Dänisch. Und in Grönland auch. So kommen Sie mit dieser Sprache von Flensburg bis zum Nordpol.«

Richter brummte etwas Unverständliches. Dann machte er mit dem Kopf eine Bewegung in Richtung Tür. »Es wäre schön, wenn Sie mich jetzt weiterarbeiten ließen.«

Frauke verließ wortlos den Raum.

Auf dem Flur stieß sie mit Jakob Putensenf zusammen, der einen Kaffeebecher balancierte und im letzten Moment ausweichen konnte.

»Sie scheinen in allen Dingen stürmisch zu sein«, sagte er.

Frauke zog die Augenbraue in die Höhe. »Das kommt Ihnen

nur so vor. Liegt es daran, dass hier bisher nur ein laues Lüftchen wehte?«

»Ich bin durchaus für die Emanzipation. Frauen sollten richtig herumwirbeln und alles im Beruf geben. Ich bin dafür, dass sie jede Menge Erfolg haben. Schließlich profitiere ich als Mann davon, wenn dieser Beruf der der Hausfrau ist.«

Sie musterte ihn bewusst vom Scheitel bis zur Sohle. »Ich glaube, bei Ihnen muss einiges upgedatet werden.«

Putensenf schluckte. »Sie sind ganz schön kess«, sagte er dann. »Aber das ist vielleicht die falsche Vokabel. So nennt man das Verhalten *junger* Mädchen.«

»Davon verstehen *alte* Männer aber nichts.« Sie ließ ihn stehen und suchte das Büro von Nathan Madsack. Der saß an seinem Schreibtisch und sah auf. Er hielt die Hand vor den Mund, kaute zu Ende und zeigte auf den Besucherstuhl. »Nehmen Sie bitte Platz. Möchten Sie einen Kaffee?«

»Gern. Ich habe zuletzt heute Morgen im Hotel etwas getrunken.«

»Ich hole Ihnen eine Tasse.« Madsack stemmte sich in die Höhe. »Wissen Sie was?«, ergänzte er. »Kommen Sie am besten mit. Wir haben in der Abteilung zusammengelegt. Im Geschäftszimmer bei Frau Westerwelle steht die Kaffeemaschine. Dort liegt eine Strichliste aus, und jeder, der sich einen Kaffee holt, trägt sich dort ein. Sporadisch kassiert die Sekretärin dann.«

Madsack bewegt sich wie ein Teddybär, dachte Frauke, als sie dem korpulenten Mann über den Flur folgte.

»Wir müssen uns bei Ihnen entschuldigen«, sagte er über die Schulter. »Heute geht es recht turbulent bei uns zu. Sonst hätten wir Sie bei den anderen Kollegen vorgestellt und Ihnen die Örtlichkeiten erläutert. Wenn Sie möchten, nehme ich Sie mit in die Kantine. Es ist ja gleich Mittag. Dann kann ich Ihnen zeigen, wie es bei uns funktioniert.« Er bog vom Flur in das Geschäftszimmer ab.

»Hallo, Uschi«, sagte er zur Schreibkraft, die gerade ein Telefonat führte und beiläufig nickte. Madsack zeigte auf Frauke. »Die neue Kollegin möchte an unserer Kaffeerunde teilnehmen.«

Frauke fiel auf, dass es eine Feststellung und keine Frage war. Dann erklärte ihr Madsack das Prozedere. »Milch? Zucker?«, fragte er, nachdem er einen Becher gefüllt hatte.

»Danke. Schwarz.«

»Kommen Sie«, sagte er und trug ihren Becher zurück bis in sein Büro.

Sie ließ sich auf der anderen Schreibtischseite nieder.

»Es sieht aus, als wäre Ihr Start ein wenig holprig gewesen«, sagte Madsack. Die klare feste Stimme passte gar nicht zur äußerlichen Erscheinung. Wenn er sprach, wackelte das Doppelkinn, und die Wangen gerieten in Bewegung.

Frauke nahm einen Schluck Kaffee. Er war heiß und stark. Madsack hatte ihre Reaktion registriert.

»Schmeckt er Ihnen?«

Während Frauke nickte, hörte sie von der Tür her Putensenfs Stimme. »Das ist der Unterschied zwischen unserer Frau Westerwelle und der in Berlin. Unsere kann etwas.«

»Hast du nichts zu tun, Jakob?«, fragte Madsack.

»Das verstehst du nicht, Nathan. Frauen sind das Wunderbarste, was der liebe Gott aus unserer Rippe hat schaffen können. Ich könnte mir eine Welt ohne Frauen nicht vorstellen. Aber jeder hat seine Bestimmung. Wir können keine Kinder bekommen, und Frauen sollten sich nicht männlicher geben als wir Kerle selbst. Das ist schon alles.«

»Dann widme dich jetzt deinen maskulinen Aufgaben«, sagte Madsack und erklärte, als Putensenf verschwunden war: »Sie dürfen seine Verbalattacken nicht für bare Münze nehmen. Jakob ist so. Im Grunde seines Herzens ist er ein guter Kollege. Und Richter hat vielleicht ein Problem mit Ihrer Art. Ich freue mich jedenfalls, dass wir Verstärkung durch eine hervorragende Fachkraft bekommen haben.« Er hob seinen Kaffeebecher und hielt ihn Frauke hin. »Prost und willkommen.«

Nachdem Frauke ihren Kaffee abgestellt hatte, zeigte Madsack auf ein halb volles Glas mit Fruchtbonbons, das auf der Ecke seines Schreibtischs stand. »Sie dürfen sich gern bedienen. Es hat sich unter den Kollegen eingebürgert, dass gelegentlich einer zum Plausch vorbeikommt. Und Sie gehören ja nun auch zu uns.«

»Schön. Mich interessiert, in welcher Sache Sie schon einmal gegen Marcello Manfredi ermittelt haben.«

»Das ist jetzt zwei Jahre her. Wie Sie vielleicht wissen, hat Niedersachsen eine Einrichtung geschaffen, in der man den Behörden anonym Verdachtsfälle melden kann. Das ist vielleicht nicht jedermanns Sache und öffnet auch manchem Denunzianten Tür und Tor. Jedenfalls gab es einen Hinweis, dass drüben im Oldenburgischen im großen Stil mit Gammelfleisch gehandelt würde. Wir sind der Anzeige nachgegangen und haben mithilfe der örtlichen Behörden tatsächlich vereinzelt Schlachtereien und Großhändler gefunden, die mit für den menschlichen Verzehr nicht geeigneten Abfällen und auch mit verdorbenem Fleisch gehandelt haben. Es war aber nicht das große Ding, vor allem nicht die Fleischmafia, die angeblich im großen Stil dahinterstecken sollte. Manfredi war einer der Händler, die damals unter Verdacht standen. Wir konnten ihm aber nichts beweisen. Bernd Richter hat sich wie wild in die Sache hineingekniet. Als uns schon lange klar war, dass es außer einem kleinen Lebensmittelskandal nichts zu holen gab, hat er immer noch in den Akten gewühlt. Nächtelang. Aber leider vergeblich. Er ist sogar nach Dienstschluss nach Oldenburg rübergefahren. Aber das hat alles nichts gebracht. In einem Fall ist Anklage erhoben worden. Zwei oder drei Beteiligte sind mit einem Strafbefehl davongekommen. Dem Rest war nichts nachzuweisen. Trotzdem hat Richters Einsatz Eindruck auf die Führung gemacht, und seitdem ist er der Leiter unserer Einheit.«

»Warum hat Manfredi die Branche gewechselt, wenn er damals unschuldig war?«

Madsack sah Frauke lange an. »Da fragen Sie mich zu viel.«

»Kann man Einblick in die Ermittlungsakten nehmen?«

»Ich denke, ja. Da der Fall abgeschlossen ist, müssten die Unterlagen im Archiv liegen. Wenn Sie möchten, fordere ich die Akten für Sie an.«

»Vielen Dank. Das gilt auch für den Kaffee«, sagte Frauke und stand auf. Sie stand eine Weile unschlüssig auf dem Flur. Ein eigenes Büro war ihr noch nicht zugewiesen worden. Am Vortag war sie aus Flensburg eingetroffen. Zwei Koffer mit Kleidung, Schuhe und persönliche Utensilien in zwei weiteren Taschen verpackt, alles im Kofferraum ihres Audi A3 verstaut, so hatte sie das Hotel in Bahnhofsnähe aufgesucht. Sie würde noch ein, zwei Nächte dort verweilen und in der Zwischenzeit versuchen, eine kleine möblierte Wohnung zu finden.

»Ich habe etwas gefunden«, sprach sie Lars von Wedell von hinten an. Der junge Kommissar schwenkte ein Blatt Papier. »Ich bin gerade auf dem Weg zum Chef.«

»Zu Ehlers?«, fragte Frauke und heftete sich an seine Fersen. Doch von Wedell steuerte das Büro von Bernd Richter an.

»Was gibt's?« Der Hauptkommissar sah auf.

»Ich hab etwas«, sagte der junge Kommissar strahlend und reichte Richter die Notiz.

»Das hilft uns im Moment nicht weiter«, sagte Richter, nachdem er den Zettel gelesen hatte. »Thomas Tuchtenhagen ist Tierarzt. Er war früher beim Veterinäramt beschäftigt und ist seit einem Jahr bei Schröder-Fleisch für die Qualitätssicherung zuständig.«

»Und jetzt ist er verschwunden«, merkte Frauke an.

»Was soll das heißen? Gegenwärtig wissen wir nur, dass er seinen Arbeitsplatz verlassen hat. Wir können davon ausgehen, dass er sich mit seiner Frau getroffen hat, die beim Anblick des Toten in Panik geraten war.«

»Üblicherweise erwartet man in einer solchen Situation, dass die Polizei verständigt wird«, sagte Frauke.

»Menschen reagieren im Schockzustand unterschiedlich. Da ist nicht alles rational nachvollziehbar.«

Frauke wandte sich an von Wedell. »War Tuchtenhagen in Oldenburg beim Veterinäramt tätigt?«

»Nein.« Der junge Kommissar nickte heftig. »Hier. Beim Landkreis Hannover.«

»Das wäre mir schon aufgefallen«, knurrte Richter. »Ich nehme an, Sie wollen immer noch eine Verbindung zum damaligen Fall konstruieren.«

»Da ist aber noch etwas.« Von Wedell streckte seine Hand nach der Notiz aus. »Name und Anschrift habe ich aus den Buchhaltungsunterlagen.«

»Die Putzfrau?«, fragte Frauke.

Von Wedell nickte. »Es ist allerdings keine Frau, sondern ein Mann. Er heißt Theophanis Mikolitis. Und wohnt in der Wagenerstraße.«

»Dann sollten wir mit ihm sprechen«, sagte Richter.

»Soll ich da allein hin?« Von Wedells Eifer war nicht zu übersehen. Sein Gesicht zeigte aber deutliche Spuren der Enttäuschung, als Richter anordnete: »Nein. Das kann Frau Dobermann machen. Die kann hier vor Ort im Moment nichts bewirken.« Er sah Frauke an. »Nehmen Sie Jakob Putensenf mit.«

Frauke unterdrückte die Frage, ob das eine Strafaktion werden sollte.

Putensenf hatte auf dem Weg zum Auto kein Wort mit Frauke gewechselt. Er öffnete die Türen per Fernbedienung und stieg in den Ford Focus ein. Frauke setzte sich auf den Beifahrersitz.

Während der Fahrt holte Putensenf eine Blechschachtel hervor, fingerte daran herum und schob sich ein Zigarillo zwischen die Lippen.

»Nein!«

Er sah Frauke von der Seite an. Sie stierte stur gerade aus und würdigte ihn keines Blickes.

Während er das kalte Zigarillo zwischen den Mundwinkeln wandern ließ, lispelte er: »Sie sind wohl in jeder Hinsicht militant.«

»Manches stinkt mir schon so genug. Da bedarf es keiner Verstärkung durch solche Knösel.«

»Knösel sind Pfeifen, nur um Ihre Bildungslücke zu schließen.«

»Es ist mir gleich, wie Sie Ihre zusammengerollte Matratze nennen.«

Immerhin unterließ er es, das Zigarillo in Brand zu setzen. Sie fuhren eine Weile schweigend weiter, bis er schließlich knurrte: »Das wundert mich.«

Frauke gab sich keine Blöße. Putensenf wollte sie zu einer Nachfrage verleiten. Sie war sich sicher, dass er die mit einem Kommentar wie »Frauen sind von Natur aus neugierig« beantwortet hätte. Eine Weile später brach Putensenf die Stille.

»Wollen Sie gar nicht wissen, was mich wundert?«

»Mich wundert bei Ihnen gar nichts mehr. Und Männer wie Sie sind von Natur aus sabbelig. Da werden Sie schon von sich aus reden.«

Frauke sah, wie Putensenf das Lenkrad fester umschloss und seine Knöchel weiß hervortraten.

»Das war dienstlich«, zischte er schließlich. »Ich bin erstaunt, dass ein Mann das Büro reinigt und Manfredi keine Putzfrau beschäftigt hat.«

»Vielleicht war das Opfer ein kluger Mensch und hat erkannt, wie die Rollen besser verteilt werden können.«

»Sie sind aber eine hartnäckige Emanze.«

»Emanze gegen Macho.«

Putensenf schlug mit beiden Händen gleichzeitig gegen das Lenkrad. »Freunde werden wir nie.«

Frauke lachte auf. »Das ist die erste positive Aussage, die ich aus Ihrem Mund gehört habe. Eine kluge Erkenntnis, dass Sie bei mir keine Chance haben.«

Putensenf missachtete sie für den Rest der Fahrt, bis sie vor einem Gelbklinkerhaus mit schwarzem Sockel hielten. Die Kindertagesstätte auf der anderen Straßenseite brachte ein wenig Leben in diese ruhige Straße, die parallel zur rührigen Calenberger Straße verlief, die den Mittelpunkt der Calenberger Neustadt bildete. Ein mit Gerümpel vollgestellter Hof in direkter Nachbarschaft war ebenso wenig idyllisch wie die beiden heruntergekommenen Fachwerkhäuser. Da schmeichelte auch das herausgeputzte Nebengebäude des Restaurants Backöfle nicht, das mit einem Schild selbstbewusst verkündete, über Hannovers kleinsten Biergarten im lauschigen Innenhof zu verfügen.

Auf der Fahrt waren sie auch am Neuen Rathaus vorbeigekommen, zu dem Madsack mit Sicherheit ein paar erklärende Worte gefunden hätte.

Es dauerte nur einen kurzen Moment, bis der Türsummer erschallte, nachdem sie auf den Knopf mit der Aufschrift »Mikolitis/ Profanas« gedrückt hatten.

»Der Typ wohnt mit einer Landsmännin zusammen«, sagte Putensenf mehr zu sich selbst und ging voran.

In der zweiten Etage wurden sie von einem mittelgroßen schlanken Mann mit dunklen Augen und einem schwarzen Vollbart erwartet. Er sah wie ein klassischer Grieche aus. Dazu trugen auch die gelockten dunklen Haare bei, die ihm in die Stirn hingen und Ähnlichkeiten mit der Haartracht einer antiken Statue aufwiesen.

»Herr Mikolitis?«, fragte Putensenf.

Der Mann nickte.

»Putensenf, Polizei Hannover. Das ist eine Kollegin. Wir haben ein paar Fragen an Sie. Dürfen wir hereinkommen?«

Mikolitis starrte die beiden Beamten einen Moment erstaunt an. Putensenf kramte seinen Dienstausweis hervor und hielt ihn dem Griechen unter die Nase.

»Ja sicher«, antwortete Mikolitis erschrocken und gab die Tür frei. »Kommen Sie bitte mit.«

Er führte sie durch einen kleinen Flur, in dem keine Möbel standen. Lediglich ein paar Garderobenhaken waren an der Wand angebracht. Im Vorbeigehen konnten sie durch die geöffnete Tür einen Blick in das Schlafzimmer werfen, in dem ein großes Bett mit fein ziselierten metallenen Kopf- und Fußteilen stand. Das Bett war noch nicht hergerichtet. Aus dem Badezimmer drang das Plätschern der Dusche.

»Hier bitte«, bat Mikolitis und wies ihnen den Weg in den Wohnraum. Frauke sah sich erstaunt um. Knallbunte Stoffkuben dienten als Sitzmöbel, die sich um einen bunt lackierten kleinen Tisch gruppierten. Der altmodische Diwan in der Zimmerecke passte zwar nicht zur Einrichtung, aber die ebenso schrill lackierten Regale und die bunten Kunstdrucke. Da überraschten die poppigen Stofffiguren, die überall herumsaßen, schon nicht mehr.

»Nehmen Sie bitte Platz«, bat der Grieche und setzte sich auf einen der Schaumstoffwürfel.

Frauke versank fast in ihrem Sitz. So weich war das Material.

»Polizei?«, fragte Mikolitis und sah Putensenf an.

Der nickte. »Sie arbeiten für Marcello Manfredi?«

Mikolitis musterte Putensenf einen kurzen Moment mit einem fragenden Blick. »Ja. Ist etwas nicht in Ordnung? Wir haben unser Gewerbe ordnungsgemäß angemeldet.« Er wollte aufspringen. »Ich zeige Ihnen meine Papiere. Die Buchhaltung ist allerdings beim Steuerberater.«

»Bleiben Sie bitte sitzen«, bat Frauke. »Wir sind aus einem anderen Grund hier.«

Mikolitis hatte seine Nervosität immer noch nicht abgelegt. »Wirft man uns etwas vor?« Er hatte sich zu Putensenf gewandt. Es schien, als würde er Frauke ignorieren wollen.

»Es geht nicht um Sie, sondern um Manfredi«, sagte Frauke, bevor Putensenf antworten konnte.

Der Grieche warf ihr einen kurzen Blick zu, drehte sich aber wieder zu Putensenf und fragte: »Was hat er gesagt?«

»Der sagt nichts mehr«, brummte Putensenf. »Marcello Manfredi ist tot. Er wurde heute Morgen in seinem Büro ermordet.«

»O Gott.« Mikolitis hielt sich beide Hände vors Gesicht. »Das ist nicht wahr.«

Warum ist das sehr häufig eine Reaktion von Menschen, denen man eine schlechte Nachricht überbringt?, überlegte Frauke. Schließlich erscheint die Polizei nicht zum Spaß und klärt über ein böses Ereignis auf.

»Leider doch.« Putensenf hatte für Frauke überraschend einen einfühlsamen Ton angeschlagen. »Er ist heute Morgen in seinem Büro gefunden worden.«

Mikolitis hielt sein Gesicht immer noch hinter den Händen verborgen. Schließlich ließ er die Hände gefaltet auf die Knie sinken. »Von wem? Von Frau Tuchtenhagen?«

»Das wissen wir noch nicht«, sagte Putensenf voreilig.

»Sie kennen die Verhältnisse im Büro?«, mischte sich Frauke ein.

»Kennen ist zu viel gesagt«, erwiderte der Grieche, blickte kurz zu Frauke und wandte sich wieder an Putensenf. Sie wurden durch ein Geräusch auf dem Flur unterbrochen. Die Badezimmertür wurde geöffnet, und jemand schlurfte über den Korridor. Kurz darauf hörte man die Schiebetür des Kleiderschranks, die schwungvoll aufgezogen wurde.

»Sie machen im Büro von Herrn Manfredi sauber.« Frauke wollte sich die Gesprächsführung nicht entreißen lassen. »Sind Sie dort angestellt?«

Mikolitits schüttelte den Kopf. »Nein. Wir sind selbständig. Herr Manfredi ist einer unserer Kunden. Wir waren immer montags und donnerstags bei ihm. Von halb sieben bis halb neun.«

»Sie haben einen Schlüssel?«

Der Grieche stand auf und verließ wortlos den Raum. Kurz

darauf kehrte er mit einem Schlüsselring wieder, an dem sich zwei Sicherheitsschlüssel und ein Anhänger aus rotem Kunststoff befanden. »Manfredi« stand in sauberer Handschrift auf der Markierung.

»Seit wann arbeiten Sie dort?«

»Seitdem das Büro besteht.«

»Wer hat Ihnen den Auftrag vermittelt?«

Mikolitis dachte einen Moment nach. Dann zuckte er die Schultern. »Ich weiß es nicht mehr. Tut mir leid.« Immer wieder wechselte sein Blick zwischen Frauke und Putensenf. Ihm schien es nicht zu gefallen, dass Frauke das Fragen übernommen hatte.

»Wenn Sie dort tätig waren, sind Sie auch Herrn Manfredi und seiner Sekretärin begegnet?«

»Frau Tuchtenhagen war immer früh da. So gegen acht. Ihren Chef haben wir manchmal getroffen. Meistens kam er aber erst, wenn wir wieder weg waren.«

»War Manuela Tuchtenhagen immer pünktlich?«

»Manchmal kam sie schon kurz vor acht. Aber nie später.«

»Sind Ihnen Fremde aufgefallen? Besucher?«

»Büros reinigen wir meistens vor Dienstbeginn. Zu solch früher Stunde trifft man nicht auf Besucher.«

»Danach reinigen wir Privathaushalte. Und abends Banken und Läden«, mischte sich eine tiefe Stimme von der Tür her ein. »Guten Tag.« Der hochgewachsene Mann, bartlos, aber ebenfalls mit schwarz gelocktem Haar, ging zu Frauke, reichte ihr die Hand und machte eine Art Verbeugung. »Georgios Profanas. Ich bin der Partner.« Dann begrüßte er Putensenf. Anschließend ließ er sich auf der Lehne von Mikolitis' Sitzgelegenheit nieder. Der Schaumstoff gab nach, und Profanas rutschte dadurch direkt an den anderen Griechen heran. Er lächelte leicht, als er Putensenfs erstaunten Blick registrierte. Dann fuhr er Mikolitis einmal vorsichtig über den Kopf. »*Das* hat bei uns in Griechenland eine lange Tradition.«

»Wissen Sie, womit sich die Firma beschäftigt hat?«

»Das geht uns nichts an«, sagte Profanas. »Wir sehen nicht in die Schränke oder Unterlagen unserer Kunden. Dann hätten wir schnell das Vertrauen verspielt, das man uns entgegenbringt. Schließlich händigen uns die Leute ihre Schlüssel aus.«

»Trotzdem weiß man in der Regel, womit das Unternehmen handelt, in dem man putzt. Das ist kein großes Geheimnis«, erwiderte Frauke.

»Wir haben dort nie Ware gesehen. Wenn es ein Großhändler war, dann – so vermute ich – wurde alles nur auf dem Papierweg abgewickelt. Das ist bei Importgeschäften so üblich.«

Frauke zog leicht die linke Augenbraue in die Höhe. »Für jemanden, der sich nur mit Putzen beschäftigt, kennen Sie sich erstaunlich gut aus.«

Profanas verbeugte sich leicht. »Vielen Dank. Aber das ist zu viel der Ehre. Wir sind nur einfache Reinigungskräfte.« Plötzlich hob er den Zeigefinger, als würde er sich in der Schule melden wollen. »Ich weiß nicht, ob es Sie interessiert. Aber vielleicht handeln die mit Fleisch.«

»Wie kommen Sie darauf?«

»Das ist mir beim Saubermachen aufgefallen. Wenn ich Herrn Manfredis Schreibtisch gewischt habe, musste ich die Dinge, die dort herumlagen, zur Seite räumen. Der Schreibtisch war immer leer. Fast. Ich habe dort nie einen geschäftlichen Vorgang gefunden. Auch das Notebook hatte Herr Manfredi immer mitgenommen. Was mir aufgefallen war, war ein kleines Utensil. Vielleicht ein Talisman. Allerdings ein eigenartiger.«

»Nun reden Sie endlich. Was für ein merkwürdiges Ding lag dort?«, fuhr Putensenf ungeduldig dazwischen.

Profanas strafte ihn mit einem Seitenblick. Dann sah er wieder Frauke an. »Ein hölzerner Fleischklopfer. Ich kenne von anderen Büros, dass dort allerhand auf den Schreibtischen liegt. Bilder, Teddybären und jede Menge Figuren aus Überraschungseiern. Aber ein Fleischklopfer?«

Bevor Putensenf erneut dazwischenreden konnte, stand Frauke auf. »Vielen Dank. Sie haben uns sehr geholfen.« Sie gab Mikolitis die Hand, anschließend Profanas. »Sie sprechen sehr gut Deutsch. Leben Sie schon lange hier?«

Der Mann lächelte und zeigte dabei eine Reihe blendend weißer Zähne. »Griechisch ist bis heute die Sprache der Gebildeten. Das trifft auch auf Deutschland zu. Und wer bei Ihnen Griechisch spricht, kann häufig auch andere Sprachen«, antwortete er vieldeutig.

Schade, dachte Frauke, als sie die Wohnung verließen und sie immer noch den festen Händedruck Profanas spürte. Manchmal vergeudet die Natur die schönsten Dinge an falsche Adressen.

Als sie wieder im Auto saßen, steckte Putensenf den Schlüssel in das Zündschloss, startete aber nicht. Er sah Frauke mit puterrotem Kopf an. »Das machen Sie nicht noch einmal mit mir. Sie führen mich nicht noch einmal wie einen dummen Jungen vor.«

Sie spitzte die Lippen. »Ich habe Sie nur vor einer Dummheit bewahrt. Sie fingen an, Ermittlungsergebnisse auszuplaudern.«

»Das ist nicht wahr«, empörte sich Putensenf. »Sie unterstellen da etwas. So geht das nicht. Ich werde mich bei Richter beschweren.«

»Und ich bei Ehlers«, antwortete Frauke kühl.

»Die beiden Schwuchteln da oben sind doch harmlose Putzmänner.«

»Wie die beiden Herren ihr Leben gestalten, unterliegt nicht der Beurteilung durch die Polizei. Oder ist Ihnen in Ihrer zweifelsfrei langen Polizeilaufbahn entgangen, dass dieser diskriminierende Paragraph gestrichen ist? Fehlt Ihnen ein Update?«

Putensenf starrte minutenlang mit grimmigem Gesicht durch die Scheibe nach vorn.

»Ist Ihnen wenigstens etwas aufgefallen?«, fragte Frauke nach einer Weile eine Spur versöhnlicher.

»Halten Sie mich für blöde?«

»Sie werden sich daran gewöhnen müssen, dass ich Ihnen nicht alle Fragen beantworte.«

»Ich hätte nicht wenig Lust, Sie aus dem Wagen zu werfen«, giftete Putensenf.

»Das kann ich verstehen. Aber er gehört nicht Ihnen, sondern Peter Harry.«

Putensenf stutzte. »Wer ist Peter Harry?«

Dann fiel Frauke ein, dass Sie nicht mehr in Schleswig-Holstein war. »Schön. Dann eben Christian Wulff.«

»So ein Quark«, schimpfte Putensenf. Er trommelte einen Moment mit seinen Fingerspitzen auf das Lenkrad. »Natürlich habe ich registriert, dass der Mörder das Tatwerkzeug nicht mitgeschleppt hat, sondern es auf dem Schreibtisch des Opfers vorgefunden hat.«

»Und was folgern Sie daraus?«

»Dass die Annahme, es wäre ein Ritualmord, der sein Motiv irgendwo in den Untergründen der Fleischmafia hat, nicht mehr ohne Weiteres zutrifft. Es kann auch einen Streit gegeben haben, und der Täter hat im Affekt mit dem nächstbesten Gegenstand zugeschlagen. Und das war der Fleischklopfer, der in Reichweite lag.«

»Prima. Man muss Ihrem Verstand nur einen Anstoß geben. Dann funktioniert er auch.«

»Was bilden Sie sich eigentlich ein? Sie sind die unmöglichste Frau, die mir je begegnet ist.«

»Sicher«, bestätigte Frauke. »Aber das haben vor Ihnen schon viele andere festgestellt. Kommen wir aber zu unserer Befragung zurück.«

»Ich mag es nicht, wenn Sie mich wie einen dummen Schuljungen befragen. Natürlich ist mir aufgefallen, dass Manuela Tuchtenhagen heute erst nach acht Uhr gesehen wurde. Es war halb neun, als sie am Zeitungsladen vorbeigelaufen ist. Der Putzteufel hat aber gesagt, sie würde eher etwas vor acht, aber nie später kommen.«

»Wenn die Frau pünktlich zur Arbeit erschienen ist, muss sie Zeuge der Auseinandersetzung gewesen sein und kann uns auch den Namen des Mörders nennen. Oder sie ist später gekommen. Dann wäre interessant, zu erfahren, weshalb sie von ihrem gewohnten Rhythmus abgewichen ist.«

»Sie vergessen die dritte Möglichkeit«, sagte Putensenf.

Frauke schüttelte den Kopf. »Das wollte ich Ihnen überlassen. Schließlich *sollen* wir als Team operieren.«

»Sollen oder wollen?«, schob Putensenf zwischen den Zähnen hervor.

»Im Orient würde man von einer Zwangsehe sprechen.«

»Das heißt, wir sollten vorrangig Manuela Tuchtenhagen suchen. Oder ihren Mann, da anzunehmen ist, dass sie sich zu dem geflüchtet hat.«

Frauke lachte bissig. »Das ist das erste Mal, seit ich Sie kenne, dass wir Übereinstimmung erzielen.«

»Ich hoffe, das bleibt die einzige Gemeinsamkeit«, zischte Putensenf und startete den Motor.

Im Landeskriminalamt verschwand Putensenf wortlos in seinem Büro. Sie hatten während der ganzen Rückfahrt kein Wort mehr gewechselt. Frauke blieb einen Moment unschlüssig auf dem Flur stehen, bevor sie zu Richter ging. Der Teamleiter saß an seinem Schreibtisch. Er hatte sich in seinem Stuhl so weit zurückgelehnt, wie es die Wippautomatik zuließ, das linke Wadenbein auf das rechte Knie gelegt und einen Aktenordner auf diesem Dreieck abgelegt. Ihm war anzusehen, dass ihm das Durcharbeiten der Geschäftsordner wenig Vergnügen bereitete.

Frauke wartete nicht darauf, dass ihr Platz angeboten wurde. Sie setzte sich auf den Besucherstuhl.

»Haben Sie schon etwas entdeckt?«, fragte sie.

Richter las die Seite zu Ende, ohne aufzublicken, blätterte um und studierte auch noch seelenruhig das nächste Blatt, bevor er antwortete: »Nichts.«

»Womit hat Manfredi gehandelt?«

»Mit allem.«

»Geht es nicht präziser?«

»Soweit ich es erkennen kann, hat er Ware jeder Art quer durch Europa verkauft. Wein von Italien nach Polen. Tomatenpüree von Italien nach England. Einen alten Hafenkran von Triest nach Dakar. Textilien von Mailand nach Marokko.«

»Kein Fleisch?«

Richter sah Frauke an. »Wieso?«

»Wenn ich Sie richtig verstanden habe, war das sein früheres Metier.«

»Fleisch war auch darunter.«

»Aber nicht nach Deutschland?«

Richter horchte auf. »Wie kommen Sie darauf?«

»Sie haben einen bunten Strauß von Bestimmungsländern aufgezählt. Aber keine Lieferung führte in die Bundesrepublik.«

»Europa ist zusammengewachsen. Wir haben einen gemeinsamen Markt«, gab Richter zu bedenken.

»Wenn Manfredi eine Handelsagentur betreibt, die internationale Geschäfte tätigt, würde ich fast erwarten, dass er seinen Firmensitz in Hamburg hat. Oder Bremen. Hannover ist sicher nicht das internationale Zentrum für globales Business.«

»Was wollen Sie damit sagen?« Richter klang empört. »Sie sind ein paar Stunden hier und glauben, sich ein Urteil über unsere Stadt erlauben zu können.«

»Mir war nur aufgefallen, dass Manfredi seine Ware überallhin verkauft hat, nur nicht in die Bundesrepublik. Somit können wir nicht nachprüfen, ob die Ware wirklich verkauft wurde oder nur auf dem Papier existiert.«

»Ihre Phantasie in allen Ehren, aber wir sind hier nicht die Steuerfahndung.«

»Und wenn Manfredi sich nach dem Gammelfleisch in diesem Metier getummelt hat?«

»Falls wir Verdachtsmomente für Wirtschaftsstrafsachen ermitteln, werden wir die Kollegen vom zuständigen Fachkommissariat einschalten. Nun entschuldigen Sie mich. Ich muss weiterarbeiten.«

»Als Teamleiter können Sie mir sicher sagen, wo sich mein Arbeitsplatz befindet. Ich benötige dringend ein eigenes Büro mit der dazugehörigen Infrastruktur.«

»Das ist nicht meine Aufgabe. Wenden Sie sich an Herrn Ehlers«, brummte Richter.

»Wollen Sie gar nicht wissen, was Putensenf und ich bei unserem Besuch bei den griechischen Putzmännern herausgefunden haben?«

Richter sah auf die Uhr. »Jakob wird in zehn Minuten zu mir kommen und berichten.«

»Da wäre ich gern dabei.«

»Sie sollten sich zunächst um die Suche nach der Sekretärin kümmern. Das hat Vorrang.«

»Schön. Eine letzte Frage. Wo finde ich die Akten zu den früheren Ermittlungen gegen Manfredi, die Sie vor zwei Jahren durchgeführt haben?«

»Die habe ich angefordert«, knurrte Richter und ließ seinen Finger zeilenweise über das nächste Schriftstück in der Akte gleiten, ohne Frauke weitere Beachtung zu schenken.

Sie verließ den Raum und suchte das Büro des Kriminaloberrats auf. Doch Ehlers war in einer Dienstbesprechung.

»Das wird erfahrungsgemäß länger dauern«, erklärte ihr Uschi Westerwelle aus dem Geschäftszimmer.

Frauke stand eine Weile unschlüssig auf dem Flur. Die offene Ablehnung, die man ihr entgegenbrachte, machte sie erschrocken. Sie war sich nicht sicher, ob man sie ablehnte, weil sie in dieser von Männern dominierten Welt eine Frau war, oder ob sie gemobbt wurde, weil man befürchtete, sie würde Anspruch auf eine Führungsposition erheben. Schließlich war sie Erste Hauptkommissarin und hätte damit formell die Teamleitung übertragen bekommen müssen. Natürlich konnte Ehlers sie nicht am ersten Tag im neuen Umfeld mit der Leitung eines aktuellen Mordfalles betrauen. Sie war weder mit den internen Abläufen noch den informellen Nachrichtenwegen im Landeskriminalamt Hannover vertraut, kannte nicht die zuständigen Mitarbeiter und hatte bisher nicht einmal einen eigenen Schreibtisch. Und dass sie ihre Erfahrungen aus der Flensburger Mordkommission einfließen ließ, schien bei ihren neuen Kollegen auch auf wenig Gegenliebe zu stoßen. Schließlich gab sie sich einen Ruck und ging zu Nathan Madsack.

Der korpulente Hauptkommissar thronte hinter seinem Schreibtisch und griff zu einer Serviette, die neben einem Teller auf seinem Schreibtisch lag. Er kaute den Bissen des solide belegten Mettbrötchens zu Ende, tupfte sich die Lippen ab und sagte: »Entschuldigung. Aber ich bin nicht zum Frühstücken gekommen.«

»Ich fühle mich ein wenig verloren«, sagte Frauke und ärgerte sich, dass in ihrer Stimme ein Hauch von Resignation mitschwebte. »Ich habe noch keinen Arbeitsplatz. Darf ich so lange bei Ihnen um Asyl bitten?«

Madsack sprang auf, was bei ihm eher ein mühsames In-die-Höhe-Hieven war. »Selbstverständlich«, sagte er. »Sie dürfen sich wie zu Hause fühlen.« Er sah sie aus seinen Schweinsäuglein an und versuchte ein freundliches Lächeln. »Möchten Sie an meinem Platz arbeiten? Ich ziehe auf die Besucherseite des Schreibtischs um.«

»Danke«, sagte Frauke. »Mir reicht es, wenn ich mich an der Schreibtischecke niederlassen darf und ein paar Notizen machen kann. Und vielleicht darf ich Ihr Telefon und den Computer mitbenutzen.«

»Aber gern. Kann ich sonst noch etwas für Sie tun?«

Sie schenkte ihm ein dankbares Lächeln. »Im Augenblick nicht.«

Madsack nahm wieder Platz. »Sie fühlen sich nicht wohl bei uns?«

Frauke unterließ es, ihm zu antworten. Sie wollte ihn nicht an ihrem aufkeimenden Ärger teilhaben lassen, dass Richter sie gern ins Abseits stellen und zur Untätigkeit verurteilen wollte.

»Es ist eine Frage der Gewöhnung«, versuchte Madsack sie zu trösten. »Ihre vorwärtsdrängende Art prallt auf die eher besonnene Arbeitsweise, die Bernd Richter in unserem Team etabliert hat.« Er sah Frauke nachdenklich an. Dann lächelte er. »Komisch. Wenn man Vorurteile hat, sollte man eher vermuten, dass Sie als Nordlicht den bedächtigen Part spielen. Aber in diesem Fall ist es anders.«

Dann griff er zu seinem Brötchen und nahm den nächsten herzhaften Bissen. Er war noch beim Kauen, als Lars von Wedell ins Zimmer kam.

»Ich will zu Herrn Richter. Ich habe den Mädchennamen von Frau Tuchtenhagen. Und eine Aufstellung aller weiteren Träger dieses Namens in Hannover.«

»Wie viele?«, fragte Madsack.

»Eine Menge.«

»Und wie heißt die Dame mit Mädchennamen?«

Die Begeisterung wich aus von Wedells Gesichtszügen. »Meyer«, sagte er kleinlaut.

Madsack sah Frauke an. Dann begannen beide lauthals zu lachen.

»Das ist nicht sehr ergiebig«, räumte von Wedell ein. »Aber ich kann schließlich nichts dafür.« Er drehte sich um und verließ das Büro wieder.

Frauke zeigte auf das Telefon. Madsack nickte stumm und reichte ihr den Apparat hinüber. Sie wählte die Handynummer Tuchtenhagens an.

»Ja«, meldete sich die Stimme, die sie vom ersten Telefonat erkannte.

»Dobermann. Polizei Hannover. Wir haben vorhin schon einmal miteinander gesprochen.«

»Ich habe keine Zeit für Sie«, sagte Tuchtenhagen barsch.

»Sie und Ihre Frau sollten unbedingt Kontakt mit uns aufnehmen. Und zwar sofort. Ihre Frau ist Zeugin in einem Mordfall.«

»Meine Frau hat nichts damit zu tun.«

»Das würden wir gern selbst von ihr hören. Ich verstehe, dass sie erschrocken war, als sie ihren Chef gefunden hat.«

»Gar nichts begreifen Sie«, erklärte Tuchtenhagen. Seine Stimme klang plötzlich gehetzt.

»Sagen Sie uns, wo wir mit Ihnen und Ihrer Frau sprechen können.«

Es blieb ein paar Sekunden still in der Leitung.

»Ich weiß nicht, wo meine Frau ist«, sagte Tuchtenhagen.

»Was soll das heißen?«

Doch der Mann hatte das Gespräch beendet.

Frauke starrte eine Weile auf den Telefonhörer, den sie immer noch in der Hand hielt. Dann legte sie ihn auf den Apparat zurück und berichtete Madsack von ihrem Gespräch mit dem Ehemann.

»Das müssen wir mit dem Kollegen Richter besprechen«, sagte Madsack und hievte sich in die Höhe. »Kommen Sie mit?«

Frauke winkte ab. »Der soll seine strategischen Entscheidungen allein treffen.« Sie nutzte die Abwesenheit des schwergewichtigen Hauptkommissars und suchte im Internet nach Adressen von möblierten Wohnungen. Ihr Aufenthalt im Hotel sollte nur von kurzer Dauer sein.

Nach einer halben Stunde kam Madsack mit Putensenf im Schlepptau zurück. »Wir haben die weitere Vorgehensweise diskutiert«, erklärte er. »Richter meint, wir müssen dringend nach der Frau suchen. Er hat sie zur Fahndung ausgeschrieben.«

»Es gibt keine Anhaltspunkte, dass sie die Täterin ist«, sagte Frauke.

»Aber hinreichend Verdachtsmomente. Warum ist sie flüchtig? Auch ihr Ehemann sucht sie.«

»Das behauptet Tuchtenhagen«, wandte Frauke ein. »Den Wahrheitsgehalt können wir nicht prüfen. Es ist auch denkbar, dass er seine Frau vor unseren Fragen schützen möchte.«

»Dann stimmen Sie doch unseren Überlegungen zu«, sagte Madsack.

»Ist meine Ansicht für irgendjemanden von Interesse?«, fragte Frauke.

Madsack und Putensenf tauschten einen schnellen Blick. »Für

mich schon«, bestätigte der korpulente Hauptkommissar. »Wie würden Sie vorgehen?«

»Wir sollten noch einmal die Wohnung aufsuchen. Möglicherweise treffen wir die Eheleute dort an.«

»Da stimmen wir mit Ihnen überein. Richter bemüht sich um einen Durchsuchungsbeschluss.«

Frauke schüttelte leicht den Kopf.

»Sind Sie damit nicht einverstanden?«, fragte Madsack besorgt.

»Doch«, antwortete sie schnell. Der Reflex der Kopfbewegung resultierte aus ihrer Überraschung, dass man sie zwar nicht zur Lagebesprechung hinzugebeten hatte, sich aber dort offensichtlich Gedanken gemacht hatte, wie sie vorgehen würde.

Putensenf räusperte sich. »Wir sollten keine Zeit verlieren. Deshalb würde ich gern mit Ihnen zur Wohnung der Eheleute fahren. Von Wedell wird folgen, wenn wir den Durchsuchungsbeschluss haben.«

Frauke war überrascht. Vor einer knappen Stunde hatte Putensenf noch bekundet, nie wieder mit ihr zusammenarbeiten zu wollen. Jetzt trottete er wortlos vor ihr zum Parkplatz, nachdem sie sich mit einem »Bis später« von Madsack verabschiedet hatte. Obwohl sie Übung darin besaß, das Verhalten von Menschen und deren Reaktionen einzuschätzen, verstand sie die Hannoveraner nicht. Zumindest nicht die, denen sie auf dieser Dienststelle bisher begegnet war.

Putensenf sprach während der ganzen Fahrt keinen Ton. Lediglich als Frauke, die den Weg bereits kannte, ihm Hinweise geben wollte, knurrte er ungehalten: »Weiß ich.«

Die Straße lag noch genauso verlassen da wie bei ihrem ersten Besuch. Der Nieselregen hatte aufgehört, aber die dichte Wolkendecke hing immer noch über der Stadt und tauchte alles in ein unfreundliches Grau.

Frauke war nicht überrascht, als sich auf das Klingeln nichts im Haus rührte. Sie wollte um den Block herumgehen und versuchen, von der Gartenseite einen Blick ins Innere zu werfen, als aus dem Nebenhaus eine Frau heraustrat, hinter der sich ein Kind an der Hand versteckte.

»Wollen Sie zu Tuchtenhagens?«, fragte sie.

»Ja. Wissen Sie, wo wir die antreffen können?«
»Eigentlich arbeiten sie um diese Zeit. Beide. Wollen Sie etwas abgeben? Das könnte ich entgegennehmen.«
»Wir möchten mit Frau oder Herrn Tuchtenhagen sprechen«, sagte Frauke.
»Wie gesagt. Die kommen erst abends wieder. Nach Feierabend. Obwohl ...« Die Frau hielt inne.
»Das wäre nett, wenn Sie uns einen Tipp geben könnten.« Frauke war die wenigen Schritte zum Nachbarhaus gegangen und stand der jungen Frau gegenüber.
»Das ist komisch. Thomas – also Herr Tuchtenhagen – war vorhin kurz hier. Ich habe nicht mit ihm gesprochen, aber durchs Küchenfenster gesehen, wie er ins Haus geeilt ist. Nach wenigen Minuten ist er mit einer kleinen Reisetasche wieder herausgekommen und schnell weggefahren. Na, vielleicht musste er überraschend auf Geschäftsreise.«
»Kommt das öfter vor?«
»Eigentlich nicht«, sagte die hilfsbereite Nachbarin. »Seit er bei Schröder-Fleisch tätig ist, hat er regelmäßige Arbeitszeiten. Außerdem geht er morgens immer vor Manuela aus dem Haus. Etwa eine halbe Stunde früher. Und auf Dienstreise geht er sonst auch nicht.« Sie wurde kurz von dem Kind abgelenkt, das ungeduldig an ihrem Hosenbein zerrte. »Gleich, mein Schatz«, sagte die Frau und strich dem Mädchen über den Kopf. Dann wandte sie sich wieder an Frauke. »Sie müssen nicht glauben, dass ich neugierig bin. Aber hier leben viele in unserem Alter, und wir haben in dieser Straße eine gute Nachbarschaft.«
Die beiden Beamten bedankten sich und kehrten zu ihrem Fahrzeug zurück.
»Es hat den Anschein, als wäre Manuela Tuchtenhagen flüchtig, nachdem sie Marcello Manfredi heute früh – vielleicht im Streit – mit dem Fleischklopfer erschlagen hat. Sie hat ihren Ehemann angerufen und hält sich nun irgendwo verborgen, während Tuchtenhagen ihr ein paar Sachen aus der Wohnung geholt hat und diese in ihr Versteck bringt.« Putensenf grunzte zufrieden. »Die Bürger wundern sich häufig, dass es bei Tötungsdelikten eine so hohe Aufklärungsquote gibt und die Täter relativ schnell gefasst wer-

den.« Er sah auf die Uhr. »Es sieht so aus, als hätten wir den Fall innerhalb weniger Stunden geklärt. Ich werde jetzt Richter informieren.«

Putensenf holte sein Handy hervor und berichtete dem Teamleiter, was sie von der Nachbarin erfahren hatten und welche Theorie »die beiden Beamten vor Ort« entwickelt hatten. Dann drehte er sich zufrieden zu Frauke um.

»Das war Ihre Theorie, nicht *unsere*«, belehrte sie Putensenf.

»Herrje noch mal«, antwortete er zornig. »Nun zeige ich kollegiale Züge und möchte Sie am Erfolg teilhaben lassen, aber das ist Ihnen auch nicht recht.« Er schlug sich leicht mit der flachen Hand gegen die Stirn. »Da werde einer aus den Rockträgern schlau.«

»Wie Sie sehen, trage ich auch Hosen.«

Putensenf seufzte. »Damit hat das ganze Elend angefangen: Als die Frauen begannen, in Hosen zu schlüpfen. Die Überlegenheit des männlichen Geschlechts resultiert aber nicht allein aus der Tatsache, dass wir Hosen tragen.«

Frauke bemerkte amüsiert mit einem Seitenblick, dass Putensenf enttäuscht war, als sie ihm nicht widersprach.

»Was hat *Ihr* Chef nun geantwortet?«, kehrte sie zum Thema zurück.

»*Unser* Teamleiter schreibt die beiden Tuchtenhagens zur Fahndung aus. Außerdem gibt er eine Beschreibung der beiden Fahrzeuge durch. Sie werden dringend der Tötung zum Nachteil des Marcello Manfredi verdächtigt«, sagte Putensenf im gestelzten Behördendeutsch.

»Da bleibt noch eine Menge Arbeit«, stellte Frauke fest. »Uns fehlen Beweise und das Motiv.«

»Beides bekommen wir mit dem Geständnis.« Putensenf gab sich zuversichtlich. »Die Tuchtenhagens sind schließlich keine hartgesottenen Verbrecher. Solche Leute sind froh, wenn sie ihr Gewissen erleichtern können.«

»Optimist.«

»Donnerwetter«, fluchte Putensenf. »Wenn Gott wirklich schlau gewesen wäre, hätte er die Frau nicht mit Sprache ausgestattet.« Er drehte das Autoradio an, lehnte sich zurück und verschränkte die Arme vor der Brust. Ein wenig später schloss er die Augen. Frauke war sich nicht sicher, ob Putensenf nicht in einen leichten Schlummer verfallen war. In ihrem Kommissariat in Flensburg hätte sie solche Mitarbeiter nicht geduldet. Die Beamten, für die sie die Personalverantwortung getragen hatte, wussten, dass man einer Frauke Dobermann nicht widersprechen durfte. Lediglich der Leiter der Kriminaltechnik, der ewig erkältete Klaus Jürgensen, nahm sich ihr gegenüber ein paar Freiheiten heraus. Und natürlich die selbstbewussten Husumer. Christoph Johannes, der es immer wieder fertigbrachte, außerhalb aller Dienstwege mit seinem Team Tötungsdelikte zu klären. Und schließlich Große Jäger, der ungepflegte, aber gutmütige Grantler. Mit der Entfernung zu Flensburg schwand ihr Missfallen gegenüber den Menschen, mit denen sie die letzten Jahre ihres Berufslebens zugebracht hatte. Besonders Große Jäger würde nicht auf den Durchsuchungsbeschluss gewartet haben, sondern mit Sicherheit »eine zufällig offene Tür entdeckt haben«. Nein! Freiwillig hatte sie dem Norden nicht den Rücken gekehrt.

Die nächste Stunde verstrich ereignislos. Nur wenige Anwohner zeigten sich auf der Straße, nahmen aber von den beiden Beamten, die stumm in ihrem Dienstwagen hockten, keine Notiz. Schließlich tauchte Lars von Wedell auf. Der junge Kommissar hatte den Schlüsseldienst gleich mitgebracht.

Geschickt öffnete der grauhaarige Handwerker in der blauen Jacke die Haustür. Obwohl es nur wenige Minuten dauerte, hatte sich eine Handvoll Kinder eingefunden, die mit offenem Mund der Aktion beiwohnten. Durch das Geschnatter angelockt, erschien auch die freundliche Nachbarin.

»Was machen Sie da?«, fragte sie laut, hielt aber sicherheitshalber Abstand zu den drei Beamten und dem Handwerker. »Was soll das?«

»Das hat seine Richtigkeit«, antwortete Frauke.

»Sie können doch nicht so einfach eine fremde Tür öffnen und dort eindringen«, protestierte die aufmerksame Frau. »Das geht doch nicht.«

Immerhin drohte sie nicht, die Polizei zu rufen, registrierte Frauke. Sie ging auf die Nachbarin zu. »Das hat seine Richtigkeit«, sagte sie. »Wir sind von der Behörde.«

»Das glaube ich nicht. Welches Amt darf in Häuser eindringen?«
Frauke wollte in die Tasche greifen, als ihr einfiel, dass sie noch gar keinen neuen Dienstausweis der niedersächsischen Landespolizei ausgehändigt bekommen hatte. Und das Flensburger Dokument hatte sie abgegeben. »Herr Kollege«, rief sie von Wedell, und als der junge Kommissar zu ihnen hinzutrat, sagte sie: »Können Sie sich der Dame gegenüber bitte mit Ihrem Dienstausweis legitimieren?«

»Selbstverständlich.« Von Wedell zeigte seinen Dienstausweis und wollte eilfertig auch noch den Durchsuchungsbeschluss präsentieren, aber Frauke legte vorsichtig ihre Hand auf seinen Oberarm, ohne eine Erklärung abzugeben.

»Was wollen Sie denn vom Ehepaar Tuchtenhagen?«, fragte die Nachbarin.

»Reine Routine. Es gibt keinen Anlass zur Beunruhigung.« Frauke war sich bewusst, dass dieses eine Situation war, in der die Polizei rasch handeln musste. Es war ein Abwägen zwischen der Notwendigkeit, das Verhalten der Hausbesitzer zu hinterfragen, und der Notwendigkeit, falls diese in keinem Zusammenhang mit dem Mord standen, keinen Anlass für Gerüchte in ihrem Umfeld zu streuen, die den Tuchtenhagens sonst zum Nachteil in ihrem sozialen Leben gereichen könnten.

»Ich weiß nicht recht.« Die Nachbarin blieb skeptisch und wurde durch eine andere Bewohnerin abgelenkt, die hinzugekommen war.

»Das ja unglaublich, Sabine«, hörte Frauke die Frau aufgeregt erklären. »Die Polizei dringt bei Manuela und Thomas ein. Was ist da bloß passiert?«

Frauke wandte sich ab und folgte Putensenf und von Wedell ins Haus, während der Mann vom Schlüsseldienst damit beschäftigt war, ein neues Schloss einzusetzen.

Es war ein typisches Einfamilienhaus. Der Flur war mit dunkelrotem Klinker gefliest und mit einer nüchternen Stahlrohrgarderobe möbliert, an der eine leichte Sommerjacke und ein Pullover hingen. Eine offene Treppe führte ins Obergeschoss. Gerahmte Drucke von René Magritte zierten die Wände des Aufgangs.

Links ging die Küche ab. Sie bestand aus weiß gebeiztem Holz mit dunkel abgesetzten Türknöpfen und Griffmulden. Mit einem raschen Blick registrierte Frauke, dass sich die Tuchtenhagens alle Annehmlichkeiten einer modernen Küchenausstattung gegönnt hatten. Vom Cerankochfeld über den Backofen mit dunkler Verglasung, Mikrowelle, Kühl-/Gefrierkombination inklusive Eiswürfelbereiter bis hin zum Geschirrspüler war alles vorhanden, was der Vereinfachung der Hausarbeit diente.

Die Küche sah aufgeräumt aus. In der Spüle standen zwei Saftgläser und ein Müslibecher. Die Hausfrau schien sehr nüchtern zu sein, denn Frauke sah nirgendwo kleinen überflüssigen Krimskrams, eine Tonfigur, einen Anhänger oder anderen Zierrat. Auf dem kleinen Tisch mit den zwei Stühlen standen nur Salz- und Pfefferstreuer. Nirgendwo war eine Zierpflanze zu sehen.

Auch der Kühlschrank gab nichts her. Es sah nicht so aus, als hätte jemand eine Abwesenheit geplant, sondern als wolle man nach einem normalen Arbeitstag wieder in seine Wohnung zurückkehren.

Frauke hörte Putensenf und von Wedell im Wohnzimmer rumoren. Sie folgte den beiden. Der Raum ging über die ganze Breite des Hauses und gab den Blick in einen kleinen gepflegten Garten frei. Auf der Terrasse standen sorgfältig abgedeckte Gartenmöbel. Das Zimmer gliederte sich in eine Essecke und den Wohnbereich und war mit hellen Buchenmöbeln aus einem einheitlichen Programm eingerichtet. Alles war hell und freundlich und machte einen sauberen Eindruck, obwohl Frauke auch hier die Spur Individualität vermisste. Alles, einschließlich der Drucke von Matisse an den Wänden, wirkte steril, ohne jede persönliche Note.

Ihre beiden Kollegen stöberten zwischen den Regalen und in den Schubladen und Schränken der Möbel. Frauke warf einen Blick auf die in die lockere Möblierung eingestreuten Fächer mit Büchern. Es schien, als wenn sich der Lesegeschmack der Hausbesitzer stringent an den Bestsellerlisten des »Spiegel« orientierte.

Sie ließ Putensenf und von Wedell allein. Es gab nichts Konkretes. Frauke war sich sicher, dass sie in diesem Haus keine Beweise finden würden. Vielmehr kam es ihr darauf an, sich einen Eindruck zu verschaffen, ob jemand geplant oder überhastet das Haus verlassen hatte. Im Obergeschoss stand die Tür zu einem Raum offen, der kombiniert als Arbeits- und Gästezimmer genutzt wurde. Sie warf einen kurzen Blick hinein und konzentrierte sich auf das Bad und das Schlafzimmer. Das Badezimmer machte einen ebenso gepflegten Eindruck wie die anderen Räume. Auf einem gefliesten Mauervorsprung über dem Doppelwaschbecken und dem die ganze Wand bedeckenden Kristallspiegel standen, sauber aufgereiht, die Toilettenartikel der Hausbewohner. Links war die Abteilung des Mannes. Frauke schmunzelte im Stillen, als sie registrierte, dass Manuela Tuchtenhagen gut zwei Drittel der Fläche für sich beanspruchte. Unübersehbar war aber die Lücke, die inmitten der Aneinanderreihung von Tiegeln, Töpfchen und Flakons entstanden war. Frauke zweifelte nicht daran, dass der Ehemann bei seinem kurzen Besuch im Hause mehr oder weniger wahllos Kosmetika und Pflegeartikel zusammengesucht hatte. Es passte auch nicht zur sonstigen Ordnung im Hause, dass die Tür des Schranks aus weißem Echtholz offen stand. Auch hier fehlten Toilettenartikel. Rasierschaum und der Nassrasierer lagen sauber auf dem Bord über dem rechten Waschtisch, aber im Ladegerät des Mundhygienecenters fehlte die elektrische Zahnbürste. Frauke suchte nach Zahnpasta, fand aber keine Tube. Wer nahm bei einer Abwesenheit eine elektrische Zahnbürste ohne das dazugehörige Ladegerät mit? Der Ehemann hatte bei der Zusammenstellung nicht sehr planvoll gehandelt.

Frauke ging ins Schlafzimmer. Auch hier sah es aufgeräumt aus. Sogar eine Tagesdecke lag auf dem Doppelbett. Dazu passte allerdings nicht der offene Kleiderschrank. Auch hier musste Thomas Tuchtenhagen wahllos Sachen seiner Frau zusammengerafft und in einem Koffer verstaut haben. Frauke besah sich die Fächer im Schrank genauer. Da Manuela Tuchtenhagen über ein umfangreiches Repertoire an Kleidung zu verfügen schien, war auf den ersten Blick nicht ersichtlich, wie viel fehlte. Auf der Tagesdecke zeichnete sich aber deutlich der rechteckige Abdruck eines gefüllten Koffers ab.

Für Frauke war es eindeutig, dass der Ehemann nach dem Anruf seiner Frau die angeforderten Gegenstände planlos und unüberlegt eingepackt hatte. Das hieß, sie musste ihn telefonisch davon in Kenntnis gesetzt haben, dass sie sich in einer Notsituation befand und dringend seiner Hilfe bedurfte.

Sie kehrte ins Erdgeschoss zurück, wo ihre beiden Kollegen immer noch mit der Sichtung der Inhalte von Schubladen und Regalfächern beschäftigt waren. Putensenf blickte kurz auf. »Haben Sie etwas gefunden?«, fragte er.

»Ich habe nichts berührt, bevor es fotografiert ist«, antwortete sie ausweichend. »Und Sie?«

»Nichts«, knurrte Putensenf kurz angebunden und wühlte sich weiter durch Tuchtenhagens Intimsphäre.

Frauke zog sich einen Esszimmerstuhl hervor und nahm darauf Platz. Schweigend sah sie den beiden Beamten zu, bis Putensenf sich aufrichtete.

»Ist das Durchsuchen nicht mehr Ihre Besoldungsklasse?«

Sie schenkte ihm ein Lächeln. »Wonach suchen Sie? Ich würde Ihnen gern behilflich sein.«

»Wir sind auf der …« Putensenf hielt mitten im Satz inne und winkte ab.

Frauke berichtete von ihrer Entdeckung, die sie im Obergeschoss gemacht hatte, und welche Vermutungen sie daraus ableitete.

»Hm«, war der ganze Kommentar Putensenfs dazu, als das Telefon klingelte. Er sah sich um, entdeckte den Apparat, beugte sich über das Display und murmelte: »Anrufer unbekannt.« Dann nahm er ab und meldete sich mit »Ja, hallo«.

Putensenf lauschte einen Moment und legte seine Hand über den Hörer. »Da würden mich Einzelheiten interessieren«, sagte er, nahm den Hörer vom Ohr und starrte ihn an. »Aufgelegt.«

»Hat sich der Anrufer gemeldet?«, fragte Frauke.

»Nicht mit Namen. Dafür aber mit einem italienischen Akzent. Er hielt mich offenbar für den Ehemann. ›Hör zu, Tuchtenhagen‹, hat er gesagt. ›Weißt du eigentlich, dass deine Alte mit Manfredi gebumst hat?‹ Als ich nachfragen wollte, wurde das Gespräch beendet.«

»Ist Ihnen noch etwas aufgefallen?«

Putensenf nickte und sah fast ein wenig zufrieden aus. »Ja. Ein Hintergrundgeräusch. Der Anruf kam von einer öffentlichen Telefonzelle am Kröpcke.«

»Wie kommen Sie darauf? Gibt es dort ein Glockenspiel?«

»Das nicht, aber vor dem Café treten oft zwei Straßenmusikanten auf. Die Südamerikaner spielen Schifferklavier und ein kleines mobiles Schlagzeug. Auch ist ihr Repertoire an weinseligen Melodien ganz typisch. Ich bin mir ziemlich sicher, dass der Anruf von dort kam. Direkt am Platz finden sich vor dem U-Bahn-Niedergang an der Georgstraße vier offene Telefonsäulen. Da bekommen Sie alles mit, was rund um Sie geschieht.«

»Das bietet sich förmlich als Motiv an – um auf den Anruf zurückzukommen«, mischte sich von Wedell ein. »Manfredi hat ein Verhältnis mit seiner Sekretärin. Es kommt zum Streit. Aus welchem Grund auch immer. Vielleicht ist Manfredi handgreiflich geworden. Manuela Tuchtenhagen greift zum Fleischklopfer, der als Zierde auf dem Schreibtisch ihres Chefs liegt, und ... Bum. Dann flüchtet sie in Panik und ruft ihren Mann an. Der eilt in die eheliche Wohnung, klaubt ein paar notwendige Sachen zusammen und fährt in das Versteck seiner Frau.«

»Das ist eine denkbare Variante«, stimmte Putensenf zu. »Es gibt aber noch eine andere Theorie.«

Frauke musterte ihn neugierig.

»Wenn Thomas Tuchtenhagen schon früher von dem Verhältnis seiner Frau erfahren hat, dann könnte er ebenso gut als Täter infrage kommen.«

»Gemeinschaftlich mit seiner Frau?«, fragte von Wedell.

Putensenf schüttelte den Kopf. »Nein. Dann wäre sie nicht panikartig geflüchtet, wie uns die Zeugen aus dem Zeitungsladen bestätigt haben. Zumindest nicht allein. Und da wir es nicht mit Profikillern zu tun haben, die sich aus taktischen Gründen gleich nach der Tat trennen, wären in diesem Fall beide gesehen worden.«

»Aber wenn Tuchtenhagen Manfredi bereits gestern Abend erschlagen hat?«

»Ich möchte der Obduktion nicht vorgreifen«, schaltete sich Frauke ein. »Aber der Tote sah nicht so aus, als hätte er schon die ganze Nacht dort gelegen. Der Gesamtzustand deutet auf einen Todeszeitpunkt von dreißig Minuten bis einer Stunde vor der Entdeckung hin.«

Immerhin widersprach Putensenf nicht. »Ich werde Richter informieren«, sagte er und wählte auf dem Handy die Kurzwahl. »Der ist nicht im Büro«, sagte er nach einer Weile. »Ich probiere es auf dem Handy.« Kurz darauf hatte er eine Verbindung. »Wo bist du, Bernd?«, fragte er. »Ich kann dich schlecht verstehen. Das ist so laut.« Er hörte kurz zu. »Wir haben auch Hunger. Also, hier hat sich Folgendes ergeben.« Dann berichtete er von den Ereignissen, bevor Richter länger antwortete.

»Ist gut«, verabschiedete sich Putensenf und griente. »Bernd war gerade in der Passerelle und wollte etwas essen. Er meint, die beiden Tuchtenhagens sind nun unsere Hauptverdächtigen, und wir sollten den Fahndungsdruck erhöhen. Bernd wird mit Ehlers sprechen und die Überwachung der Mobiltelefone beantragen.«

»*Des* Mobiltelefons. Den Apparat der Frau haben wir mit ihrer Handtasche an ihrem Arbeitsplatz sichergestellt«, korrigierte ihn Frauke.

»Es soll Leute geben, die mehr als ein Handy haben«, maulte Putensenf.

»Das wäre ein Punkt, den wir prüfen müssten. Die Nachbarin hat gesagt, Thomas Tuchtenhagen verlässt das Haus morgens in der Regel eine halbe Stunde vor seiner Frau. Herr von Wedell, das wäre doch eine Aufgabe für Sie. Stellen Sie fest, wie lange der Mann üblicherweise zur Arbeit braucht. Und dann fragen Sie in seiner Firma nach, ob er heute zur üblichen Zeit dort eingetroffen ist. Es wäre außerdem hilfreich, wenn wir einen Zeugen finden würden, der ihn heute Morgen irgendwo gesehen hat.«

Der junge Kommissar nickte beflissen.

»Gut. Dann sollten wir noch den Zustand in den oberen Räumen fotografieren und dokumentieren. Sicherheitshalber sollten wir noch Fingerabdrücke zu Vergleichszwecken aufnehmen und etwas, aus dem wir im Bedarfsfall eine DNA-Vergleichsanalyse ableiten können. Das wäre so weit alles, was wir hier verrichten können. Die Fingerabdrücke prüfen wir dann gegen die, die die Spurensicherung hoffentlich auf der Mordwaffe feststellen konnte.«

»Ich kümmere mich um die Fotos und die DNA-Spuren. Du machst die Fingerabdrücke, Lars«, sagte Putensenf, und Frauke wunderte sich insgeheim, dass er ihr nicht widersprochen hatte.

Es war erstaunlich still im Raum. Frauke genoss die Ruhe und ließ ihren Blick über die Wände wandern. Ein paar Poster, die von den Besonderheiten des Polizeiberufs schwärmten, ein altes Plakat für eine Polizeisportshow und ein mit Tesafilm an die Wand gehefteter Zettel, der mahnte, das Kaffeegeschirr selbst abzuräumen, waren der traurige Schmuck, der diesen Besprechungsraum zierte.

Als Erster kam Putensenf. Er warf Frauke einen kurzen Blick zu und setzte sich kommentarlos zwei Plätze weiter, legte seinen Spiralblock und einen Kugelschreiber mit abgebrochener Halterung geräuschvoll auf die Tischplatte und begann, sich hinter vorgehaltener Hand die Zähne von Speiseresten zu befreien.

Nathan Madsack betrat den Raum im typischen Watschelgang korpulenter Menschen. »Mahlzeit«, grüßte er und ließ sich mit einem Ächzen gegenüber Frauke nieder.

Uschi Westerwelle stürmte fast herein, platzierte sich neben Frauke und fragte in die Runde: »Dauert es lange? Ich habe noch eine Menge auf dem Schreibtisch.«

»Wie gut, dass wir nichts zu tun haben«, knurrte Putensenf, während Madsack in seine Sakkotasche griff und eine Handvoll Fruchtbonbons hervorzauberte.

Er bot sie in der Runde an. Als alle dankend abgelehnt hatten, schälte er sich selbst zwei Stück aus dem Papier.

»Warst du mit Bernd zu Tisch?«, fragte Putensenf und sah Madsack an.

»Heute nicht. Bernd wollte noch etwas besorgen und hat in der Pause das Haus verlassen. Ich habe in der Kantine gegessen.«

»Was gab es?« Als wollte er seine Frage besonders unterstreichen, knurrte Putensenfs Magen laut und vernehmlich.

»Ich habe Currywurst und Pommes gegessen.«

»Mit Ketchup und Mayo?«, mischte sich Frau Westerwelle ein.

»Blöde Frage. Doppelte Portion Mayo«, antwortete Putensenf für Madsack.

Alle drehten sich um, als Lars von Wedell in den Raum gestürmt kam.

»Wenn du so hereinpreschst, hast du etwas Wichtiges«, sagte Madsack und schien froh, dass sie das Thema Essen verlassen konnten.

»Das hat gut geklappt«, berichtete der junge Kommissar, noch bevor er sich neben Madsack setzte.

»Verrätst du uns auch, was?«

Frauke registrierte mit einem Hauch Genugtuung, dass Putensenf offenbar gegenüber jedermann sein mürrisches Verhalten zeigte.

»Die Auskunft des Telefonproviders. Thomas Tuchtenhagen hat einen Duplexanschluss. Das heißt zwei Nummern. Eine Chipkarte hat er in seinem tragbaren Handy, die zweite fest im Auto als Autotelefon installiert. Gleich, welche Nummer man wählt, meldet sich stets die zuletzt im Netz angemeldete Karte. Er kann sich also nicht selbst anrufen.«

»Das heißt, in der praktischen Anwendung läuft er nur mit einem Gerät herum. Folglich kann seine Frau nicht mit einem Zweithandy unterwegs sein«, warf Frauke ein.

»Richtig. Und Frau Tuchtenhagen hat nur das eine Mobiltelefon, das sie in der Handtasche am Tatort vergessen hat.«

»Also muss sie von irgendwoher telefoniert haben, da sie auch kein Bargeld hatte«, meldete sich Richter von der Tür, der unbemerkt eingetreten war.

»Du kannst heute kaum noch mit Bargeld telefonieren«, gab Putensenf zu bedenken. »Dazu benötigst du in der Regel eine Telefonkarte.«

»Die haben wir weder in der Handtasche noch im Portemonnaie gefunden«, sagte Richter und nahm am Kopfende Platz.

»Das würde auch keinen Sinn machen«, schaltete sich Frauke ein. »Kaum jemand, der ein Handy hat, führt zusätzlich eine Telefonkarte mit sich herum.«

Richter klopfte mit seinem Kugelschreiber auf die Tischplatte. »Nicht alle durcheinander. Wir sind uns einig, dass sie von irgendwoher ihren Mann angerufen hat. Nach diesem Anschluss müssen wir suchen. Vielleicht hält sie sich dort noch auf.«

Von Wedell hob vorsichtig seine Hand und erinnerte dabei an einen Pennäler, der sich zu Wort melden will. Madsack zeigte mit der Spitze des Kugelschreibers auf ihn.

»Da bin ich auch am Ball. Das dauert aber ein wenig länger. So schnell hat der Telefonprovider die Daten nicht zur Hand.«

»Sie beziehen sich auf die beiden Mobilfunknummern des Ehemannes?«, fragte Frauke.

»Ja. Ich habe an beide Rufnummern des Duplexanschlusses gedacht.«

»Und wenn Manuela Tuchtenhagen ihren Mann im Betrieb angerufen hat?«, gab Frauke zu bedenken.

Von Wedell griff zu seinem Handheld und tippte in Windeseile eine Kurznachricht ein. »Da bin ich auch hinterher«, sagte er, und jeder im Raum spürte, dass der junge Kommissar daran bisher nicht gedacht hatte. »Das erledige ich mit den Nachforschungen, wann der Mann heute Morgen zur Arbeit erschienen ist.«

Putensenf räusperte sich. »Wir haben es hier mit einem Mord zu tun, Bernd. Sollten wir den Fall nicht an die Mordkommission abgeben?«

»Das wäre zu überlegen«, stimmte Madsack ein.

Bevor Richter antworten konnte, sagte Frauke: »Das mag vielleicht der korrekte Dienstweg sein. Wir haben aber inzwischen eine Reihe von Punkten zusammengetragen und verfolgen einige Spuren. Wenn wir jetzt das Dezernat wechseln würden, entstünden Zeit- und Informationsverluste. Deshalb wäre es nicht klug, sich aus den Ermittlungen zurückzuziehen.«

Fraukes Gedanken schweiften zu Hauptkommissar Christoph Johannes und seinem Husumer Team ab. Genauso hatten die Nordfriesen stets argumentiert, wenn sie sich in Mordermittlungen eingemischt und nach Fraukes Ansicht ihre Kompetenzen überschritten hatten. Da die Bearbeitung ungeklärter Todesfälle in ihren Zuständigkeitsbereich fiel, hatte es oftmals heftige Auseinandersetzungen zwischen ihr und den Husumern gegeben. Und jetzt vertrat sie die gleiche Auffassung wie Christoph Johannes.

»Ich teile Frau Dobermanns Ansicht«, sagte Richter. »Wir sollten den Vorgang weiterverfolgen.«

»Ein Wunder ist geschehen«, sagte Putensenf und streckte seine Hände wie zum Gebet zur Zimmerdecke. Er zog damit alle Blicke auf sich. »Ich hätte es nicht für möglich gehalten, dass ihr einmal gleicher Meinung seid«, erklärte er und sah abwechselnd Richter und Frauke an.

»Jakob!«, rügte ihn Richter. Dann fragte er in die Runde: »War's das? Oder hat jemand noch etwas?«

»Ja«, sagte Frauke. »Sind Sie mit der Durchsicht der Geschäftsunterlagen weitergekommen?«

»Ich habe nichts gefunden, was uns weiterhilft. Manfredi scheint auf den ersten Blick saubere Geschäfte getätigt zu haben.«

»Wo finde ich die Akten des alten Falls, in dem Sie gegen Manfredi ermittelt haben?«

»Sind die noch nicht da?«, fragte Richter erstaunt. »Das ist eine Schlamperei. Wenn alle Stellen im Hause so arbeiten würden... Ich kümmere mich darum.«

»Und wie sieht es mit einem eigenen Arbeitsplatz aus? Dienstausweis? Waffe?«

»Sie sehen doch, dass wir im Augenblick viel um die Ohren haben. Die Ermittlungen müssen Vorrang haben.«

»Sie dürfen sich gern bei mir einrichten«, lud Madsack Frauke ein. »Sie stören mich nicht. Ganz im Gegenteil. Ich glaube, dass es ein fruchtbarer Gedankenaustausch sein könnte.«

»Nathan, hör auf zu flirten. Bei dem Eisblock hast du keine Chance«, grunzte Putensenf.

»Wie wär's, Jakob, wenn du deine Kräfte auf die Suche nach dem Ehepaar Tuchtenhagen konzentrierst?«, fuhr ihn Richter an.

»Das große Programm?«

»Natürlich.«

»Haben Sie alles notiert, Guido?«, fragte Putensenf.

Frau Westerwelle stöhnte leise und nickte dabei.

Frauke saß Madsack in dessen engem Büro gegenüber. Sie war ratlos. Derzeit waren ihr die Hände gebunden. Alle zu vergebenden Aktivitäten wurden durch andere Kollegen ausgeführt. In Flensburg hätte sie als Leiterin des Kommissariats weitere Maßnahmen eingeleitet, die Mitarbeiter gesteuert und die gesamten Ermittlungen koordiniert. Hier hatte sie nicht einmal einen eigenen Schreibtisch. Und Richters Arbeitsstil wich erheblich von ihrem ab. Der Hauptkommissar saß in seinem Zimmer und blätterte geduldig durch die bei Manfredi konfiszierten Geschäftsunterlagen. Ihren Vorschlag, ihm dabei behilflich zu sein, hatte er abgelehnt.

»Das sind nur wenige Vorgänge. Da würden wir unsere Ressourcen falsch einsetzen«, hatte Richter abgewehrt. »Außerdem bin ich mit der Materie durch unsere damaligen Ermittlungen besser vertraut als Sie. Hinzu kommt, dass viele Dokumente in italienischer Sprache abgefasst sind. Die müssen wir übersetzen lassen. Haben Sie inzwischen Italienisch gelernt?«

Diese rhetorische Frage Richters hatte sie natürlich verneinen müssen. Mit Mühe verstand sie die Unterschiede der italienischen Bezeichnungen für die Angebote in der Pizzeria. Sie hatte Madsack noch einmal gefragt, ob er nicht die Herbeischaffung der alten Akten beschleunigen könne. Der Hauptkommissar hatte mit dem Archiv gesprochen und ihr dann mitgeteilt, dass die Unterlagen unterwegs seien.

»Kann ich mir die Sachen nicht holen?«

»Ich fürchte, das geht nicht«, hatte Madsack bedauert. »Wir sind hier eine Behörde. Da muss alles nach einem vorgeschrieben Schema ablaufen. Außerdem – Sie sind neu. Ihnen würde man keine Akten aushändigen. Sie können sich nicht einmal legitimieren.«

»Und wenn Sie die Unterlagen holen?«

Madsack stöhnte. »Es liegt nicht an meiner mangelnden Hilfsbereitschaft. Aber wenn die im Hause unterwegs sind, finden Sie sie nicht. Selbst als Polizist haben Sie keine Chance, dieser Spur zu folgen.«

Er hatte ihr einen Schnellhefter ausgehändigt. »Das sind Informationen zur Infrastruktur des Landeskriminalamtes. Wenn Sie möchten, können Sie sich auf diesem Weg mit Ihrem neuen Umfeld vertraut machen.«

Lustlos blätterte sie in den Unterlagen. Zwischendurch versuchte sie, Kriminaloberrat Ehlers zu sprechen.

»Der ist heute Nachmittag außer Haus und wird auch nicht wieder reinkommen«, entschuldigte sich Uschi Westerwelle.

Eine Weile später beugte sich Madsack über seinen Bildschirm. Dann wandte er sich Frauke zu, während er mit seinem Wurstfinger in Richtung Monitor wies.

»Das vorläufige Ergebnis der Obduktion liegt vor. Sie hatten recht. Manfredi ist erstickt. Wie Sie es vermutet hatten. Kompliment.« Er nickte dazu.

Frauke hatte den Eindruck, dass Madsacks Anerkennung ehrlich gemeint war. Überhaupt schien der korpulente Hauptkommissar der Einzige zu sein, der sie nicht als unliebsame Konkurrenz betrachtete oder sich daran störte, dass sie eine Frau war. Abgesehen von Lars von Wedell, der am Beginn seiner Polizeilaufbahn stand und mit rührendem Eifer die ihm übertragenen Aufgaben zu erledigen suchte.

»Soll ich es ausdrucken? Möchten Sie es lesen?«

»Nein danke. Wir müssen das endgültige Ergebnis abwarten.«

»Schön. Außerdem hat sich die Spurensicherung gemeldet. Auf der Mordwaffe finden sich zahlreiche Fingerabdrücke. Der Fleischklopfer ist demnach durch viele Hände gegangen, wobei die Prints des Opfers deutlich in der Mehrzahl sind.«

»Wenn das Ding auf dem Schreibtisch lag, mag Manfredi damit gespielt haben. Zum Beispiel beim Telefonieren. Andere verbiegen Büroklammern oder malen Strichmännchen. Gibt es Abdrücke von Manuela Tuchtenhagen oder ihrem Mann?«

»Moment.« Madsack studierte den Bericht. »Ja. Von der Frau. Thomas Tuchtenhagens Fingerprints konnten nicht herausgefiltert werden. Nur noch die von Theophanis Mikolitis, dem griechischen Putzteufel.«

»Keine Fremdabdrücke?«

»Leider nicht.«

»Überlagerungen?«

Madsack las weiter und ließ dabei seinen ausgestreckten Zeigefinger über den Bildschirm wandern. »Ja. Leider. Im Bereich des Griffs. Da gibt es verwischte Spuren. Entweder hat der Täter Handschuhe benutzt oder den Fleischklopfer abgewischt.«

»Das ist merkwürdig.« Frauke legte den Zeigefinger an die Nasenspitze. »Wenn Manuela Tuchtenhagen im Affekt zugeschlagen hat, dann müsste sie schon sehr abgebrüht sein, wenn sie hinterher noch Zeit und Muße findet, das Tatwerkzeug zu reinigen. Dagegen spricht auch, dass sie panikartig das Büro verlassen und sich nicht einmal eine Jacke übergeworfen hat.«

»Und welche Frau lässt ihre Handtasche zurück?«, griente Madsack. »Damit könnte man auch ausschließen, dass Frau Tuchtenhagen sich zuvor Handschuhe übergestülpt hat, bevor sie ihren

Chef erschlug. Auch dann hätte sie ihre Sachen mitgenommen«, fuhr Frauke fort.

»Und wenn sie es doch war und ihre hektische Reaktion daher rührte, dass sie überrascht wurde?«

Frauke schüttelte den Kopf. »Der Paketbote kam erst, als sie das Haus schon verlassen hatte. Und von den Hausbewohnern hat niemand etwas bemerkt. Nein. Ich glaube nicht, dass es so war.«

»Dann halten Sie Manuela Tuchtenhagen nicht für die Täterin?«, fragte Madsack.

»Zu solchem Schluss können wir erst kommen, wenn wir den Täter überführt haben. Im Augenblick fehlen uns aber noch viele Dinge. So haben wir noch kein schlüssiges Motiv.«

»Und der Anruf im Hause von Tuchtenhagen? Der Mann mit dem italienischen Akzent, der behauptet hat, die Frau hätte ein Verhältnis mit Manfredi gehabt?«

»Es gibt noch zu viele offene Fragen«, wich Frauke aus. Dann versuchte sie, das Mobiltelefon des Ehemannes zu erreichen. Erneut meldete sich die Mailbox. »Man sollte in Erwägung ziehen, das Haus zu überwachen.«

Madsack nickte zustimmend. »Das habe ich auch schon vorgeschlagen, aber Bernd Richter hat das abgelehnt. Er hält es in Anbetracht unserer Personalknappheit für nicht hinreichend effizient.«

»Na schön«, sagte Frauke. »Wenn man mich nicht arbeiten lässt, werde ich jetzt Feierabend machen und mich um meine Unterkunft in der nächsten Zeit bemühen.«

Sie packte ihre Sachen, wünschte Madsack einen schönen Abend und traf auf dem Flur Lars von Wedell.

»Sie wollen schon gehen?«, fragte der junge Kommissar.

»Für die ersten Stunden in Hannover reicht es«, antwortete sie.

Frauke kehrte in ihr Hotel zurück, amüsierte sich über den »Schädelspalter«, ein kleines Ladenlokal, in dem Hannovers alternative Stadtillustrierte produziert wurde, und steuerte kurz darauf am Fernmeldeturm und dem ZOB vorbei den Hauptbahnhof an.

Der Raschplatz, die seelenlose Seite des Bahnhofs, offenbarte sein hässliches Gesicht. Hier lagen die Gestrandeten der Großstadt, umgeben von einem Meer leerer Flaschen.

Im Bahnhof herrschte das übliche Gewusel, das auf jedem großen Eisenbahnknotenpunkt anzutreffen ist. Mit Reisegepäck beladene Menschen versuchten sich durch das Heer der Reisenden zu tasten und stießen dabei zwangsläufig mit den Leuten zusammen, für die die Passage des Bahnhofs zu ihrem täglichen Arbeitsweg gehörte und die auf dem kürzesten Weg den vertrauten Pfad zum Bahnsteig nutzten.

Frauke ging ruhigen Schrittes durch die »Promenade im Hauptbahnhof«, trat auf dem Ernst-August-Platz ins Freie und folgte der Bahnhofstraße, die die Verbindung zum Kröpcke darstellte.

Sie fand, dass die einfallslose Nachkriegsarchitektur in dieser Straße keine wirklichen städtebaulichen Akzente setzte. Frauke war vom pulsierenden Kern Hannovers, dem eigentlichen Zentrum, ebenso enttäuscht. Hannovers Charme offenbarte sich nicht in der City, sondern in den vielen ruhigen und überaus urbanen Wohnvierteln. Sie würde sich nach den ersten aufregenden Tagen eingehender mit den Schönheiten der Stadt auseinandersetzen, dem Maschsee, den idyllischen Ecken Hannovers, die entdeckt werden wollten, den Herrenhäuser Gärten, der Eilenriede, dem Zoo und den anderen Attraktionen der Stadt, die die ganze Welt zumeist nur als Messehauptstadt kannten. Seit der Expo, so hatte Frauke gelesen, habe sich Hannover grundsätzlich verändert. Sicher hatte Hannover auch ein umfassenderes kulturelles Angebot als Flensburg zu bieten, obwohl ihre Heimatstadt in dieser Hinsicht sehr rege war. Frauke nahm sich vor, das Angebot der Staatsoper Hannover und der anderen Theater und Museen in Augenschein zu nehmen. Vielleicht war Hannover auf den zweiten Blick wirklich so bunt, wie es Nathan Madsack ihr vorgeschwärmt hatte. Schließlich lockte die Stadt zu Messezeiten Besucher aus aller Welt, die das Leben in den pulsierenden Metropolen kannten und mit hohen Erwartungen an die Leine kamen.

Ein Lächeln huschte über ihr Antlitz, als ihr das Wortspiel einfiel, dass sie nun an der Leine war, aber sich nicht durch Bernd Richter oder Jakob Putensenf an die Leine legen lassen wollte.

Wie in allen großen Städten herrschte zu dieser Stunde lebhafter Verkehr in der Fußgängerzone. Müßiggänger und bummelnde Passanten stießen mit eilig das Zentrum durchquerenden Menschen zusammen, gelegentlich hatten sich kleine Grüppchen zum Plausch gefunden und blockierten den Weg, Kinder lärmten unzufrieden und verlangten lautstark nach den kleinen Genüssen des Alltags, seien es Eis, Pommes oder Hamburger.

Wie es sich verlagert hat, dachte Frauke. Man hört selten ein Kind in der Öffentlichkeit nach Süßigkeiten quengeln. Das war zu ihrer Kindheit anders.

Sie verlangsamte den Schritt und ließ sich in der Woge der Passanten treiben, bis sie den Kröpcke erreichte. Das wohl auch vielen Ortsfremden von Bildern und Plakaten vertraute Bild des Uhrengehäuses stand in angenehmem Kontrast zu dem Betonungetüm im Hintergrund. Das alte Traditionskaufhaus Magis, an das sie sich von einem früheren Besuch erinnerte, war einer schwedischen Textilkette gewichen. Über dem Dach des Cafés ragte das Opernhaus empor.

Das regnerische Wetter des Vormittags war warmem Sonnenschein gewichen, auch wenn sich gelegentlich noch eine Wolke vor die Sonne schob. Viele Leute nutzten das Wetter aus und hatten sich in den zahlreichen Straßencafés niedergelassen. Sie suchte sich ein freies Plätzchen und hatte Glück, dass zwei junge Mädchen in der ersten Reihe aufbrachen. Eine abgehetzt wirkende Kellnerin, der man die Studentin auch ungefragt ansah, stapelte das leere Geschirr zusammen, fuhr einmal mit der Speisekarte über die Tischdecke, um die Krümel zu beseitigen, und fragte nach ihren Wünschen. Sie bestellte einen Cappuccino.

Während ihres ziellosen Bummels durch die Stadt hatte sie das unbestimmte Gefühl gehabt, dass ihr jemand folgte. Wer schleicht dir am ersten Tag in einer neuen Stadt hinterher?, hatte sie sich eine Närrin gescholten und sich geweigert, dieses Kribbeln im Nacken zu akzeptieren. Sie rückte ihren Stuhl zurecht, damit sie das Treiben besser beobachten konnte. Dann entdeckte sie ihren Verfolger. Der sechste Sinn hatte also doch nicht getrogen.

Lars von Wedell kam mit gesenktem Haupt und schuldbewusster Miene an ihren Tisch.

»Darf ich?«, fragte er und nahm neben ihr Platz, ohne die Antwort abzuwarten.

Sie musterte den jungen Kommissar. Er hatte ein frisches, offenes Gesicht. Die Wangenknochen lagen etwas zu hoch und betonten dadurch im schmalen Gesicht das spitze Kinn. Die braunen Haare trug er in einem angedeuteten Scheitel. Dass er sie nicht streng gekämmt hat, steht ihm gut, dachte Frauke und sah einen Moment nachdenklich auf den glitzernden Sticker im linken Ohrläppchen.

»Das hätten Sie einfacher haben können«, lächelte sie. »Als wir uns vorhin auf dem Flur trafen, hätten Sie mich nur fragen müssen. Oder haben Sie befürchtet, ich hätte Nein gesagt?«

»Nun ja«, druckste von Wedell herum. »Um ehrlich zu sein – es war eine spontane Idee, als Sie schon an mir vorbei waren.«

»Und was verschafft mir das Vergnügen Ihrer Gegenwart?«

»Sie haben es heute Morgen gehört. Ich bin ganz neu. Polizist war schon mein Traumberuf, als ich ein kleines Kind war.«

»Da schwärmt jeder Junge von. Es gibt kaum einen Knaben, der sich nicht als eifriger und stahlharter Verfechter der guten Sache sieht.«

Lars von Wedell schüttelte den Kopf. »Mag sein. Natürlich habe auch ich eine solche Phase durchlebt.« Er zeigte ein jungendliches Lachen. »Das muss zwischen dem Lokomotivführer und dem Astronauten gewesen sein. Und Sie? Wollten Sie nicht auch irgendwann Friseurin werden?«

»Sie sind bei Ihrem Kindheitstraum geblieben«, ließ Frauke seine Frage unbeantwortet.

»Ja. Vielleicht werde ich irgendwann einmal vom Alltag überrollt und desillusioniert.«

»So wie Jakob Putensenf?«

Von Wedell schüttelte heftig den Kopf, dass seine Haare in Bewegung gerieten. »Das ist kein übler Bursche. Er ist nur mit dem Mund vorweg. Dahinter steckt aber ein guter Kern. Glaube ich jedenfalls«, schob er halblaut hinterher.

»Sie haben sich aber nicht an meine Fersen geheftet, um ein Plädoyer für den Poltergeist des Teams zu halten?«

»Nein, natürl...« Von Wedell wurde durch die Bedienung unterbrochen, die Fraukes Cappuccino brachte.

»Und? Was darf es für dich sein?«, fragte sie den jungen Kommissar.

»Auch so was.«

Frauke registrierte, dass die Kellnerin von Wedell wie selbstverständlich duzte. Das war unter jungen Leuten durchaus üblich. Insbesondere in einer Umgebung wie dieser. Da gehörst du nicht mehr zu, dachte sie. Auch wenn es dir nicht sympathisch wäre, dass man dich duzt, so musst du doch gelten lassen, dass man dich gar nicht mehr als dazugehörig wahrnimmt.

»Wo waren wir stehen geblieben? Ach ja. Ich wollte aus einem anderen Grund mit Ihnen sprechen. Nicht offiziell. Also nicht auf der Dienststelle.«

»Sind Sie immer so vertrauensselig? Sie kennen mich erst ein paar Stunden.«

»Keine Sorge. Ich bin schon vorsichtig. Also. Ich wollte Polizist werden und habe mich riesig gefreut, als ich im Auswahlverfahren unter den zahlreichen anderen Bewerbern angenommen wurde. Dann kam die Ausbildung, und seit einem Monat bin ich dabei.«

»Normalerweise beginnt man auf einer kleinen Dienststelle in einem Kommissariat für Diebstahl, Betrug oder Ähnlichem. Es ist ungewöhnlich, dass ein – Verzeihung – Anfänger gleich zur organisierten Kriminalität kommt. Haben Sie Beziehungen?«

»Nein. Nichts. Mein Vater ist Lektor in einem landwirtschaftlichen Fachverlag. Und auch sonst gibt es keine Verwandten, die in einflussreichen Positionen sitzen. Ich habe einfach Glück gehabt.«

»Nun denn.« Frauke trank einen Schluck Cappuccino, fuhr sich mit der Zunge über die Lippen, griff zur Zuckerschütte und ließ eine größere Menge in ihre Tasse rieseln. Sie probierte erneut. Diesmal fand das Getränk ihre Zustimmung.

»Nathan Madsack ist ganz okay. Er ist hilfsbereit und weiß eine Menge. Ich glaube, da steckt ein kluger Kopf hinter dem Doppelkinn.«

Von Wedell wurde sich seiner Ausdrucksweise bewusst, als Frauke ihm einen durchdringenden Blick zuwarf.

»So war das nicht gemeint. Aber es ist schon ungewöhnlich, dass jemand mit solchem Übergewicht bei der Polizei tätig ist.«

»Wenn Sie schon die Kollegen Revue passieren lassen – wie denken Sie über Bernd Richter?«

»Der ist der Chef. Von allen akzeptiert.« Er zögerte einen Moment. »Auch wenn Sie ihm das Leben offenbar schwer machen. Ich habe ihn als eher schweigsamen Menschen kennengelernt und glaube, dass er ein tüchtiger Mann ist. Ich kann mir gut vorstellen, dass es ihm nicht behagt, wenn jemand neu ins Team kommt und an seiner Kompetenz zweifelt.«

»Haben Sie den Eindruck, dass es mir daran gelegen ist, seine Autorität zu untergraben?«

Von Wedell machte einen unsicheren Eindruck. »Nicht direkt. Aber mit Ihrem Know-how haben Sie ihn schon ein wenig vorgeführt. In dem einen Monat, in dem ich dabei bin, hat ihm nie jemand widersprochen. Ich glaube, das stört ihn mächtig.«

»Auf die Idee, dass es mir um die Verfolgung einer Straftat geht, ist wohl noch keiner gekommen?«

»Bei allem Idealismus gibt es aber auch Eifersüchteleien und Hahnenkämpfe. Richter ist nun einmal der Platzhirsch. Oder hält sich dafür. Aber deshalb bin ich Ihnen gefolgt und wollte mit Ihnen sprechen. Ich war fasziniert von der Art, wie Sie sich der Dinge angenommen haben, und bin der Überzeugung, dass man viel von Ihnen lernen kann.« Von Wedell wirkte für einen kurzen Moment wie ein eingeschüchterter Pennäler. »Das wollte ich Ihnen sagen. Und wenn Sie mich ein wenig an Ihren Erfahrungen partizipieren lassen, dann würde ich mich freuen.«

»Es hilft uns allen weiter, wenn erfahrene Kollegen den Nachwuchs mit auf die Jagd nehmen. Nur so lernt das Jungtier.«

Der junge Kommissar atmete tief durch. »Und heute Abend wollen Sie sich mit Hannover vertraut machen?«

»Dazu bleibt mir noch genügend Zeit.«

Von Wedell druckste ein wenig herum. »Meine Freundin und ich wollen nachher in eine kleine Pizzeria in unserer Nachbarschaft. Bei Giosino und Judith gibt es die beste Pizza nördlich der Alpen. Wenn Sie möchten … Wir würden uns freuen.«

»Möchten Sie nicht lieber mit Ihrer Freundin allein sein?«

Von Wedell schüttelte den Kopf. »Wir haben seit einem Vierteljahr eine gemeinsame Wohnung. Da tut es manchmal ganz gut, neue Leute kennenzulernen. Das soll aber nicht heißen, dass wir uns nicht mehr verstehen. Ich kann mir gut vorstellen, dass Gesa und ich später einmal Kinder haben werden. Also! Wir würden uns freuen. Pizzeria Italia. Das ist in der Gretchenstraße im Herzen der Oststadt.«

»Vielen Dank für die Einladung. Aber heute würde ich mich gern um meine Sachen kümmern. Vielleicht ein anderes Mal.«

»Darf's noch was sein?«, fragte die Bedienung im Vorbeilaufen.

»Danke, nein«, sagte Frauke. »Ich möchte gern zahlen. Zusammen.«

ZWEI

»Guten Morgen. Ich hoffe, Sie haben die erste Nacht in Hannover gut verbracht«, begrüßte sie Nathan Madsack. Der Oberkommissar saß bereits am Schreibtisch, als Frauke das Büro betrat. Heute trug er ein graues Tweedsakko, ein weißes Hemd und eine unifarbene Krawatte.

»Danke, es geht«, antwortete Frauke zurückhaltend. Sie vermied es, von ihrem Gespräch mit Lars von Wedell zu berichten. Sie hatte auch eine Pizzeria aufgesucht, allerdings nicht die vom jungen Kommissar so angepriesene. Die überbackenen Penne waren sättigend gewesen, mehr auch nicht, und der Rotwein stammte aus dem großen Fass unbestimmter Herkunft. In dem kleinen Hotel war es bis Mitternacht lebhaft zugegangen. Die Gäste, so hatte sie beim Frühstück festgestellt, fielen überwiegend in jene Kategorie Menschen, die man unter dem Begriff »Vertreter« zusammenfassen konnte. Zumindest schienen einige der Mitbewohner an irgendwelchen Aktivitäten teilgenommen zu haben, bei denen der Alkohol nicht rationiert war.

»Wenigstens regnet es heute nicht«, sagte Madsack und sah automatisch aus dem Fenster. Kleine Schäfchenwolken zogen wie zerrupfte Wattetupfer am sonst makellos blauen Himmel entlang.

Madsack öffnete den Mund, schluckte dann aber den nächsten Satz unausgesprochen herunter.

Frauke war nicht an Konversation gelegen, obwohl sie anerkannte, dass ihr Gegenüber es gut meinte und in dieser ihr noch fremden Umgebung zu den freundlichen Zeitgenossen gehörte. Selbst bei der Einfahrt auf das Gelände des Landeskriminalamtes hatte sie Probleme gehabt, weil man ihr den Zutritt verweigern wollte und sie für eine Besucherin hielt, die keinen Anspruch auf einen der wenigen Parkplätze hatte.

Madsack saß an seinem Schreibtisch und bediente mit ausgestreckten Armen die Tastatur seines Computers. Zwischendurch griff er automatisch zu einem mit Butter beschmierten Croissant,

das auf einem Teller neben dem Telefon lag. Erst als er ebenso mechanisch zur Kaffeetasse griff, hielt er mitten in der Bewegung inne.
»Entschuldigung. Möchten Sie auch eine?«
»Danke. Ich kenne mich inzwischen aus und hole mir selbst eine.« Sie stand auf und trat auf den Flur, um Uschi Westerwelle im Geschäftszimmer aufzusuchen. Im Türrahmen stieß sie mit der Schreibkraft zusammen.
»Morgen, Frau Dobermann. Ich wollte gerade Bescheid sagen. Der Chef bittet darum, dass wir uns zusammensetzen.«
»Richter?«
Frau Westerwelle grinste. »Nee. Herr Ehlers.« Während die Sekretärin die anderen Mitglieder des Teams informierte, ging Frauke in das Besprechungszimmer.
»Guten Morgen«, begrüßte sie Kriminaloberrat Ehlers, der hinter einem Stapel Unterlagen am Kopfende Platz genommen hatte. »Haben Sie sich schon eingelebt?«
»Gut Ding will Weile haben«, antwortete Frauke nach der Begrüßung. »Im Augenblick fehlt es noch an der Infrastruktur. Ausweis. Waffe. Büro. Arbeitsmittel.«
Ehlers lachte. »Es gibt den uralten Spruch: Schneller, als die Polizei erlaubt. Dabei darf man nicht übersehen, dass wir eine Behörde sind. Ich werde noch einmal nachhaken.«
»Können Sie bei der Gelegenheit auch fragen, wo die Ermittlungsakten des früheren Falles bleiben?«
Ehlers zog fragend die Augenbrauen in die Höhe.
»Vor zwei Jahren wurde schon einmal gegen das jetzige Opfer ermittelt. Wir müssen die Akten studieren, ob sich da eventuell Zusammenhänge ergeben.«
»Das klingt plausibel. Wer hat die Unterlagen?«
»Ich weiß es nicht. Seit gestern warten wir darauf.«
Er wurde durch die anderen Mitarbeiter abgelenkt, die im Gänsemarsch den Raum betraten und mehr oder minder leise ein »Guten Morgen« murmelten, das Frauke und der Kriminaloberrat erwiderten. Richter blickte dabei starr an ihr vorbei zu Ehlers, während Putensenf es ganz unterließ, zu grüßen.
»Ich wünsche auch Ihnen, Herr Putensenf, einen wunderschönen guten Morgen«, konnte sich der Kriminaloberrat nicht verkneifen.

»Hallo, Herr Ehlers«, quetschte der Angesprochene zwischen den Zähnen hervor.

»Und die Dame?«, fragte Ehlers zurück.

»Die habe ich schon begrüßt«, log Putensenf und nahm geräuschvoll neben von Wedell Platz.

Richter fasste die am Vortag gesammelten Erkenntnisse zusammen und las stichwortartig den Obduktionsbefund vor.

»Genau, wie Frau Dobermann vermutet hatte«, warf von Wedell dazwischen und wurde von Richter mit einem bösen Blick abgestraft.

Dann berichteten reihum die anderen Teammitglieder.

»Ich habe mich am Arbeitsplatz erkundigt, wann Thomas Tuchtenhagen gestern dort eingetroffen ist. Er war eine halbe Stunde später als sonst. Das ist mit dem Zeiterfassungsgerät nachweisbar, das bei Schröder-Fleisch eingesetzt wird.«

»Das verstehe ich nicht«, unterbrach ihn Putensenf. »Ich war gestern noch einmal bei den Nachbarn unterwegs. Zwei Häuser weiter wohnt ein Hubert Lehndorfer. Der ist Lehrer und verlässt jeden Morgen zur gleichen Zeit sein Haus. Er behauptet, dabei immer Tuchtenhagen getroffen zu haben, der sich ebenfalls um diese Zeit auf den Weg zur Arbeit macht. Und zwar mit konstanter Regelmäßigkeit, wie Lehndorfer behauptet.«

»Und wie war es gestern?«, fuhr Frauke dazwischen.

»Herrje, nun lassen Sie mich doch ausreden«, schimpfte Putensenf in ihre Richtung. »Glauben Sie, ich bin doof?«

Frauke hielt mit Mühe ein »Ja« zurück, nickte aber unmerklich, was nur von Wedell registrierte, der den Anflug eines Lächelns nicht zurückhalten konnte.

»Dem Nachbarn war gestern nichts aufgefallen. Tuchtenhagen hat sich wie immer verhalten.«

»Dann ist es doch merkwürdig, dass er ausnahmsweise später am Arbeitsplatz eingetroffen ist«, fuhr Lars von Wedell dazwischen. »Und der unbekannte Anrufer, der gestern mit Jakob sprach und glaubte, der wäre Tuchtenhagen, hat erzählt, dass Manuela Tuchtenhagen ein Verhältnis mit ihrem Chef hatte.« Der junge Kommissar sah in die Runde. »Wäre es nicht denkbar, dass ihr Ehemann Manfredi zur Rede stellen wollte? Dabei ist es zum Streit gekommen, und …«

»Bum«, sagte Putensenf laut und ließ dabei seine geschlossene Faust auf die Tischplatte fallen.

»Das ist die Spur, die wir verfolgen«, versuchte Richter die Diskussion zu kanalisieren und überging Fraukes Wortmeldung, die sie dezent durch ein leichtes Heben der Hand angedeutet hatte.

»Die Kollegin Dobermann wollte etwas sagen«, unterbrach Ehlers.

»Der Anruf bei Tuchtenhagen, den Herr Putensenf entgegengenommen hat und in dem der Unbekannte mitteilte, dass die Frau ein Verhältnis mit Manfredi hat, erfolgte aber erst nach dem Mord. Wenn Thomas Tuchtenhagen der Mörder ist, muss er einen anderen Grund gehabt haben.«

Richter lehnte sich zurück und ließ ein fast höhnisch klingendes Lachen hören. Er hatte Frauke bei einem nicht logischen Einwand erwischt. Sie selbst hatte es auch bemerkt und ärgerte sich über sich selbst.

»Der Ehemann kann es doch schon früher aus einer anderen Quelle erfahren haben.« Dann drehte sich Richter zu von Wedell. »Sie sind noch jung in unserer Branche. Darum nehme ich es *Ihnen* nicht übel, wenn Sie voreilige Schlüsse ziehen. Und nun sollten wir uns um die wichtigen Dinge kümmern. Als vordringlich sehe ich die Fahndung nach dem Ehepaar Tuchtenhagen. Frau Dobermann sollte sich der Sache annehmen. Irgendwelche Einwände?«

Wegen des vorhergehenden Patzers konnte Frauke nicht aufbegehren. Das gehörte zu den Spielregeln. Sie wusste ebenso wie Richter, dass der gesamte Fahndungserfolg im Augenblick davon abhing, dass sie den beiden auf die Spur kamen. Richter konnte sie dafür verantwortlich machen. Auf der anderen Seite wusste der Teamleiter, dass ihr als neuer Mitarbeiterin die Kommunikationswege und Verfahrensweisen in Hannover unbekannt waren. Außerdem verfügte sie weder über einen eigenen Arbeitsplatz noch über die erforderlichen Einrichtungen und Papiere für eine effiziente Polizeiarbeit. Das war Mobbing in Reinkultur. Und sie war im Augenblick machtlos.

»Wo sind die Akten der früheren Ermittlung, Herr Richter?«, fragte der Kriminaloberrat. »Ich habe gehört, dass die Unterlagen gestern angefordert wurden und immer noch nicht vorliegen.«

»Ich kümmere mich darum«, antwortete Richter und warf Frauke einen giftigen Blick zu.

Ehlers klopfte als Zeichen für das Ende der Besprechung einmal kurz auf den Tisch. Schweigend schoben die Polizisten ihre Stühle zurück, standen auf und verließen den Raum.

»Frau Dobermann«, wurde Frauke auf dem Flur von Lars von Wedell angesprochen. »Das war unfair von Richter.«

Frauke antwortete nicht.

»Ich meine, wie Richter Sie vorführen wollte.«

»Das ist ein Naturgesetz. Wenn ein fremdes Tier die Lichtung betritt, röhrt der Platzhirsch laut und vernehmlich.«

»Sie sind aber kein Hirsch«, wandte von Wedell ein. »Schade, dass Sie gestern keine Zeit hatten, mit uns in die Pizzeria zu gehen. Da war gestern Abend ordentlich Betrieb, sodass meine Freundin und ich an einem fremden Tisch Platz nehmen mussten. Dort saß einer, der sich mit seiner Begleitung über den verschwundenen Ehemann unterhielt. Teilweise sprachen sie deutsch, zum Teil italienisch. Der Gast sprach davon, dass er bei Schröder-Fleisch arbeiten würde. Da ist das natürlich Tagesgespräch. Ich habe mich neugierig gestellt, und er hat eifrig erzählt. Er behauptete, Tuchtenhagen zu kennen. Der ist dort für die Qualitätskontrolle zuständig. Und für die Hygiene. Dabei hat er sich alles andere als beliebt gemacht. Und Manuela Tuchtenhagen will er auch schon begegnet sein. Die war ein- oder zweimal in der Wurstfabrik und hat dort Fleischpakete abgeholt. Direkt in den Kofferraum.«

»Mensch. Das ist doch ein wichtiger Hinweis. Das hätten Sie eben in der Besprechung sagen müssen«, sagte Frauke in leicht tadelnder Tonlage.

»Nachdem Richter mich so abgebürstet hat?«

»Haben Sie Name und Anschrift Ihres Gesprächspartners?«

Von Wedell schüttelte den Kopf. »Ich wollte mich nicht als Polizist zu erkennen geben. Ich habe aber Judith, die Wirtin, gefragt. Sie hat mir versichert, sie würde Simone kennen. Er würde dort oft verkehren.«

»Simone? Eben sprachen Sie von einem Mann.«

Von Wedell lächelte und zeigte dabei zwei Reihen weißer Zähne. »Simone ist ein Mann. Er ist auch Italiener.«

»Mir begegnen im Augenblick zu viele Südeuropäer. Schließlich vermutet Jakob Putensenf anhand des Dialekts, dass der unbekannte Anrufer in Tuchtenhagens Haus auch Italiener war.«

»Kann das Zufall sein?«

»Das sind zu viele Zufälle«, meinte Frauke skeptisch. »Ich wäre jedenfalls gern dabei, wenn Sie das nächste Mal die Pizzeria Italia aufsuchen. Dann können wir nur hoffen, dass wir diesem Simone noch einmal begegnen.«

Frauke bedauerte insgeheim, dass sie von Wedells Vorschlag am Abend zuvor nicht gefolgt war.

»Da wäre noch etwas.« Der junge Kommissar flüsterte fast. »Ich habe noch nicht herausgefunden, ob Tuchtenhagen gestern am Arbeitsplatz angerufen wurde.«

»Dann aber hurtig«, sagte Frauke und ging langsam den Flur hinab zu Madsacks Büro, in dem sie immer noch ihren vorläufigen Arbeitsplatz hatte.

»Hallo«, sagte der rundliche Polizist, ohne aufzusehen, und konzentrierte sich weiter auf seinen Bildschirm.

Mit Verlierern spielt man nicht mehr, dachte Frauke bitter, da sie den Eindruck hatte, dass der sich bisher so freundlich gebende Madsack sehr reserviert zeigte. Sie setzte sich ihm gegenüber und war ratlos. Wie sollte sie die Fahndung nach dem Ehepaar Tuchtenhagen effizient steuern und leiten?

Sie wurde durch Madsacks Räuspern unterbrochen. Der zeigte mit seinem Wurstfinger auf den Bildschirm.

»Die Kriminaltechniker haben die Lieferung, die der Paketbote gestern gebracht hat, einwandfrei identifiziert.«

»Und?«

»Marmor.«

»Tatsächlich?«, fragte Frauke.

»Sie haben richtig gehört. Verschiedene Sorten Marmor. Das waren Gesteinsproben.«

»Was wollte Manfredi damit?«

»Tja. Fragen können wir ihn leider nicht mehr.« Madsack klang schon wieder zugänglicher. Er schenkte Frauke einen langen Blick. »War ein wenig unglücklich – vorhin«, sagte er.

»Wer kümmert sich jetzt darum?«

Frauke bewunderte an Madsack, dass er seine Gemütsregungen mit seiner Miene ausdrücken konnte. Er sah jetzt einen Hauch traurig aus. »Da muss jemand Kontakt mit dem Absender der Lieferung aufnehmen.«

»Hat Richter schon den Auftrag erteilt?«

Madsack stöhnte leise. »Ich frage ihn.« Dann erhob er sich. »Soll ich Ihnen eine Frikadelle aus der Kantine mitbringen?«, fragte er, bevor er den Raum verließ.

Sie drehte den Bildschirm zu sich herum und zog die Tastatur heran. Aber Madsack hatte sich ausgeloggt. Ihr waren noch keine eigene Benutzeridentifikation, geschweige denn ein Passwort zugeteilt worden, sodass sie nicht in das System hineinkam. Der Zorn keimte in ihr. Das war keine Arbeitsgrundlage. Und unter anderen Umständen als die, die ihrer Versetzung nach Hannover zugrunde lagen, wäre sie jetzt zu Ehlers gegangen und hätte ihm in harschen Worten ihre Vorstellung vom Umgang mit neuen Mitarbeitern vorgetragen.

»Hallo«, hörte sie hinter sich die Stimme Uschi Westerwelles. »Herr Ehlers hat mich gebeten, nach dem Verbleib der angeforderten Akten zu suchen. Ich habe mit dem Archiv gesprochen. Die sind nicht hier.«

»Was heißt das?«

»Die Unterlagen sind noch bei der Staatsanwaltschaft in Oldenburg.«

»Um das festzustellen, benötigt man einen ganzen Tag?«

»Dazu kann ich nichts sagen. Die Kollegin aus dem Archiv meint, das hätte sie schon gestern mitgeteilt.«

Richter!, dachte Frauke. Der Hauptkommissar musste in großer Sorge um seine Autorität sein, dass er mit allen Mitteln versuchte, ihr das Arbeiten zu erschweren und sie in ein schlechtes Licht zu rücken. Für einen Moment durchzuckte sie der Gedanke, ob Richter den Grund ihrer Versetzung kannte. Natürlich war Ehlers eingeweiht. Aber hatte der Kriminaloberrat seinen Teamleiter auch in Kenntnis gesetzt?

»Danke«, sagte sie stattdessen. »Wie können wir die Unterlagen in Oldenburg anfordern?«

»Ich bemühe mich«, antwortete Uschi Westerwelle ausweichend und wollte gehen, als sie mit Jakob Putensenf zusammenstieß.

»Kannst du nicht aufpassen?«, knurrte er die Sekretärin an.

»Habe ich hinten Augen?«

»Du hast hinten und vorne nichts«, erwiderte Putensenf und rief dann Frauke zu: »Los. Vorwärts. Wir haben eine Spur von Tuchtenhagen.«

Seitdem Putensenf sich hinters Steuer gezwängt hatte, schwieg er. Frauke beobachtete ihn von der Seite. Der Kriminalhauptmeister machte einen nahezu verbissenen Eindruck.

»Es wäre hilfreich, wenn Sie mir vorab ein paar Informationen vermitteln könnten«, sagte Frauke schließlich.

»Mhhh«, grunzte Putensenf. Er wechselte die Fahrspur und begann zu berichten. »Ein kleines Hotel am Meersmannufer hat heute Morgen die zuständige Polizeidienststelle informiert, dass ein Gast das Haus verlassen hat, ohne zu bezahlen. Die Streife hat sich das angesehen, weil der Mann im Zimmer einen Koffer hinterlassen hat. Mit lauter Frauensachen. Das kam ihnen merkwürdig vor, weil das Hotelpersonal schwor, der Mann hätte allein in dem Zimmer übernachtet und wäre gestern mit zwei Stück Gepäck angereist. Und da er sich an der Rezeption mit seinem Namen angemeldet hat, haben die Kollegen geschaltet und uns informiert, weil einem unsere Fahndung in Erinnerung war.«

»Das soll doch nicht heißen, dass sich Thomas Tuchtenhagen unter seinem richtigen Namen dort eingemietet hat?«

»Doch. Oder jemand hat seine Identität benutzt.«

Es hätte nichts gebracht, Putensenf weiterzubefragen. Offenbar wusste er auch nichts.

Das Gebäude wirkte in dieser bürgerlichen Gegend urgemütlich. Man konnte sich schon von außen die familiäre Atmosphäre in dieser Pension vorstellen. Das lag nicht nur an der ruhigen Lage gegenüber dem Mittellandkanal, der durch einen dichten Grünstreifen und einen Wanderweg abgegrenzt wurde. Es war unproblematisch, direkt vor dem Haus einen Parkplatz zu finden.

Schon im Eingang kam ihnen ein aufgelöst wirkender älterer Mann entgegen, dem die Haare des grauen Kranzes vom Kopf abstanden, als hätte er kurz zuvor in eine Steckdose gefasst.

»Sie sind von der Polizei?«, fragte er atemlos, und als Putensenf nickte, ergänzte er: »Das ist vielleicht ein Ding. Es kommt nicht oft vor, dass jemand versucht, sich aus dem Staub zu machen, ohne zu bezahlen. Meine Frau hat den Gast gestern empfangen. Wir sind nämlich ein reiner Familienbetrieb. ›Komisch‹, hat sie zu mir noch gesagt. ›Der wohnt in Hannover. Warum nimmt er sich ein Hotelzimmer?‹ Ich habe gesagt, dass er vielleicht Ärger mit seiner Frau hat. Und dann reist er heute ab, ohne zu bezahlen. Dabei sah er wirklich solide aus. Und zwei Koffer hatte er dabei. Nein, so was.«

»Haben Sie oder Ihre Frau mit dem Gast gesprochen?«

»Nur meine Frau. Ich war gestern beim Zahnarzt. Das war schon seit Langem geplant. Ich plage mich …«

»Herr … ähhh«, unterbrach Putensenf den Redeschwall des Mannes.

»Kellermann. Wie Hotel Kellermann garni. Schon seit über dreißig Jahren.«

Der Hotelier war ins Haus zurückgekehrt, und die beiden Beamten folgten ihm.

»Der hat sich mit seinem richtigen Namen angemeldet. Als wir feststellten, dass er abgehauen war, ich – nix wie ans Telefon. Aber da hat sich keiner gemeldet. Das wundert mich nicht. Warum hat er sonst auswärts übernachtet?«

Frauke war ein wenig überrascht, als Putensenf ein Foto hervorzauberte und es Kellermann vor die Nase hielt.

»Erkennen Sie den Mann wieder?«

»Moment«, sagte der Hotelbesitzer und verschwand hinter dem Tresen an der Rezeption. »Wo ist nur meine Brille?«, murmelte er mehrfach, bis ein erleichtertes »Ach, hier« zu hören war. Dann tauchte er wieder auf, nahm Putensenf das Bild aus der Hand.

»Ist er das?«, fragte Kellermann nach einer Weile.

»Das möchten wir gern von Ihnen wissen«, antwortete Putensenf.

»Ja – wieso? Ich habe ihn doch nicht gesehen. Das war doch meine Frau.«

»Können wir mit ihr sprechen?«

»Sicher. Natürlich. Kleinen Moment. Ich rufe sie.« Er verschwand durch eine Tür in den hinteren Bereich und kehrte kurz darauf mit einer im Alter zu ihm passenden Frau mit erkennbar blond gefärbtem Haar zurück. »Das ist meine Frau«, erklärte er und zeigte auf die beiden Beamten. »Die Herrschaften sind von der Polizei, Monika«, sagte er.

Frau Kellermann reichte erst Frauke, dann Putensenf die Hand. »Haben Sie mit Harry, meinem Mann, gesprochen?«

»Er hat uns schon in Kenntnis gesetzt«, nickte Putensenf und gab ihr das Foto zur Ansicht. »War das der Gast, den Sie gestern aufgenommen haben?«

Sie warf nur einen kurzen Blick auf das Bild. »Hundertprozentig«, bestätigte sie.

»Man gewinnt in unserem Geschäft Routine im Merken von Gesichtern«, sagte Harry Kellermann. »Sie können ja nicht jeden Gast fragen, welche Zimmernummer er hat, wenn er das zweite Mal an die Rezeption kommt. Das darf man sich in einem Familienbetrieb wie unserem nicht erl…«

»Ich glaube, das interessiert die Polizei nicht«, bremste Frau Kellermann ihren Gatten.

»Dürfen wir die Anmeldung sehen?«, bat Putensenf.

»Die haben wir schon rausgelegt«, sagte Kellermann und griff zu einem einzelnen Blatt Papier, das auf dem Tresen lag.

Frauke sah Putensenf über die Schulter. Tuchtenhagen hatte die Anmeldung korrekt mit seinen persönlichen Daten ausgefüllt.

»Dürfen wir das mitnehmen?«, fragte Putensenf.

»Na klar. Wir haben eine Fotokopie davon gemacht«, sagte der Hotelier.

Putensenf wandte sich an Frau Kellermann. »Sie sind sich absolut sicher, dass der Gast keinen Besuch in seinem Zimmer empfangen hat?«

»Das sagte ich schon«, empörte sich der Mann. »Was glauben Sie? Wir sind ein seriöses Hotel.«

»Ich würde das gern von Ihrer Frau hören.«

»Mein Mann hat recht«, bestätigte Frau Kellermann.

»Wir würden gern wissen, ob in der letzten Nacht eine einzelne Dame bei Ihnen ein Zimmer gebucht und bar bezahlt hat«, mischte sich Frauke ein.

Eine leichte Zornesröte überzog Harry Kellermanns Gesicht. »Wieso fragen Sie das dauernd?«

»Wir unterstellen Ihnen nichts. Es ist für uns nur wichtig, zu wissen, ob sich Ihr Gast mit einer Frau getroffen hat. Wir gehen davon aus, dass es seine Ehefrau ist.«

Kellermann atmete tief aus. »Nun verstehe ich überhaupt nichts mehr«, stöhnte er.

Seine Frau nahm die Brille ab und drehte sie am Bügel. »Wir hatten zwei weibliche Logiergäste. Frau Neuhof wohnt schon seit eineinhalb Jahren bei uns. Immer von Montag bis Freitag. Sie wohnt in Münster und arbeitet hier. Irgendwo bei einer Versicherung. Die zweite Dame ist heute abgereist. Sie hat drei Nächte hier gewohnt und eine alte Schulfreundin besucht. Die war schon über siebzig. Ich glaube nicht, dass sie sich mit Herrn Tuchtenhagen getroffen hat. Ob er allerdings mit einem anderen unserer Gäste gesprochen hat, kann ich nicht sagen.«

Das war eher unwahrscheinlich, überlegte Frauke. Und die beiden Frauen schieden auch aus. »Hat er allein gefrühstückt?«

»Das ist es ja«, kam Kellermann seiner Frau zuvor. »Der ist ohne Frühstück weg. Dabei gibt es daran nichts zu mäkeln. Da hat sich noch nie jemand beschwert über ...«

»Lass, Harry. Das hat keiner behauptet.« Frau Kellermann legte ihrem Gatten sanft die Hand auf den Unterarm.

»Wir würden jetzt gern das Zimmer sehen«, bat Putensenf.

»Kommen Sie«, sagte die Frau und ging die Treppe voran. Die weiß gestrichenen Wände waren mit Drucken alter Hannoveraner Ansichten verziert. Die frühen Herrenhäuser Gärten schienen es dem Hotelierehepaar besonders angetan zu haben. Auf einzelnen Treppenstufen und auch im Gang lockerten sauber gepflegte Topfpflanzen die Hotelatmosphäre auf. Frau Kellermann blieb vor der Tür mit der Aufschrift »14« stehen, fingerte aus einem Bund den passenden Schlüssel heraus und öffnete.

Der kleine Raum war schlicht und sauber. Ein Schrank, ein schmaler Schreibtisch mit Stuhl und ein Doppelbett waren neben der Kofferbank die ganze Einrichtung.

»Sie haben nur Doppelzimmer und vermieten es auch als Einzelzimmer?«, fragte Frauke.

»Nein. Die Mehrzahl unserer Räume sind Einzelzimmer. Aber der Gast hat ausdrücklich nach einem Doppelzimmer gefragt.«

»Und es nicht benutzt«, stellte Frauke fest. Das Bett auf der Fensterseite war zurückgeschlagen und sah benutzt aus, während auf dem zweiten ein offener Koffer lag.

»Wir haben da hineingesehen«, entschuldigte sich die Frau. »Und Ihre Kollegen auch. Wir wollten ja wissen, was los ist.«

»Ist schon gut«, beruhigte sie Putensenf.

Frauke warf einen Blick ins Badezimmer. Es war benutzt worden. Aber Tuchtenhagen hatte nichts zurückgelassen. Auch die Schränke waren leer.

»Hat der Mann telefoniert?«, fragte Putensenf.

»Wir haben in den Zimmern kein Telefon mehr«, sagte Frau Kellermann. »Es lohnt nicht. Heute hat jeder sein eigenes Handy. Und die hohen Kosten für die Anlage rechnen sich nicht. Dafür hat er aber ferngesehen.«

Frauke warf einen Blick in den Papierkorb. Dort fanden sich eine leere Mineralwasserflasche und die Verpackungen zweier Minisalamis.

»Wann können wir das Zimmer wieder nutzen?«, fragte Frau Kellermann.

»Wir nehmen die Sachen mit. Auch den Inhalt des Papierkorbs. Dann ist der Raum wieder frei«, erklärte Frauke und fuhr fort, als Putensenf sie fragend ansah: »Die Spurensicherung benötigen wir nicht. Für uns steht einwandfrei fest, wer hier übernachtet hat.«

Frauke hatte noch einen Blick zum Fenster hinausgeworfen. Es war zwar nicht gänzlich unmöglich, von der Rückseite aus hineinzugelangen, aber so viel Artistik traute sie Manuela Tuchtenhagen nicht zu. Für Frauke stand fest, dass Thomas Tuchtenhagen die Nacht allein zugebracht hatte.

Sie verließen das Zimmer und kehrten zur Rezeption zurück.

»Wer bezahlt uns jetzt die Rechnung? Wir kleinen Hotelbesitzer haben nichts zu verschenken«, fragte Harry Kellermann.

»Wir werden nach dem Mann suchen. Versprochen«, sagte Putensenf und drückte dem Hotelier so kräftig die Hand, dass der zusammenzuckte.

»Es scheint, als hätten sich die Tuchtenhagens hier verabredet, da sie davon ausgehen müssen, dass ihre Wohnung überwacht wird«, überlegte Putensenf laut, als sie wieder im Auto saßen.

»Der Mann hat auf Anweisung seiner Frau ein paar persönliche Gegenstände zusammengerafft und mit ins Hotel geschleppt. Aus irgendeinem Grund ist Manuela Tuchtenhagen aber nicht erschienen«, stimmte Frauke zu.

»Wenn er bar bezahlt hätte und mit seinen beiden Koffern wieder verschwunden wäre, hätten wir nicht gewusst, wo sich Tuchtenhagen aufgehalten hat«, sagte Putensenf.

»Uns fehlt im Augenblick die Antwort auf die Frage, warum er anscheinend überhastet aufgebrochen ist und die Sachen seiner Frau zurückgelassen hat. Weiß er oder geht er davon aus, dass sie die Dinge nicht mehr benötigt?«

»Wie soll Manuela Tuchtenhagen zur notwendigen Grundausstattung gekommen sein? Nach unserem Erkenntnisstand ist sie ohne Geld und Papiere unterwegs. Irgendwo ist sie untergeschlüpft und wird versorgt.«

»Selbst wenn ihr Ehemann davon erfahren hat, lässt man die Sachen nicht liegen. Außerdem gibt es keinen Grund, die Rechnung nicht zu begleichen. Nein, Herr Putensenf. Da steckt etwas anderes dahinter.«

»Sie sind doch sonst immer so überschlau. Nun verraten Sie mir die Lösung.«

»Haben Sie schon einmal etwas von den weiblichen Geheimnissen gehört?«, erwiderte Frauke.

Richter hatte sich den Bericht der beiden Beamten angehört, als die vom Hotel ins LKA zurückgekehrt waren.

Frauke musste sich überwinden, den Hauptkommissar nicht zu bitten, mit dem nervösen Tippen seines Kugelschreibers auf die Schreibtischplatte aufzuhören.

Frauke hatte es Jakob Putensenf überlassen, vom Einsatz zu erzählen, während sie abwechselnd Richter und die von Kinderhand gemalten Bilder, die mit Tesafilm an der Wand befestigt waren, betrachtete. Der Teamleiter musste unter einer enormen Anspannung stehen, denn er war ihrem Blick sofort ausgewichen. Frauke fragte sich, ob Kriminaloberrat Ehlers ein paar kritische Worte hatte verlauten lassen. Tatsächlich hatte sie Grund zur Klage und konnte sich des Eindrucks nicht erwehren, dass insbesondere Richter abblockte. Umso überraschter war sie, als der Teamleiter sie nach dem Ende von Putensenfs Bericht ansprach.

»Das ist ein merkwürdiges Verhalten, das Tuchtenhagen an den Tag legt. Wie denken Sie darüber?«

»Ich kann es mir nicht erklären. Man könnte sich eine Theorie zusammenreimen, wenn der Mann seiner Frau beim Untertauchen hilft. Losgelöst von rechtlichen Tatbeständen wäre das eine nachvollziehbare Reaktion. Offensichtlich war das auch so beabsichtigt, aber die Eheleute müssen sich verpasst haben. Wir wissen nicht, was Manuela Tuchtenhagen daran gehindert hat, ins Hotel Kellermann zu kommen. Ebenso rätselhaft ist es, dass ihr Mann fluchtartig verschwunden ist und den Koffer seiner Frau zurückgelassen hat.«

Richter entspannte sich ein wenig. Er schien zufrieden zu sein, dass Frauke keine Lösung herbeizaubern konnte und genauso ratlos schien wie er selbst.

»Ich habe die Genehmigung zum Abhören von Tuchtenhagens Handy und dem Festnetzanschluss bekommen. Die Technik ist am Ball. Außerdem erhalten wir Unterstützung vom Mobilen Einsatzkommando. Das MEK wird für zunächst zwei Tage eine Rundum-die-Uhr-Überwachung des Wohnhauses vornehmen, falls einer der beiden dort auftauchen sollte. Außerdem haben wir die Genehmigung, Tuchtenhagens Konto zu überwachen. Sobald er mit seiner EC- oder einer seiner beiden Kreditkarten bezahlt, werden wir informiert.«

»Mehr können wir im Augenblick nicht unternehmen«, pflichtete Frauke ihm bei, während Putensenf voller Erstaunen über das plötzliche Einvernehmen abwechselnd Frauke und Richter ansah.

»Nathan ist dabei und eruiert, ob Tuchtenhagen Verwandte rund um Hannover hat«, sagte Richter. »Übrigens ... Frau Westerwelle hat mit der Staatsanwaltschaft in Oldenburg gesprochen. Jetzt sucht man dort die Akten.«

»Kann ich Sie unterstützen und die beschlagnahmten Geschäftsunterlagen aus Manfredis Büro mit sichten?«, fragte Frauke.

»Soweit ich sehen konnte, gab es dort nichts Bemerkenswertes. Da ein Großteil der Dokumente und Briefe auf Italienisch abgefasst war, habe ich alle Papiere zur Übersetzung gegeben, nachdem Sie versichert hatten, dieser Sprache nicht mächtig zu sein. So, nun habe ich zu tun«, entließ Richter die beiden Beamten.

Frauke machte den Umweg über das Geschäftszimmer und besorgte sich einen Becher Kaffee, dann kehrte sie an ihren behelfsmäßigen Arbeitsplatz zurück.

Madsack hatte sich, soweit es seine Statur zuließ, zurückgelehnt und telefonierte. Er nickte Frauke freundlich zu. »Gut. In einer halben Stunde«, sagte er und legte auf. »Das war die Dolmetscherin«, erklärte er. »Ich habe versucht, mit dem Absender der kleinen Marmorsteine zu sprechen. Die Rufnummer ging aus den Lieferpapieren hervor. Aber dort spricht niemand Deutsch. Und auch nicht Englisch. Der Telefonhörer wurde ein paar Mal weitergereicht, bis es jemand auf Französisch versuchte.« Madsack hob beide Schultern in die Höhe. »Das ist aber nicht meine Welt. Jetzt habe ich eine Dolmetscherin bestellt. Sie haben es gehört – ungefähr eine halbe Stunde.« Dann musterte er Frauke neugierig. »Und? Was gab es bei Ihnen?«

Er hörte sich geduldig Fraukes Bericht an, dann fuhr er sich mit der Hand über den Nasenrücken, als wäre dort ein lästiges Insekt gelandet. »Da kann ich mir keinen Reim drauf machen.«

»Thomas Tuchtenhagen legt in der Tat ein merkwürdiges Verhalten an den Tag.«

»Entschuldigung, aber ich habe noch etwas zu erledigen«, sagte Madsack und widmete sich seinem Computer, während Frauke zum tatenlosen Warten verurteilt war.

Die Übersetzerin hielt Wort. Nach einer knappen halben Stunde klopfte es an der ohnehin offenen Tür und eine Frau Anfang vierzig betrat den Raum.

»Guten Tag. Mein Name ist Sonja Wilhelmsen«, stellte sie sich vor und reichte zuerst Frauke, dann Madsack die Hand.

Der rundliche Hauptkommissar sprang auf, bot der Dolmetscherin seinen Platz an und erklärte ihr den Sachverhalt. Dann wählte er erneut die Rufnummer des Paketabsenders. Über den Zimmerlautsprecher konnten Frauke und Madsack das Gespräch verfolgen. Sonja Wilhelmsen wurde mehrfach verbunden, bis sie schließlich einen Mann in der Leitung hatte, der abenteuerlich schnell sprach. Frauke hatte den Eindruck, der Italiener könne Tolstois »Krieg und Frieden« in einer halben Stunde komplett vorlesen. Die Übersetzerin schien keine Probleme mit der Redegeschwindigkeit ihres Gesprächspartners zu haben. Sie fiel ihm regelmäßig ins Wort, und am veränderten Tonfall glaubte Frauke zu erkennen, dass der Italiener sofort auf die neuen Fragen einging, ohne seinen Redefluss zu unterbrechen.

Ebenso wortreich wie das gesamte Telefonat fiel die Verabschiedung aus. Frauke hätte gern gewusst, ob der temperamentvolle Marmorversender sich gleich mit der Übersetzerin verabredet hatte.

Sonja Wilhelmsen lächelte sanft, als sie das Gespräch wiedergab.

»Toni, so hat er sich genannt, wollte mir einen halben Marmorsteinbruch verkaufen. Er schwor bei der Jungfräulichkeit seiner Mutter, dass es zwischen Palermo und Mailand keinen schöneren Marmor gäbe. Ach was, bis rauf zum Nordkap.« Die Dolmetscherin lachte und zeigte dabei zwei Reihen ebenmäßiger Zähne. »Toni hat von Manfredi aus Hannover eine Anfrage bekommen. Natürlich wollte Toni wissen, wie der Hannoveraner an seine Adresse gekommen war. Manfredi hat behauptet, ein Bauunternehmer habe ihn aufmerksam gemacht. Den wiederum kennt Toni, weil er ihn mit exquisitem Marmor beliefert. Nun wollte Manfredi auch in das Geschäft einsteigen. Groß einsteigen, wie Toni mehrfach betonte. Deshalb hat er Muster nach Hannover geschickt. Obwohl das eigentlich überflüssig sei, denn jeder auf der nördlichen Halbkugel, der wisse, wie man Marmor buchstabiert, sei auch darüber informiert, dass es nirgendwo besseren Marmor gäbe als bei Toni.«

»Haben Sie den Namen des Bauunternehmers? Oder müssen wir den aus der Gesprächsaufzeichnung herausfischen?«, fragte Frauke, weil Sonja Wilhelmsen sich keine Aufzeichnungen gemacht hatte.

Die Dolmetscherin sah Frauke ein wenig überrascht an. »Das ist nicht erforderlich. Schröder-Bau. Den kennt hier jedes Kind.«

Madsack nickte zur Bestätigung.

»Sie sind schon öfter für die Polizei tätig gewesen?«, fragte Frauke.

»Ja. Ich bin vereidigte Gerichtsdolmetscherin.«

»Hat man Ihnen Dokumente mit der Bitte um Übersetzung ausgehändigt?«

Sonja Wilhelmsen sah Frauke irritiert an. »Sie meinen, jetzt – vor Kurzem?«

»Gestern oder heute?«

»Nein. Nicht von der Polizei.«

Sie bedankten sich bei der Frau, und als sie wieder allein waren, fragte Madsack: »Sie meinen sicher die Unterlagen, die wir bei Manfredi konfisziert haben?«

»Richtig. Richter sagte, dass die beim Übersetzer wären. Wissen Sie, bei welchem?«

»Wir haben eine Stelle im Hause, die sich damit beschäftigt«, antwortete Madsack ausweichend.

»Und warum hat man die nicht angefordert, als es um das Telefonat mit Italien ging?«

»Das kann ich Ihnen nicht beantworten.«

»Wir kommen an keiner Stelle voran. Warum hat sich Manfredi Marmormuster schicken lassen? Wollte er wirklich in das Geschäft einsteigen? Früher hat er doch mit Lebensmitteln gehandelt.«

»Das sind nicht die einzigen Absonderlichkeiten«, stimmte Madsack zu.

»Sie waren vorhin nicht erstaunt, als der Name Schröder-Bau fiel.«

»Das Unternehmen ist im Großraum Hannover bekannt. Die sind an jeder Straßenecke aktiv und machen auch viel für die Stadt.«

»Gibt es Querverbindungen zu Schröder-Fleisch?«

»Das weiß ich nicht. So ungewöhnlich ist der Name Schröder ja nicht.«

»Nicht in Hannover«, sagte Frauke. Dann stand sie auf. »Ich fahre jetzt zum Arbeitsplatz Tuchtenhagens. Warum ist der Mann vom Veterinäramt in die Privatwirtschaft gewechselt? Kommen Sie mit?«

»Ich bin hier mit Recherchen beschäftigt«, bedauerte Madsack. »Fragen Sie doch Lars von Wedell.«

Der junge Kommissar war sofort bereit, Frauke zu begleiten.

Sie fuhren noch einmal zum Wohnhaus der Eheleute. Ein wenig abseits des Hauses war das Überwachungsfahrzeug zu erkennen, in dem zwei Männer saßen und gelangweilt aus dem Fenster sahen. Als sie auf den Opel Vectra zugingen, ließ der Beifahrer die Seitenscheibe herab und sah Frauke und von Wedell auffordernd an.

»Hallo«, grüßte Frauke. »Wir sind von der organisierten Kriminalität. Gab es schon etwas?«

Die beiden Männer im Wagen wechselten einen raschen Blick. »Soso«, sagte der Beifahrer. Erst als sich von Wedell auswies, berichtete der Beamte von der Observation. »Ihr habt uns das hier eingebrockt. Dafür müsst ihr aber einen ausgeben.« Er grinste von Wedell an. »So gut wie ihr möchten wir das auch haben. Hier ein bisschen herumlaufen, dort ein paar Fragen stellen und andere bei der Überwachung schmoren lassen.«

»Sie können sich bei Hauptkommissar Richter beschweren«, mischte sich Frauke ein.

»Jedem das Seine«, erwiderte der Aschblonde mit dem schütteren Haar und legte seinen Unterarm auf die herabgelassene Scheibe. »Hier gab es nichts. Alles tot. Nicht einmal eine blonde Nachbarin im kurzen Rock ist vorbeigelaufen.«

»Muss es eine *echte* Blonde sein?«, fragte Frauke.

Der Beamte im Auto lachte. »Eigentlich ist die Haarfarbe egal. Hauptsache, die Waden sind klasse und der Hintern wackelt.«

»Dann wünschen wir Ihnen noch viel Spaß beim voyeuristischen Treiben. Und achten Sie immer schön auf das Zielobjekt.«

»Sehen wir aus, als wären wir erst einen Monat dabei?«, maulte der Mann und erwiderte das von Frauke hingeworfene »Tschüss«.

Als sie zu ihrem eigenen Wagen zurückgingen, sagte von Wedell ein wenig kleinlaut: »Der kennt mich zwar nicht, aber jeder fängt einmal an. Und dass *ich* erst einen Monat dabei bin, habe ich nicht zu vertreten.«

»Das war ein leerer Spruch«, tröstete ihn Frauke. »Und im nächsten Jahr sind Sie auch schon zwölf Monate dabei. Irgendwann werden Sie feststellen, dass Sie schon viel zu lange irgendwelchen krummen Gesellen hinterherlaufen.« Sie merkte selbst, dass der letzte Satz fast wie ein Seufzer klang.

Eine Weile später standen sie vor dem Werktor von Schröder-Fleisch. Der Pförtner ließ sich trotz des Polizeiausweises nicht erweichen und verwehrte ihnen die Zufahrt zum Gelände. Er wies ihnen den Weg zu einem abseits gelegenen Besucherparkplatz. Von Wedell war noch beim Rückwärtsfahren, als der ältere Mann zum Telefonhörer griff und mit gestenreichen Worten den Besuch der Polizei ankündigte. Das zumindest vermutete Frauke. Als sie ein paar Minuten später erneut beim ihm vorstellig wurden, ließ er sich noch einmal von Wedells Dienstausweis zeigen und erklärte ihnen den Weg zum Verwaltungsgebäude. Das Haus schien Ende der sechziger Jahre gebaut worden zu sein und wirkte mit den rötlichen Klinkern und den dicht beieinanderstehenden Fenstern eher unauffällig.

Sie hatten den halben Weg zurückgelegt, als sich die Tür des gläsernen Windfangs öffnete und eine zur Rundlichkeit neigende Frau mit kurzem Raspelschnitt sie erwartete. Sie trug einen dunkelbraunen Pullover und spielte mit der Kette aus verschiedenen Modeschmuckmotiven, die über dem weit ausladenden Busen lag.

»Guten Tag«, grüßte sie von Weitem. »Sie sind von der Polizei?« Die Frau wartete die Antwort nicht ab. »Darf ich Sie zur Geschäftsleitung führen?«

Sie ging durch den schmalen Flur, der eher in eine Kaserne gepasst hätte, klopfte am Ende des Ganges kurz an eine Tür, öffnete sie und trat zur Seite. »Bitte«, sagte sie.

Ein braun gebrannter Mann, vielleicht Anfang vierzig, stand vom Schreibtisch auf und kam ihnen mit federndem Schritt entgegen. Die dunkelbraunen Haare lagen in Wellen über den Ohren. Er trug zu einer grauen Stoffhose ein dunkelblaues Pilotenhemd, das am Kragen offen war und den Blick auf ein paar vorwitzige schwarze Brusthaare freigab. Erst beim Näherkommen waren die zahlreichen Aknenarben im Gesicht zu erkennen.

»Guten Tag. Mein Name ist Steinhövel. Ich bin der kaufmännische Geschäftsführer.« Er reichte zuerst Frauke, dann von Wedell die Hand. Dann zeigte er auf die beiden bequemen Besucherstühle vor seinem Schreibtisch. »Bitte. Kann ich Ihnen eine kleine Erfrischung kommen lassen?«

»Kaffee wäre nett«, sagte Frauke, ohne von Wedell zu fragen. Der Geschäftsführer nickte in Richtung der Tür, in der die Blonde einen Moment gewartet hatte.

»Was führt Sie zu uns?«

»Es überrascht uns ein wenig, wie Sie uns empfangen«, sagte Frauke.

Steinhövel ließ ein jungenhaftes Lachen hören. »Der Pförtner hat Sie angekündigt. Das macht er mit jedem Besuch. Wir führen hier rigide Zugangskontrollen durch. Zum einen sind wir es als Lebensmittel verarbeitender Betrieb der Hygiene schuldig, zum anderen werden wir oft von der Presse oder irgendwelchen Ideologen behelligt, die in jeder Wurstfabrik den Skandal schlechthin vermuten.«

»Haben Sie etwas zu verbergen?«

Der Geschäftsführer lachte. »Nein. Um Himmels willen. Natürlich nicht. Ich fühle mich gänzlich unschuldig, wenn die Polizei hier erscheint, obwohl es nicht oft vorkommt.« Er legte den Zeigefinger an die Nasenspitze, als müsse er überlegen. »Eigentlich ist es das erste Mal.«

»Wir würden gern mit Herrn Tuchtenhagen sprechen«, sagte Frauke. »Und da wir ihn zu Hause nicht erreichen können, hoffen wir, dass Sie uns helfen können.«

»Das ist eine merkwürdige Geschichte.« Steinhövel machte gar nicht den Versuch, uninformiert zu wirken. »Man hat mich in Kenntnis gesetzt, dass Herr Tuchtenhagen gestern Hals über Kopf seinen Arbeitsplatz verlassen hat. Als leitender Angestellter hat er natürlich mehr Freiheiten als andere Mitarbeiter. Aber trotzdem ist das unter außergewöhnlichen Umständen geschehen. Man hat mir berichtet, dass er einen Anruf bekommen habe. Er war gerade in der Produktion unterwegs, und man hat das Gespräch von seinem Apparat dorthin durchgestellt. Seine Frau hat angerufen. Daraufhin hat er ohne jede Erklärung den Betrieb verlassen. Seitdem ist er verschwunden.«

»Kann sich jemand daran erinnern, ob eine Rufnummernidentifikation auf dem Display erschienen ist, als Frau Tuchtenhagen anrief?«

»Danach hat schon jemand von der Polizei gefragt. Nein. Der Anrufer war ›unbekannt‹, wurde mir berichtet. Halten Sie es für möglich, dass die Eheleute etwas mit dem Mord an dem Italiener zu tun haben?«

»Wie kommen Sie darauf?«

»Ich lese Zeitung. Heute Morgen wurde in der Hannoverschen Allgemeinen ausführlich darüber berichtet. Auch, dass ein Ehepaar T. von der Polizei als Zeugen gesucht wird. Und hier im Hause war bekannt, dass Tuchtenhagens Ehefrau bei einem italienischen Importunternehmen arbeitete. Die beiden sind Italienfans, und Herr Tuchtenhagen hat gelegentlich davon gesprochen, dass es ihn und seine Frau in jedem Urlaub immer wieder zum Stiefel Europas hinzöge. Kultur. Wetter. Lebensart. Einfach alles.«

»Kannten Sie Marcello Manfredi?«

»Ist das der Italiener?«

Frauke nickte.

»Nein. Der Name sagt mir nichts.«

»Immerhin war der Mann auch in Ihrer Branche tätig. Gegen ihn wurde vor zwei Jahren im Zusammenhang mit einem sogenannten Gammelfleischskandal in Oldenburg ermittelt.«

»Das meinen Sie. Das war eine dumme Sache, in die wir verwickelt waren.«

Bevor Frauke es verhindern konnte, fragte von Wedell überrascht: »Schröder-Fleisch war das?«

»Nicht direkt. Wir haben in Oldenburg ein Tochterunternehmen. Ammerländer Landwurst. Das hat Herr Schröder irgendwann aufgekauft. Es ist übrigens nicht die einzige Tochter. Man hat sich in Oldenburg jedenfalls dazu verleiten lassen, unsaubere Geschäfte zu tätigen, die der Philosophie von Schröder-Fleisch grundsätzlich nicht entsprechen. Daraufhin sind auch Köpfe gerollt, und sowohl die Betriebsleitung in Oldenburg wie die Geschäftsführung am Stammsitz in Hannover wurden ausgetauscht. Ich bin danach gekommen. Und mein Kollege Bergner auch. Der ist Geschäftsführer für die Produktion.«

»Wo waren Sie vorher?«

»Ich war für eine Wirtschaftsprüfungsgesellschaft tätig«, erklärte Steinhövel bereitwillig. »Also völlig branchenfremd.«

»Und Herr Schröder?«

»Das ist ein alter Familienbetrieb. Der wird immer noch als Einzelunternehmen geführt. Der Großvater, Friedrich Schröder, hatte eine kleine Landschlachterei in Pattensen. Die hat er ausgebaut. Sein Sohn Arthur hat das übernommen und mit Geschick weiterentwickelt, bis der jetzige Inhaber Paul Schröder in das Unternehmen einstieg und es zu seiner heutigen Größe und Bedeutung führte.«

»Und wo ist Paul Schröder?«

»Der alte Herr ist Mitte achtzig, das vierte Mal verheiratet. Mit einer vierzig Jahre jüngeren Frau. Er hat sich auf seinen Alterssitz im Tessin zurückgezogen. Keines seiner sechs Kinder aus den verschiedenen Ehen ist an der Geschäftsführung interessiert. So liegt diese jetzt in fremden Händen. Das heißt aber nicht, dass der alte Schröder die Sache nicht im Griff hat. Einmal im Monat müssen Bergner und ich im Tessin zum Rapport antreten.«

»Ist Paul Schröder mit Schröder-Bau verwandt?«

Steinhövel schüttelte den Kopf. »Geschäftlich gibt es keine Beziehungen. Ich bin mir nicht sicher, glaube aber, dass der Bauunternehmer ein Cousin ist.«

Es ist wie überall, dachte Frauke. Hinter den Kulissen gab es eine Handvoll Familien, die offen oder aus dem Verborgenen heraus die Geschicke, wenn auch nicht bestimmen, so doch erheblich beeinflussen konnten. Die Leute mit Einfluss, wie der Volksmund zu sagen pflegte.

»Herr Tuchtenhagen war Amtsveterinär in Oldenburg und dort mit zuständig für die Überwachung der lebensmittelrechtlichen Bestimmungen. Mutet es nicht merkwürdig an, wenn er nach dem Skandal, der offenbar mangels hinreichender Beweise im Sande verlaufen ist, die Seiten gewechselt und ein lukratives Angebot Ihres Hauses angenommen hat?«

»Wie gesagt. Ich war damals noch nicht bei Schröder-Fleisch. Wenn ich richtig informiert wurde, hat Herr Tuchtenhagen maßgeblich an der Aufdeckung der damaligen Missstände mitgewirkt. Das trifft nicht auf jeden Mitarbeiter der Lebensmittelüberwachung zu. In bestimmten Regionen sind die Fleischerzeuger und -verarbeiter wirtschaftlich so stark, dass sie die Behörden unter Druck setzen können. Das geht von der Andeutung, man könne als Steuerzahler seinen Standort auch in die Nachbargemeinde verlegen, bis hin zum Abbau von Arbeitsplätzen. Tuchtenhagen hat sich offenbar davon nicht abschrecken lassen. Das hat den Senior

beeindruckt, und er hat Thomas Tuchtenhagen für uns gewinnen können. Ein tüchtiger Mann. Durchsetzungsstark. Eloquent. Das wird unseren Qualitätsanforderungen nur gerecht.«
»Das sind ja wahre Lobeshymnen«, sagte Frauke.
»Ich versuche objektiv zu sein. Umso mehr verwundert es mich, dass er überraschend abgetaucht ist. Glauben Sie, dass er und seine Frau etwas mit dem Mord zu tun haben?«
»Im Rahmen der Ermittlungen befragen wir viele Leute. Dazu gehören auch die Eheleute Tuchtenhagen«, antwortete Frauke ausweichend. »Wir haben aber noch eine andere Bitte. Wir würden gern mit einem anderen Mitarbeiter Ihres Betriebes sprechen. Leider kennen wir nur den Vornamen. Simone. Das ist in diesem Fall ein männlicher Vorname.«
Steinhövel betätigte ein paar Knöpfe auf seinem Telefonapparat. Über Raumlautsprecher meldete sich eine Frauenstimme. »Gerke.«
»Steinhövel. Frau Gerke, suchen Sie bitte alle Mitarbeiter mit dem Vornamen Simone heraus.«
Einen kurzen Augenblick herrschte Schweigen in der Leitung. Dann war die Mitarbeiterin wieder zu hören. »Ist das ein Scherz?«
»Wir haben eine sündhaft teure Software in Ihrer Personalabteilung installiert. Die *muss* solche Möglichkeiten bieten. Ende.« Steinhövel betätigte erneut einen Knopf, ohne die Erwiderung abzuwarten. Dann sah er in Richtung Tür, als die blonde Frau mit den Getränken erschien. Sie balancierte eine Kaffeekanne, Tassen, Zuckerwürfel und ein kleines Milchtöpfchen auf einem Tablett, stellte das Geschirr vor den dreien ab, schenkte ein und verschwand diskret.
Frauke interessierte sich für das Produktspektrum des Unternehmens, und Steinhövel hielt einen Stegreifvortrag, als müsse er kritische Neukunden überzeugen, bis sich sein Telefon meldete.
»Gerke. Wir haben vier Frauen, die Simone heißen. Simone Eberwald, Simone Herzog, Simone Müller und Simone Schwarzenbeck.«
Frauke schüttelte den Kopf. »Ich sagte ausdrücklich, dass wir einen Mann suchen.«
Die Mitarbeiterin der Personalabteilung hatte Fraukes Einwand mitgehört.

»Das gibt's doch nicht«, sagte sie. »Simone ist weiblich.«

»Es ist ein italienischer Männername. Haben Sie schon einmal etwas von dem blinden Sänger Andrea Bocelli gehört?«

»Ja, aber ...«

»Suchen Sie weiter«, sagte Steinhövel barsch. Dann sagte er mehr zu sich selbst: »Wo war ich stehen geblieben? Ach ja.« Und er setzte seinen Bericht fort. Diesmal dauerte es nicht lange, bis sich Frau Gerke erneut meldete.

»Das gibt ja immer wieder tolle Sachen«, sagte sie. »Wir haben einen. Simone Bassetti.«

»Was macht der bei uns?«

»Moment.« Man hörte durchs Telefon, wie Frau Gerke ihre Tastatur bearbeitete. »Ich hab ihn. Der arbeitet in der Wurstproduktion. In H25.«

»Danke«, sagte Steinhövel und stand auf. »Wenn es Ihnen recht ist, gehen wir direkt dorthin. Oder möchten Sie nicht mit Herrn Bassetti sprechen?«

»Natürlich. Gern«, sagte Frauke und folgte mit von Wedell dem Geschäftsführer aus dem Verwaltungsgebäude. Sie überquerten den Hof, auf dem es von firmeneigenen und fremden Fahrzeugen wimmelte, und gingen durch eine Eisentür in ein von außen unscheinbar wirkendes fensterloses Gebäude.

Steinhövel blieb in einem Vorraum stehen und wies auf ein Regal. »Stülpen Sie sich bitte die Hauben über die Haare und vom linken Stapel jeweils einen Überzieher über die Schuhe. Hier vorn liegen Kittel für Gäste.« Nachdem sich die beiden Beamten verkleidet hatten, mussten sie sich noch die Hände desinfizieren, bevor sie die nächste Tür passieren konnten. In einem weiß gekachelten Raum, der Frauke in seiner Sterilität an die Gerichtsmedizin erinnerte, folgte Steinhövel einem Weg und wich zwischendurch immer wieder Arbeitern aus, die große fahrbare Bottiche transportierten. Ein geschäftiges Treiben erfüllte die Luft. Und spätestens die an Haken unter der Hallendecke dahinschwebenden Hälften geschlachteter Schweine ließen Fraukes kurzen gedanklichen Ausflug an die Räume der Kieler Gerichtsmedizin enden.

»Unsere Produktion«, erklärte Steinhövel gegen den Lärm an.

»Vieles ist schon automatisiert, aber dennoch bleibt genug Handarbeit.«

Die Kette mit den schwebenden Schweinehälften endete an einem Laufband. Sie wurden durch eine Vorrichtung automatisch abgekippt. An dieser Stelle begann ein langer Tisch, auf dem die Tiere an zahlreichen nebeneinanderliegenden Arbeitsplätzen von Männern zerlegt wurden.

»Das ist alles noch Handarbeit«, sagte Steinhövel, als sie kurz hinter einem der Arbeiter stehen blieben. Der Mann hatte in der rechten Hand ein langes, spitz zulaufendes Ausbeinmesser, während die linke Hand durch einen Kettenhandschuh vor der scharfen Klinge geschützt war. Unglaublich geschickt fuhr der Mann mit dem Messer in die Tierhälfte und schnitt Teile davon heraus, die er in verschiedene hinter sich stehende Bottiche warf.

»Arbeiten die im Akkord?«, fragte von Wedell.

Steinhövel nickte. »Das kann uns noch keine Maschine abnehmen. Das Zerlegen will gelernt sein. Je nach Verwendung des Ausgangsprodukts unterscheiden wir zwischen Wurst- und Fleischschwein. Abhängig davon müssen die Schnitte beim Zerteilen angelegt werden.«

Sie verließen die Halle und betraten andere Räume, die wie eine große Küche wirkten.

»Hier werden die unterschiedlichen Produkte weiterverarbeitet«, erläuterte Steinhövel und führte sie zu einem Bereich, in dem auch ein Laie wie Frauke erkennen konnte, dass hier Schinken zubereitet wurden.

»Das ist eines der Markenzeichen unseres Hauses.« Der Stolz schwang in Steinhövels Stimme mit. »Für unseren Delikatessschinken sind wir weithin bekannt.«

Ein Mann mit dichtem Schnurrbart und dunklen Augen, die unter der Schutzhaube aus einem finster wirkenden Gesicht blinzelten, kam auf sie zu. Es sah aus, als wollte er die Besucher anschnauzen, als er den Geschäftsführer erkannte.

»Wir suchen Simone Bassetti«, sagte Steinhövel.

Der Mann zeigte auf einen abgetrennten Glaskasten. »Der sitzt da«, erklärte er. Seine Stimme hatte einen harten osteuropäischen Klang.

Steinhövel und die beiden Beamten sahen, dass der kleine Raum leer war. »Macht er Pause? Oder ist er irgendwo im Betrieb?«, fragte der Geschäftsführer.

»Der Scheißitaliener ist heute nicht gekommen«, erklärte der Mann und schrie zwischendurch in einer fremden Sprache einen der Arbeiter an, der große Schinken in einem Salzfass wälzte.

»Sie scheinen nichts von Herr Bassetti zu halten?«, fragte Frauke.

»Nix.« Er tippte sich gegen die Brust. »Wir arbeiten wie Hunde. Und Simone sitzt da drin, tut nix und macht den Dicken.«

»Ist er Abteilungsleiter?«, wollte Frauke wissen.

»Nix. Chef ist Herr Bringschulte. Guter Kollege. Ich bin Vorarbeiter.« Erneut schrie er einem anderen Mann etwas zu. »Wir machen Knochenarbeit. Bassetti nur sitzt und gafft. Blöde Sprüche macht. Überflüssig wie Sehne in gutem Fleisch. Noch was? Ich muss aufpassen wie Luchs. Sonst die Kerle machen nur Scheiß.«

»Wie heißen Sie?«, fragte Frauke noch.

»Marek Besofski«, erwiderte der Vorarbeiter und tauchte wieder in seine Arbeit ein, ohne die Antwort abzuwarten. Steinhövel eilte hinter ihm her, hielt ihn an der Schulter fest und fragte etwas, das die Beamten im Lärm nicht verstehen konnten. Dann kehrte der Geschäftsführer zu ihnen zurück.

»Herr Bringschulte, sein Chef, ist zur Kur. Den können wir leider nicht fragen. Möchten Sie noch etwas sehen?«

Die Polizisten verneinten und folgten Steinhövel aus dem Produktionskomplex zurück auf den Hof.

»Falls Sie noch weitere Fragen haben oder ich Ihnen irgendwie behilflich sein kann – jederzeit. Meine Telefonnummer haben Sie.« Steinhövel fingerte aus der Brusttasche seines Hemds eine Visitenkarte heraus. »Hier finden Sie alle Angaben, wie Sie mich erreichen können.«

Von Wedell und Frauke kehrten zu ihrem Fahrzeug zurück.

»Ist das Zufall, dass Tuchtenhagens Name in einem Zusammenhang mit dem Fleischskandal in Oldenburg zu stehen scheint?«, fragte der junge Kommissar. »Oder ist er für sein Wohlverhalten mit einem gut dotierten Posten in Hannover belohnt worden?«

»Die Frage habe ich mir auch gestellt. Wir müssen den Mann

finden. Und dringend in die damaligen Ermittlungsakten Einblick nehmen. Vielleicht finden wir dort einen Hinweis auf die Rolle Tuchtenhagens.«

»Wohin jetzt?«, fragte von Wedell, nachdem er den Motor gestartet hatte.

»Zur Dienststelle.«

Sie waren erst ein paar hundert Meter gefahren und hatten noch nicht die Hans-Böckler-Allee erreicht, als sich von Wedells Handy meldete. »Sorry«, sagte der junge Kommissar und hielt sich das Gerät vorschriftswidrig ans Ohr.

»Bitte?«, fragte er erstaunt, nachdem er sich gemeldet und einen Moment gelauscht hatte. »Sagen Sie das noch einmal?« Da hörte er wieder zu. »Gut. Ich werde ...« Offenbar wurde er unterbrochen. »Ja. Das habe ich verstanden. Wollen Sie mir nicht Ihren Nam...« Er warf einen kurzen Blick auf das Display seines Handys. »Weg«, sagte er. »Hat aufgelegt.«

»Wer war das?«, fragte Frauke.

»Der Anrufer hat keinen Namen genannt. Natürlich war der Anruf ohne Identifikation.« Von Wedell wurde kurz abgelenkt, als er sich beim Einbiegen in die Berliner Allee auf den Verkehr konzentrieren musste. Dann fuhr er fort. »Der Anrufer – männlich, ich schätze ihn auf mittleres Alter – sprach deutsch mit deutlichem italienischem Akzent. Er hat gesagt, ich würde etwas wissen. Dazu hätte er ergänzende Informationen zum Mordfall Manfredi. Er hat mir einen Treffpunkt genannt. Dort wolle er mir Einzelheiten berichten.«

»Warum kommt er nicht einfach ins LKA?«, fragte Frauke.

Von Wedell zuckte die Schultern. »Sie haben es doch mitbekommen. Der Anrufer hat mir keine Chance gegeben, ihm weitere Fragen zu stellen. Auf jeden Fall soll ich allein kommen.«

»Und wohin hat er Sie bestellt?«

»Heute Abend. Viertel nach neun.«

»Schön. Aber wohin?«

»Das ist das Merkwürdige. Auf das Messegelände. Zum Eingang des Convention Center.«

»Ist das ein Platz von besonderer Bedeutung?«

Von Wedell warf ihr einen ungläubig wirkenden Blick zu. »Das ist *das* Herzstück des Messegeländes überhaupt. Das *muss* man doch kennen. Waren Sie schon mal auf der CeBIT?«

»Ich gestehe, kein Computerfreak zu sein«, sagte Frauke. »Läuft derzeit eine Veranstaltung auf dem Messegelände?«

»Nicht dass ich wüsste.« Er musterte Frauke von der Seite. »Was sollen wir jetzt machen? Soll ich hingehen?«

»Wir müssen jeder Spur nachgehen«, sagte Frauke nachdenklich. »Natürlich gilt der eherne Grundsatz, dass in jedem Fall der Eigenschutz Vorrang hat. Sie werden nicht allein gehen.«

»Wollen Sie mich begleiten?«

»Nein«, sagte Frauke entschieden. »Sie werden den Dienstweg einhalten und Richter informieren. Der soll alles organisieren.«

»Hm«, nickte der junge Kommissar.

»Haben Sie die Stimme schon einmal gehört?«

»Nicht am Telefon. Ich bin mir nicht sicher. Aber mit ein wenig Phantasie könnte es Simone Bassetti gewesen sein.«

»Die Zufallsbekanntschaft aus der Pizzeria, die ebenso zufällig bei Schröder-Fleisch tätig und heute nicht zur Arbeit erschienen ist.«

Nach ihrer Rückkehr von Schröder-Fleisch hatten Frauke und Lars von Wedell Hauptkommissar Richter aufgesucht. Von Wedell hatte von dem anonymen Anruf berichtet, der ihn um einundzwanzig Uhr fünfzehn zur Messe bestellt hatte.

Richter überlegte und wirkte irritiert, weil Frauke ihn nur musterte, sich aber jeden Kommentars enthielt.

»Was meinen Sie?«, fragte er sie.

Sie zuckte die Schultern und zeigte mit der ganzen offenen Hand auf ihn. »Die Entscheidung liegt bei Ihnen.«

Daraufhin bat Richter die beiden anderen Teammitglieder dazu, und von Wedell musste erneut berichten.

»Da will uns einer verarschen. Der tickt doch nicht richtig«, empörte sich Putensenf.

»Nun mal langsam, Jakob. Immerhin glaubt unser junger Kollege, dass es sich bei dem Anrufer um den Mann handeln könnte, den er zufällig in der Pizzeria Italia getroffen hat. Wir wissen inzwischen, dass er Simone Bassetti heißt«, erklärte Richter.

»Simone? Ein italienisches Mannweib? Oder eine Schwuchtel?«
»Irrtum, Jakob. Das ist ein durchaus gebräuchlicher Männername jenseits der Alpen«, mischte sich Madsack ein.
Putensenf tippte sich an die Stirn. »Die haben's doch nicht mehr ganz. So ist das, wenn man hinter den Bergen wohnt.«
»Die Römer hatten schon eine Hochkultur, als unsere Vorfahren noch in Höhlen hausten und Wölfe jagten«, sagte Frauke. »Und wenn Sie einem Italiener Ihren Zunamen erklären, wird der sich totlachen. Pute in der Bratröhre – ja. Aber doch nicht mit Senf.«
Putensenfs Gesichtsmuskeln zuckten. »Wollen Sie persönlich werden?«, keifte er.
»Ich habe mich nur Ihrem Stil angepasst. Seitdem ich hier bin, höre ich von Ihnen nur solche Äußerungen.«
»Dobermann! Sie brauchen wohl immer einen Knochen, an dem Sie herumnagen können!«, schimpfte Putensenf.
»Manchmal dauert es ein wenig. Aber bisher habe ich alle Knochen kleinbekommen. Auch die alten.«
»Sie! Sie ...«
Putensenf schoss das Blut in den Kopf. Bevor er mit knallrotem Kopf antworten konnte, fuhr Richter dazwischen. »Schluss jetzt! Ich dulde keine Albernheiten dieser Art in meinem Team. Sie halten sich jetzt zurück. Beide! Sonst donnert es.«
Frauke neigte den Kopf ein wenig zur Seite und grinste Putensenf an.
»Dumme Ziege«, zischte der zurück und faltete die Hände so heftig zusammen, dass die Knöchel weiß hervortraten.
Während des Disputs hatten Madsack und von Wedell betreten einen imaginären Fixpunkt irgendwo im Raum angestarrt.
»Wir müssen den Anruf ernst nehmen«, beschied Richter. »Simone Bassetti ist auch bei Schröder-Fleisch beschäftigt. Dort übt er nach den Worten des polnischen Vorarbeiters – wie heißt der noch gleich?«
»Marek Besofski«, half von Wedell aus.
»Danke, Lars. Bassetti kennt Tuchtenhagen. Vielleicht hat der Mann uns etwas zu erzählen. Wir sollten der Spur nachgehen.«
»Warum meldet sich der Italiener nicht bei der Polizei, wie es jeder andere tun würde?«, gab Madsack zu bedenken.

»Das werden wir erfahren, wenn wir heute Abend mit ihm sprechen«, sagte Richter.
»Wir?«, fragte Putensenf, nicht ohne zuvor einen giftigen Blick auf Frauke zu werfen.
»Richtig. Lars wird den Termin wahrnehmen. Und wir werden ihn begleiten.«
»Und wie stellst du dir das vor?«, wollte Madsack wissen.
Richter erläuterte seinen Plan.

Die Dämmerung war hereingebrochen, und das letzte Restlicht des Tages ließ das verlassen daliegende Messegelände finster erscheinen. Während sich hier zu Zeiten der CeBIT, der Hannover-Messe oder anderer Veranstaltungen die Menschenmassen tummelten, wirkte der Platz an der großen Freitreppe bei der ehemaligen Exponale trist und verlassen.

Der leichte Nieselregen hatte bereits am Nachmittag wieder eingesetzt, und Pfützen übersäten die Fläche, über die sonst Besucher aus aller Welt hinwegtrampelten. Mobile Eisverkäufer, Zeitungsstände, rollende Werbung von Ausstellern und Stellwände und Plakate verliehen dem Areal ein buntes Aussehen. Jetzt war eine Baustelle an der Hallenecke, an der man sich nicht einmal die Mühe gemacht hatte, sie abzusperren, der einzige Blickfang. Ein Minibagger stand neben dem Erdaushub vor einem Loch. Frauke konnte nicht erkennen, nach welchem Schatz man dort grub.

Madsack hatte in der Teambesprechung einen Plan des Messegeländes besorgt, und sie hatten gemeinsam festgelegt, an welcher Stelle jeder Position beziehen sollte.

Madsacks Überlegungen, weitere Beamte der Einsatzbereitschaft oder des SEKs anzufordern, hatte Richter zurückgewiesen.

»Wir machen uns lächerlich, Nathan, wenn wir mit einer Hundertschaft aufziehen und alles war ein Dummejungenstreich. Wir haben es hier nicht mit einer gewalttätigen Bande zu tun, sondern mit einem Informanten, der – aus welchem Grund auch immer – diesen ungewöhnlichen Ort gewählt hat.«

»Aber es muss doch einen Grund *dafür* geben«, hatte Madsack noch einmal einzuwenden versucht. Aber Richter hatte sich nicht beirren lassen.

Der Platz am Fuß der großen Freitreppe lag verlassen. Das runde Convention Center schwebte förmlich auf filigranen Stelzen über dem Eingang, den der Anrufer zum Treffpunkt bestimmt hatte. So entzog er sich auch Fraukes direktem Blick. Das Areal wurde auf der gegenüberliegenden Seite durch die Hallen 14 und 15 begrenzt, während ein weiteres Gebäude auf dem Platz, das mit seiner einfallsreichen Architektur aussah, als wäre es seitlich verrutscht, und dem schiefen Turm von Pisa überdeutlich Konkurrenz machte, ihr die freie Sicht versperrte.

Madsack hatte sich Schlüssel für eines der Tore besorgt, durch die Lieferanten auf das Messegelände fuhren. Die beiden Dienstwagen hatten sie auf Richters Geheiß ein wenig abseits im Schatten der Halle 12 geparkt.

Frauke drückte sich dichter an die Hallenwand, als ihr zwei dicke Tropfen vom Dachüberstand ins Gesicht klatschten. Mit dem Handrücken wischte sie die Feuchtigkeit weg und unterdrückte einen leisen Fluch. Dann versuchte sie die Dunkelheit zu durchdringen. Sie nahm ihre Brille ab, auf der sich der feine Sprühregen niederschlug und sie in der ohnehin mageren Sicht behinderte. Ohne Brille, stellte sie resignierend fest, konnte sie auch nicht besser sehen. Du wirst langsam alt, durchzuckte sie ein Gedanke voller Bitternis. Sie warf einen Blick auf ihre Armbanduhr. Es war sechs Minuten nach neun Uhr abends. Seit über zwanzig Minuten harrte sie schon in dieser Position aus.

»Alles klar bei euch?«, vernahm sie Richters Stimme aus dem Ohrhörer. Nachdem sich die anderen drei mit einem »Ja« gemeldet hatten, wisperte auch sie ein gehauchtes »Alles okay« in das kleine Mikrofon, das am Kragen ihrer durchnässten Jacke befestigt war.

»Ist schon etwas zu sehen, Lars?«, wandte sich Richter an den jungen Kommissar, der vor dem Eingang des Convention Centers auf und ab ging und gelegentlich aus dem Schatten auftauchte, wenn er in Richtung des »schiefen« Gebäudes schlenderte.

»Nichts.«

»Gut. Sofort melden, wenn jemand etwas sieht. Verstanden?«

Wieder kamen leise »Ja« übers Mikrofon.

»Sie auch, Frau Dobermann?«, sprach Richter sie direkt an, nachdem sie nicht geantwortet hatte.

»Die ist etwas Besseres. Warum soll die sich an die Disziplin halten?«, war Putensenf über den Ohrhörer zu vernehmen.

»Jakob, halt die Klappe!«, schalt ihn Richter, während Frauke ein »Ja« ins Mikrofon schickte. Dann herrschte wieder Schweigen. Es war nur das Rauschen der Autos auf der B 6, dem Messeschnellweg, zu hören, der gleich hinter den Hallen entlangführte. Deutlich vernahm man das typische Geräusch, wenn Autos über nassen Asphalt brausen. Sonst war Stille. Merkwürdig, dachte Frauke. Wie oft sehnen sich die Menschen nach der Stille, wenn sie Tag und Nacht dem Geräuschpegel der Stadt ausgesetzt waren. Verglichen mit Flensburg schien ihr Hannover laut und von einer steten Betriebsamkeit erfüllt. Überall war etwas zu hören. Auch nachts, lange nach Mitternacht, schien die Stadt nicht zu schlafen. Selbst durch die geschlossenen Fenster ihres Hotelzimmers drang der Puls Hannovers. Und jetzt, wo neben dem Rauschen der fernen Straße nur das Plätschern des Regens zu vernehmen war, lauschte sie gebannt in die dunkle Nacht. Auch das leiseste Geräusch hätte einen Teil ihrer Anspannung abgebaut. Doch es blieb ruhig. Von ihrem Standort aus konnte sie die Lichtkuppel über der Niedersachsenmetropole sehen. Wie eine Glocke hing der rötlich gefärbte Schein über dem fern wirkenden Horizont, während es immer schwieriger wurde, auf dem Platz vor der Freitreppe etwas zu erkennen. Vorsichtig lugte sie um die Ecke. Von Wedell war nur noch als dunkler Schatten erkennbar, der nervös vor dem Eingang des Convention Centers auf und ab wanderte.

Es war das Ausharren, das geduldige Warten auf ein ungewisses Ereignis, das von Außenstehenden bei der Tätigkeit eines Polizeibeamten im Zuge einer Observation unterschätzt wurde. Auch wenn es lange dauerte, durfte die Konzentration nicht nachlassen. Aber der Anspruch war einfacher gestellt als in der Praxis durchgeführt. Wieder und immer wieder versuchte sie, die Dunkelheit zu durchdringen. Es war kaum etwas zu sehen. Vielleicht, so überlegte sie, wäre es doch sinnvoll gewesen, das SEK einzuschalten. Die Beamten waren technisch besser ausgerüstet und auf solche Situationen eingestellt. Mit einem Nachtsichtgerät hätte man das Areal besser überwachen können. Andererseits hatte Richter recht. Es ging schließlich nur um das Treffen mit einem offenbar harmlosen Informanten. Und kein Einsatzleiter machte sich gern lächerlich, indem er bei einfachen Einsätzen das große Arsenal anforderte und damit auch ein wenig eigene Unvollkommenheit offenbarte. Sie selbst hätte in Flensburg, als die Einsatzleitung ausschließlich bei ihr lag, auch nicht anders entschieden.

Erneut sah sie auf die Uhr. Der Minutenzeiger schien festgewachsen zu sein. Es waren erst vier Minuten vergangen, seitdem sie das letzte Mal die Zeit kontrolliert hatte. Langsam stieg die feuchte Kälte hoch, und sie begann zu frösteln. Ihre Kleidung war nicht regendicht und inzwischen völlig durchnässt. Sicher spielte auch die unruhige vergangene Nacht, in der sie in der ungewohnten Umgebung immer wieder wach geworden war, eine Rolle. Sie bewegte vorsichtig ihre Füße und trat auf der Stelle. Dann schlug sie die Arme um den Oberkörper.

»Welcher Trottel macht so einen Lärm?«, hörte sie Richters Stimme im Ohrhörer. »Stillhalten. Das rauscht wie verrückt im Netz.«

Abrupt stoppte sie die Bewegung. Das Schlagen der Arme am Oberkörper musste bei den anderen durch das angeheftete Mikrofon wie ein Gewitter geklungen haben. Ich habe mich im Stillen über die manchmal unbeholfen wirkende Art des jungen von Wedell amüsiert, dachte Frauke. Und nun verhalte ich mich selbst wie ein undisziplinierter Anfänger. Auch die nervöse Anspannung durch das unausgeglichene Verhältnis zu den Kollegen und die aus ihrer Sicht unfreundliche Aufnahme bei der Hannoveraner Kripo sollten keine Entschuldigung für ihr Verhalten sein. Sie beugte sich vor und blinzelte über den Rand der mit Regentropfen übersäten Brille hinweg um die Ecke. Nichts war zu sehen. Dafür wurde sie mit einem neuen Guss vom Dach bestraft. Sie unterdrückte einen Fluch und versuchte, sich die Feuchtigkeit mit einem Papiertaschentuch vom Gesicht und aus dem Kragen zu tupfen. Mit einem weiteren Tuch putzte sie ihre Brille. Doch davon wurde die Sicht nicht besser. Jetzt waren Schlieren auf den Augengläsern.

Dann begann sie still zu zählen. Immer wieder von einundzwanzig bis dreißig. Nach jedem Durchgang streckte sie einen Finger der rechten Hand in die Länge. Nach sechs Durchgängen, was ungefähr einer Minute entsprach, einen Finger der linken Hand.

Die Zeit dehnte sich endlos. Man glaubt nicht, wie lang eine Minute sein kann. Wie grauenvoll mag es sein, wenn Menschen in einem abstürzenden Flugzeug sitzen? Es dauert Minuten, bis die Maschine am Boden zerschellt. Wie unendlich lang mag dieser grauenhafte Augenblick der Erkenntnis sein?, schoss es ihr durch den Kopf. Konzentriere dich, kam ein anderer Gedanke dazwischen. Solche Fragen gehören nicht an diesen Ort. Sie begann gerade, die neunte Minute anzuzählen, als sie ganz leise Lars von Wedell im Ohrhörer vernahm.

»Ich glaube, da kommt jemand.« Die Stimme klang aufgeregt.

»Ruhe, ich sehe ihn auch«, zischte Richter dazwischen.

Frauke versuchte, etwas zu erkennen, doch sie sah nur den Schattenriss von Wedells, der seine unruhige Wanderung unterbrochen hatte. Für einen Moment herrschte Schweigen im Ohrhörer. Frauke schien, als würde sie ganz schwach von Wedells unruhigen Atem vernehmen. Angespannt lauschte sie. Außer dem monotonen Rauschen der Straße in ihrem Rücken war nichts zu hören. Sie wagte es nicht, weiter an den Rand der Treppe heranzutreten. Es bestand die Gefahr, dass sich ihre Silhouette gegen den Nachthimmel abhob und dem erwarteten Besucher ihre Position verriet. Dann geschah minutenlang nichts. Der Ohrhörer war tot, und zu sehen war auch nichts. Wäre sie Einsatzleiterin gewesen, hätte sie längst abgefragt, ob von Wedells Vermutung, es komme jemand, vielleicht ein Irrtum gewesen war. Aber Richter hatte es auch gesehen.

Frauke zuckte zusammen, als urplötzlich ein Schuss durch die Stille hallte. Das Echo schien sich an den Fassaden der Hallen zu brechen, und die angespannten Sinne gaukelten ihr vor, dass der Knall durch den gesamten Innenhof rollte.

»Verdammt. Was war das?«, rief Richter.

»Der schießt auf mich«, antwortete von Wedell aufgeregt.

»Lage!«, schrie Richter dazwischen. »Ich will eine Lage!«

»Nichts. Ich sehe nichts«, hörte Frauke Madsack, dessen Stimme durch Putensenf überlagert wurde.

»Scheiße«, knurrte der Kriminalhauptmeister.

»Negativ«, sagte auch Frauke. Dann tauchte vor der Fassade der Halle 14 ein Schatten auf, der die Expo-Allee mit ihrem breiten

Grünstreifen in der Mitte überquerte und in Richtung Eingang Süd 1 lief. Kurz darauf sah sie eine zweite dunkle Gestalt, die hinterherlief.

Noch einmal knallte es.

»Wer schießt dort?«, keuchte Richter, um dann erneut zu brüllen: »Lage!«

Frauke hielt es nicht länger auf ihrem Posten. Sie verfluchte die unbewegliche Verwaltung, die es immer noch nicht zustande gebracht hatte, ihr eine Dienstwaffe zu beschaffen. Sie rannte die breite Freitreppe hinab. Offensichtlich entfernte sich der Täter. Der zweite Schatten musste von Wedell gewesen sein, der den Schützen verfolgte. Sie nahm mehrere Stufen auf einmal, kam ins Stolpern, fing sich wieder und hastete weiter. Als sie auf dem Platz vor dem Convention Center angekommen war, konnte sie niemanden entdecken. Sie lief den beiden Gestalten hinterher.

Noch einmal durchschnitt der peitschende Knall eines Schusses die Dunkelheit. Frauke stockte mitten im Lauf. Es schien ganz in ihrer Nähe gewesen zu sein, obwohl sie nicht den Eindruck hatte, dass man auf sie schoss. Dann wurde erneut geschossen. Zwei Mal kurz hintereinander.

»Was ist da los?«, brüllte Richter atemlos. »Verflixt! Ich möchte eine Lage!«

Niemand antwortete.

Sie rannte nicht mehr, sondern ging geduckt weiter. Nichts war zu sehen. Sie hatte jetzt den Rand des kleinen Platzes erreicht und umrundete vorsichtig die Baustelle mit dem Minibagger, als sie in eine große Pfütze trat. Das Wasser schwappte in ihre Schuhe und durchnässte in Sekundenschnelle die Füße. Dann hielt sie abrupt inne. Neben dem kleinen Hügel mit Aushub, den der Bagger aus dem Erdloch herausgeholt hatte, lag eine Gestalt. Sie warf noch einen Blick in die Runde, dann kniete sie sich neben den Mann nieder. Ein eisiger Schreck durchfuhr sie, als sie Lars von Wedell erkannte. Der junge Kommissar lag auf dem Bauch, einen Arm weit nach vorn gestreckt, den anderen vor dem Gesicht, als wollte er sich schützen. Die Beine waren leicht gespreizt, der linke Fuß verdreht. Von Wedell musste im vollen Lauf niedergestreckt worden sein.

Frauke legte zwei Finger an seine Halsschlagader. Sie vernahm ein schwaches Pulsieren. Lars von Wedell lebte noch. »Schnell! Beim Bagger! Lars ist verletzt! Wir brauchen Hilfe! Einen Notarzt!«, rief sie ins Mikrofon.

»Ich komme«, keuchte Madsack.

Während Frauke vorsichtig versuchte, sich ein Bild von der Art der Verletzung zu machen, hörte sie eine Weile später über den Kopfhörer, wie Putensenf offensichtlich per Handy den Rettungsdienst alarmierte.

Im Unterbewusstsein vernahm sie Richters sich überschlagende Stimme. »Bleib stehen! Polizei!«, rief der Hauptkommissar in abgehackten Wortfetzen. Dann waren wieder Schüsse zu hören. Drei Mal. Sie vernahm am Klang, dass es zwei unterschiedliche Waffen waren. Irgendwo in der Nähe fand ein Feuergefecht statt.

»Ich brauche Unterstützung«, rief Richter. »Hier. Richtung Eingang Süd. Kronsbergstraße. Ich verfolge bewaffneten Täter. Vorsicht. Schusswaffengebrauch.«

»Halt ihn fest. Bin unterwegs«, rief Putensenf.

Lars von Wedell lag reglos, den Kopf seitlich in der Pfütze. Frauke sah, dass Mund und Nase oberhalb des flachen Wasserspiegels lagen. Mit dem Display ihres Handys leuchtete sie zunächst auf den Kopf. Der junge Kommissar hatte das sichtbare Auge geöffnet, während das zweite im Wasser lag. Es schien, als würde er Frauke fragend anblicken.

»Ganz ruhig«, zwang sich Frauke zu einer bedächtigen Sprechweise. »Hilfe ist unterwegs. Gleich werden Sie versorgt. Alles ist gut.«

Das Augenlid des Verletzten flackerte kurz. Dann leuchtete Frauke den Hinterkopf des Liegenden ab.

»Mein Gott«, entfuhr es ihr, als sie den Einschuss sah. Als sie das Handy abwärts wandern ließ, entdeckte sie zwei weitere Treffer im Rücken von Wedells. Der Polizist war von hinten angeschossen worden. Dann musste der Täter an den Gestrauchelten herangetreten sein und noch einmal geschossen haben. Das musste nach der kurzen Pause im Anschluss an den einzelnen Schuss gewesen sein. Im selben Augenblick hatte der Täter ein weiteres Mal abgedrückt und die Waffe auf den Kopf des Wehrlosen gerichtet. Frauke durchfuhr ein eiskalter Schauder. Das war eine Hinrichtung.

»Hallo? Wo seid ihr?«, hörte sie Madsacks Stimme.

»Hier! Bei der Baustelle«, rief sie zurück.

Gleich darauf vernahm sie das Schnaufen des korpulenten Hauptkommissars, der sich mit einem Ächzen neben ihr niederkniete.

»Von Wedell?«, fragte Madsack.

»Ja.«

»Herrje. Schlimm?«

»Noch hat er Puls. Drei Einschüsse, soweit ich es oberflächlich feststellen konnte.«

Madsack zauberte eine Mini-Maglite hervor und leuchtete von Wedell aus.

»Ich wage nicht, ihn zu bewegen. Ein Geschoss ist in den Kopf eingedrungen«, sagte Frauke. »Hoffentlich kommt der Notarzt bald.« Sie zögerte einen Moment. »Wir legen ihn doch in die stabile Seitenlage. Können Sie mir behilflich sein?«

Madsack nahm seine Taschenlampe in den Mund, und vorsichtig drehten sie das Opfer. Als sie ihn etwas bewegt hatten, sahen sie, dass das Geschoss, das in den Hinterkopf eingedrungen war, durch das bisher im Wasser liegende Auge den Kopf wieder verlassen hatte.

Madsack würgte und stöhnte leise. Auch Frauke verspürte einen Druck in der Magengegend. Erneut legte sie zwei Finger an die Halsschlagader.

»O Gott. Sein Puls. Ich spüre keinen Puls mehr!« Frauke suchte erneut die Stelle am Hals, an der sie zuvor noch eine schwache Reaktion gefunden hatte.

»Er stirbt. Schnell. Wir müssen ihn reanimieren.«

Trotz seines Übergewichts packte Madsack beherzt mit an, und sie drehten von Wedell auf den Rücken. Nun konnten sie keine Rücksicht mehr auf innere Verletzungen nehmen.

Frauke riss den leichten Blouson auf, den der junge Kommissar über einem T-Shirt trug. Sie fuhr mit zwei Fingern von links am unteren Rippenbogen bis zum Sternum entlang. Dann hatte sie den Druckpunkt am Brustbein gefunden. Sie fixierte die Stelle mit dem

Finger, legte den Handballen darauf, sodass Zeige- und Mittelfinger Richtung Kopf wiesen, und presste die andere Hand darüber. Dann begann sie rhythmisch zu drücken und zählte dabei laut. Eins, zwei, drei ... Sie drückte den Brustkorb etwa vier Zentimeter tief ein. Wenig später spürte sie, wie der zunächst vorhandene Widerstand nachgab, als die Rippen brachen.

Sie hörten sich nähernde Schritte. »Hallo!«, rief eine unbekannte Stimme.

Madsack stand auf und zielte mit seiner Waffe in die Dunkelheit, aus der eine Gestalt auftauchte. Ein Mann in Jeans und einer hellen Jacke stockte, als er die Waffe auf sich gerichtet sah.

»Ich bin von der Messe«, stammelte er erschrocken. »Ich habe den Auftrag, hier wieder für Ordnung zu sorgen, wenn die Polizei weg ist.« Dann sah er von Wedell auf dem Boden liegen.

»Um Himmels willen. Das glaubt man nicht. Ist er ... tot? Hat man auf ihn geschossen?«

Madsack machte eine Winkbewegung mit der Waffe.

»Ausweis. Und halten Sie die Hände so, dass ich sie sehen kann. Keine hastigen Bewegungen.«

Der Mann griff mit einer Hand zur Gesäßtasche und zog ein abgegriffenes Portemonnaie hervor. Er öffnete es und zeigte Madsack den Personalausweis, der in einer Sichthülle in der Geldbörse steckte. Anschließend zerrte er an einem weiteren Ausweis, den er an einem Band um den Hals trug. »Mein Betriebsausweis«, erklärte er mit zittriger Stimme und starrte dabei unverwandt auf Frauke, die neben von Wedell kniete.

»Neunundzwanzig ... dreißig.«

Frauke unterbrach das Pressen, beugte sich zum Kopf hin, kontrollierte den Mund, ob er frei war, und ignorierte den dünnen Blutfaden, der aus einem Winkel rann. Sie setzte ihre Lippen auf die von Wedells und spendete zwei Mal Atemluft. Dann begann sie erneut mit dem rhythmischen Drücken auf den Brustkorb.

»Geben Sie mir Ihre beiden Ausweise, und dann ziehen Sie sich bitte außer Sichtweite zurück«, hörte sie Madsack zum Messemitarbeiter sagen.

»Okay«, antwortete der Mann mit schwacher Stimme.

Während Frauke sich weiter auf die Reanimation konzentrierte und Madsack mit zwei Fingern den Puls fühlte, hörten sie sich nähernde Stimmen. Deutlich war Richter zu erkennen, der lautstark Anweisungen erteilte.

Frauke warf Madsack einen fragenden Blick zu.

»Nichts«, sagte der Hauptkommissar leise. »Ich spüre keinen Puls.«

Unbeirrt drückte Frauke weiter und zählte dabei bis dreißig. Dann erteilte sie von Wedell zwei Atemspenden, bevor sie erneut zu pressen begann. Sie spürte die Anstrengung, die von der Reanimation ausging. Die Zahlen, die sie laut vor sich hersagte, kamen zunehmend stoßartig über die Lippen.

»Wo bleibt der Notarzt?«, fragte Madsack. »Wir brauchen den Arzt.« Er fuhr mit dem Handrücken über von Wedells Wange. »Komm, Junge. Komm zurück.«

In die lauten Stimmen von Richter und Putensenf mischte sich jetzt das entfernte Martinshorn eines Rettungswagens.

»Sechzehn ... siebzehn ... achtzehn.«

»Sie kommen«, sagte Madsack. Nun waren die Töne mehrerer Einsatzfahrzeuge zu unterscheiden.

Aus dem Dunkeln tauchten die beiden anderen Polizisten auf.

»Was ist mit Lars?«, fragte Richter.

»Es steht nicht gut«, antwortete Madsack leise.

Dann gab Richter wieder Anweisungen übers Handy weiter. »Schusswechsel auf dem Messegelände. Kollege verletzt. Rettungskräfte sind alarmiert. Einzeltäter flüchtig. Vermutlich handelt es sich um Thomas Tuchtenhagen.« Es folgte eine kurze Beschreibung des Mannes. »Vorsicht. Schusswaffengebrauch. Der Täter konnte mit einem dunklen Audi A6 entkommen. Kennzeichen: Hannover – zweimal Theodor.« Richter nannte eine dreistellige Zahlenfolge. »Gesuchtes Fahrzeug ist vom Tor Kronsbergstraße des Messegeländes auf den Messeschnellweg in südlicher Richtung abgebogen. Er will entweder auf die A 37, die in die A 7 mündet. Die nächste Abfahrt wäre Hildesheim-Drispenstedt. Oder fährt die B 6 Richtung Sarstedt. Umgehend Fahndung auslösen.« Es folgte eine kurze Pause. »Nein. Keine Straßensperren. Der Täter ist gefährlich. Er macht sofort von der Schusswaffe Gebrauch. Wir dürfen kein Risiko eingehen und Unschuldige gefährden. Gesuchtes Fahrzeug observieren und auf das SEK warten. Jeden eigenen Kontakt vermeiden. Schickt eine Hundertschaft. Und die Spurensicherung. Ende.«

Frauke hatte erneut beatmet und war wieder dabei, zu zählen.

»Acht, neun, zehn.«

Madsack leuchtete mit seiner Taschenlampe.

»Halt. Wer sind Sie?«, bellte Putensenf dazwischen.

»Mein Name ist Marx. Ich bin von der Hannover-Messe«, antwortete der Mann, der zaghaft aus dem Schatten trat.

»Das haben wir schon geklärt, Jakob«, fuhr Madsack dazwischen, als endlich zuckende Blaulichter der Szene eine mystisch wirkende Atmosphäre verliehen. Die Scheinwerfer des ersten Rettungswagens waren auf die Gruppe gerichtet. Prompt hielt sich Putensenf schützend die Hand vor die Augen.

Zwei Rettungsassistenten sprangen aus dem Fahrzeug. Bevor sie fragen konnten, setzte Madsack sie ins Bild.

»Das ist ein Kollege von uns«, sagte er und zeigte auf von Wedell. »Er hat Schussverletzungen. Zweimal im Rücken und einmal im Kopf. Ein Durchschuss. Wir spüren keinen Puls mehr. Deshalb reanimiert Frau Dobermann.«

Aus einem zweiten Fahrzeug waren weitere Rettungsleute gekommen. Einer kniete sich zu Frauke hinab.

»Wir übernehmen«, sagte er und tastete mit geübten Fingern von Wedell ab.

»Defi. Schnell«, wies er an und gab außerdem Anweisungen, Medikamente aufzuziehen. Erschöpft erhob sich Frauke und nahm aus den Augenwinkeln den Schriftzug »Notarzt« auf dem Rücken der Jacke wahr. Jetzt war Lars von Wedell in professioneller Obhut, wenn es gelingen sollte, eine erfolgreiche Reanimation durchzuführen. Für einen kurzen Moment dachte sie daran, dass wahrscheinlich irreparable Schäden eingetreten sein mochten. Doch diesen Gedanken wollte sie nicht zu Ende führen.

Jemand fasste sie vorsichtig am Unterarm und zog sie behutsam, aber bestimmt ein Stück fort. Als sie sich umblickte, sah sie in das besorgte Gesicht Putensenfs.

»So eine Schweinerei«, fluchte er leise. »Hoffentlich kriegen wir das Schwein. Bernd hat eine Großfahndung veranlasst.«

»Ich habe bruchstückhaft mitgehört. Er ist entkommen.«
»Wir haben ihn bis zum Tor verfolgen können. Dort stand sein Auto. Mit laufendem Motor. Er ist quer über die Straße und dann auf die Auffahrt zum Messeschnellweg.«
»Sie haben Tuchtenhagen erkannt?«
»Bernd Richter war mir ein ganzes Stück voraus. Als ich ankam, waren nur noch die Rücklichter zu sehen. Richter hat aber eindeutig Tuchtenhagens Fahrzeug identifiziert.«
»Und wer hat geschossen?«
Putensenf schüttelte den Kopf. »Keine Ahnung. Ich habe keinen einzigen Schuss abgegeben.«
»Wir müssen von Wedells Waffe sicherstellen«, sagte Frauke. Sie fanden die Dienstpistole ein wenig abseits des Kopfs am Rande der Pfütze.

Mittlerweile waren mehrere Streifenwagen und ein weiterer Rettungswagen eingetroffen.

»Müssen Sie ärztlich versorgt werden?«, fragte Madsack, der hinzugetreten war.

»Danke«, antwortete Frauke. »Alles in Ordnung. Haben Sie geschossen?«

»Nein. Nicht einmal.« Madsack schien fast ein wenig froh zu sein, dass er keinen Gebrauch von seiner Pistole hatte machen müssen.

Sie standen schweigend beisammen und sahen den Rettungsleuten zu, während Richter den Einsatz der Polizisten organisierte. Ein eisiger Schreck durchfuhr Frauke, als der Notarzt sich im Zeitlupentempo erhob, einen langen Blick auf Lars von Wedell warf und dann auf die drei Polizisten zukam.

»Es tut mir leid. Wir haben alles versucht«, sagte er leise.

Ein ohnmächtiger Zorn erfasste Frauke. Warum war der junge Kollege kaltblütig von hinten erschossen worden? Sie konnte es nicht verstehen. Die ganze Aktion schien relativ harmlos zu sein. Gut. Der Ort des konspirativ anmutenden Treffens war merkwürdig. Warum sollte Simone Bassetti ausgerechnet das zu dieser Stunde verlassen liegende Messegelände gewählt haben? Und warum hatte Thomas Tuchtenhagen, den Richter einwandfrei identifiziert hatte, auf die Polizisten geschossen? Ob er auch von Wedells Mörder war oder sich noch weitere Personen auf dem Gelände aufgehalten hatten, mussten die Ergebnisse der Spurensicherung zeigen.

Sie standen zu dritt beieinander und schwiegen. Richter wies die eingetroffene Hundertschaft ein und erklärte ihnen, wonach sie suchen sollten. Indessen hatte die Spurensicherung mit ihrer traurigen Arbeit begonnen. Der Fotograf schoss seine Aufnahmen, jemand hatte nummerierte Schilder aufgestellt, ein Beamter im weißen Schutzanzug sicherte von Wedells Dienstwaffe, und mehrere Beamte schwärmten aus, die Patronenhülsen zu suchen. Schließlich fand Richter Zeit, sich zu den drei Polizisten zu stellen. Er schluckte schwer, bevor er sprach. »Ich kann es nicht fassen. Warum hat man auf uns geschossen? Weshalb wurde Lars so unglücklich getroffen, dass er jetzt daliegt?«

»Das war kein zufälliger Treffer aus einem Schusswechsel. Man hat ihn kaltblütig ermordet. Von hinten. Zunächst mit einem Schuss niedergestreckt. Dann ist der Mörder herangetreten, hat einen weiteren Schuss auf den Rücken abgegeben und seine Tat mit einem gezielten Kopfschuss vollendet«, erklärte Frauke.

»Haben Sie das beobachtet? Oder einer von euch?« Richter sah Putensenf und Madsack an.

Beide schüttelten stumm die Köpfe.

»Ich war auch kein Augenzeuge«, erklärte Frauke. »Aber von der Art der Verletzungen muss es so gewesen sein.«

»Wie kommen Sie darauf, dass der Kopfschuss der letzte war?«

»Logik. Wenn der Täter von Wedell bereits mit dem zweiten Schuss in den Hinterkopf final erledigt hätte, wäre der zweite Schuss in den Rücken überflüssig gewesen. Das deutet darauf hin, dass dem Mörder erst danach der Gedanke gekommen ist, mit dem Kopfschuss unseren Kollegen endgültig zu töten.«

»Aber warum wolle er unbedingt Lars' Tod?«, fragte Madsack dazwischen.

»Vielleicht hat er seinen Mörder erkannt?«, überlegte Richter.

»Dann ist es umso erstaunlicher, dass Lars in den Rücken geschossen wurde«, sagte Putensenf. »Wie soll er jemanden erkennen, der hinter ihm ist?«

»Er kann ihn zuvor gesehen haben«, erklärte Richter. »Von Angesicht zu Angesicht.« Der Hauptkommissar drehte sich ein wenig

zur Seite und rief dem leitenden Beamten der Hundertschaft zu: »Durchkämmt das ganze Messegelände. Vielleicht ist noch ein zweiter Täter unterwegs. Simone Bassetti«, sagte zu den drei anderen Polizisten gewandt. »Was ist, wenn die zu zweit waren?«
»Welche Verbindung sollte es zwischen Tuchtenhagen und Bassetti geben?«, fragte Madsack.
»Immerhin kennen die sich aus der Firma. Beide sind bei Schröder-Fleisch. Und der Italiener hat sich über Tuchtenhagen ausgelassen. Auf diese Weise ist Lars über ihn in der Pizzeria gestolpert.«
Alle sahen Putensenf an.
»Jakob hat recht«, pflichtete Richter ihm bei.
»Mich interessiert etwas anderes«, sagte Frauke und zog die Blicke auf sich. »Ich habe insgesamt acht Schüsse gehört. Drei haben wir geklärt. Nachdem keiner von uns dreien geschossen hat«, dabei zeigte sie auf Madsack, Putensenf und sich, »bleiben noch fünf übrig.«
»Drei kann ich erklären«, sagte Richter. »Ich habe den Täter verfolgt. Er lief den Weg Richtung Tor entlang.«
»Hast du ihn erkannt?«, fuhr Putensenf dazwischen.
»Dafür war es zu dunkel. Er hatte einen zu großen Abstand. Plötzlich blieb er stehen und feuerte auf mich. Zwei Mal. Er hat mich aus dieser Distanz aber nicht getroffen. Gott sei Dank.« Automatisch ging sein Blick zu von Wedells Leichnam. »Ich habe daraufhin einen Schuss auf den Täter abgegeben.«
»Dann bleiben noch zwei Schüsse, die wir aufklären müssen«, sagte Frauke.
Richter nickte stumm.
»Wer fährt jetzt zu Lars' Freundin und erklärt es ihr?«, durchbrach Putensenf die Stille, die für einen Moment herrschte. »Du?« Er zeigte auf Richter.
»Ich ...« Richter schluckte. Deutlich war sein auf und ab springender Adamsapfel zu sehen. »Ich werde es wohl machen müssen.«
»Wenn Sie damit einverstanden sind, übernehme ich es«, bot sich Frauke an.
Man sah Richter deutlich die Erleichterung an. »Danke«, sagte er. »Vielen Dank, Frau Dobermann.« Dann gab er ihr die Adresse.

»Ich fahre Sie«, bot sich Madsack an.

Frauke lehnte dankend ab. »Ich nehme den Wagen, mit dem Herr von Wedell hergekommen ist«, sagte sie und ließ sich von einem Beamten der Spurensicherung die Fahrzeugschlüssel aushändigen.

»Die Tante hat Nerven«, hörte sie hinter ihrem Rücken Putensenf sagen.

Frauke hatte nicht gewusst, dass von Wedell nur einen Steinwurf vom Landeskriminalamt und ihrer vorübergehenden Bleibe, dem kleinen Hotel, entfernt gewohnt hatte. Die Fridastraße lag nahe der Fußgängerzone Lister Meile und machte mit ihrer dichten Bebauung einen ruhigen Eindruck. Der Altbau mit den Stuckornamenten in der Fassade strahlte Behaglichkeit aus. Frauke blieb vor der Doppeltür mit den Kassettenelementen im Holz und dem schmiedeeisernen Gitter vor den Fenstern eine Weile stehen.

»Von Wedell – Krafft« stand auf dem beleuchteten Klingelschild. Frauke hatte kaum die Klingel betätigt, als der Summer ertönte und die Tür aufsprang.

Das junge Paar hatte eine Wohnung in der obersten Etage gemietet. Langsam erklomm Frauke Stufe um Stufe. Mit jedem Schritt schlug ihr Herz schneller. Es war aber nicht die Treppe, die ihren Puls beschleunigte. Als sie um den letzten Absatz bog und nur noch eine halbe Treppe zu bewältigen hatte, sah sie Gesa Krafft. Die junge Frau stand – auf Socken – vor der Wohnungstür. Sie trug eine helle Hose und ein Top, das ihren Bauchnabel und den Blick auf ein Piercing frei ließ. Die blonden Haare hatte sie mit einem Gummiband zu einem Pferdeschwanz gebunden. Erstaunen zeigte sich in ihrem Antlitz, als sie Frauke gewahrte.

»Hallo?« Von Wedells Freundin zog eine Augenbraue fragend in die Höhe.

»Hallo«, antworte Frauke. »Sie sind Lars' Freundin?«

»Ja?« Die Antwort klang wie eine Frage.

Frauke hatte die letzte Stufe erreicht. Sie stand jetzt vor der jungen Frau.

»Ich bin Frauke Dobermann. Eine Kollegin von Lars.« Sie sah zur angelehnten Haustür. »Darf ich reinkommen?«

»Ja – natürlich.« Gesa Krafft ging voran. In dem kleinen Flur, der von einer Glühbirne, die mit einem einfachen Stromkabel an der Decke hing, beleuchtet wurde, standen noch Umzugskartons. Frauke entsann sich, dass von Wedell erzählt hatte, das junge Paar habe die Wohnung erst vor Kurzem bezogen.

»Hier entlang«, sagte die junge Frau und führte Frauke in den Wohnraum.

Ein Sideboard, das noch nicht eingeräumt war, eine Anbauwand, die halb aufgebaut war, zwei Freischwinger und ein schräg in den Raum gestelltes Sofa, davor ein niedriger Tisch stellten die Möblierung dar. Auf dem Tisch standen ein halb gefülltes Glas und eine Flasche Cola. Es lagen ein paar bedruckte Blätter herum, auf denen jemand in gestochener Schrift Notizen gemacht hatte. Im Hintergrund lief der Fernseher, auf dessen Bildschirm sich ein paar Musiker in abenteuerlichem Outfit verrenkten und für Fraukes Ohren einen grauenvollen Geräuschsalat produzierten.

»Können wir den Fernseher einen Moment abschalten?«, bat Frauke und nahm auf einem der Freischwinger Platz, während sich Gesa Krafft auf dem Sofa niederließ und dabei das linke Bein unter den rechten Oberschenkel klemmte. Die junge Frau griff zur Fernbedienung, die unter den Papieren lag, und schaltete den Fernseher stumm.

»Ich mache gerade eine Ausarbeitung«, sagte von Wedells Freundin entschuldigend und zeigte auf die Papiere. »Sind Sie die Neue? Waren Sie das, die Lars in unsere Pizzeria eingeladen hat?«

Frauke nickte.

»Hi«, sagte die junge Frau, und ihre Gesichtszüge entspannten sich. Sie reichte Frauke die Hand. »Ich bin Gesa. Und du?«

»Frauke.«

Gesa Krafft nippte an ihrem Glas. »Möchtest du auch eines?«

»Nein. Vielen Dank.«

»Schön, dass wir uns kennenlernen. Lars hat viel von dir erzählt. ›Wir haben eine Neue‹, hat er gesagt. ›Die ist ganz in Ordnung. Von der kann ich viel lernen.‹« Dann stutzte Gesa. »Wo ist Lars? Kommt er gleich? Besorgt er noch etwas zu essen? Ich habe einen Bärenhunger und noch nichts gegessen. Ich habe auf ihn gewartet.« Ihr Gesicht nahm einen schwärmerischen Ausdruck an.

Sie schlang die beiden Arme über Kreuz um ihre Schultern und wackelte ein wenig hin und her. »Das ist alles noch ungewohnt. Ich meine das Zusammenleben. Ich bin erst seit Semesterbeginn in Hannover und habe zuerst bei einer Freundin gewohnt. Wir kommen aus Holzminden, und ich habe jetzt einen Studienplatz für Veterinärmedizin bekommen. Das geht in Hannover am besten. Die Tierärztliche Hochschule hat ja einen Superruf. Geil, dass das auf Anhieb geklappt hat. Mann. Wo bleibt Lars bloß?«

Frauke räusperte sich. »Er kommt nicht.«

»Was soll das denn? Muss er Überstunden machen? Er hat gesagt, er muss noch ein kleines Gespräch mit einem harmlosen Trottel führen. Musste er nun zu einem anderen Einsatz?«

»Nein. Es war so, wie er es Ihnen – Verzeihung, dir – erzählt hat. Aber es hat einen Zwischenfall gegeben.«

Zum ersten Mal zeigte sich ein leichtes Erschrecken bei Gesa Krafft. »Was soll das heißen? Habt ihr einen verhaftet und Lars ist noch länger im Dienst, weil der Typ verhört werden muss – oder so?«

»Das, was sich heute ereignet hat, kommt ganz selten vor«, begann Frauke vorsichtig.

»Nun rede nicht so um den heißen Brei rum. Was ist? Ist Lars bei eurem Einsatz verletzt worden?«

Frauke schüttelte ganz langsam den Kopf. Dann streckte sie ihre Hand in Richtung der jungen Frau aus. Doch Gesa Krafft zog sich zurück.

»Du willst doch nicht sagen, dass er etwas abbekommen hat?«

»Leider doch. Es hat einen Schusswechsel gegeben.«

Von Wedells Freundin sprang auf. »Dann lass uns zu ihm. Hast du ein Auto dabei?«

Frauke war auch aufgestanden. Sie ergriff Gesa Krafts Unterarm und versuchte, die Frau sanft auf das Sofa zurückzudrücken.

»Das geht nicht. Lars ist ... Der Täter hatte es direkt auf ihn abgesehen. Lars ist ... also ... Er ist noch am Tatort seinen Verletzungen erlegen.«

»Dann müssen wir schnell zu ihm. Er ist doch schon im Krankenhaus. Was warten wir noch?« Gesa Krafft stand offensichtlich unter Schock. Sie hatte Fraukes Worte gar nicht richtig aufgenommen.

»Gesa – bitte hör mir zu. Lars ist tot.«

»Tot?« Die junge Frau schüttelte den Kopf, dass ihr Pferdeschwanz um den Hinterkopf schlug. »Tot?«, wiederholte sie. »Aber das geht doch nicht. Wir sind doch gerade erst eingezogen. Hier!« Sie zeigte auf die Möbel im Raum und wies dann Richtung Flur. »Die Sachen sind noch gar nicht ausgepackt. Die Lampen sind noch nicht dran. Nix. Da kann er doch nicht tot sein. Das geht doch nicht.«

Gesa Krafft starrte stumm auf die Tischplatte mit ihren Papieren. Dann griff sie mechanisch zum Colaglas und nippte vorsichtig daran. »Wir fangen doch erst an«, murmelte sie. »Ich kann das doch nicht alles allein auspacken. Da muss Lars doch mithelfen.«

Frauke stand auf und setzte sich neben die junge Frau. Sie legte ihren Arm um deren Schultern. »Soll ich einen Arzt rufen?«

Gesa Krafft schüttelte stumm den Kopf. »Wozu?«

»Hast du Verwandte in Hannover? Eine Freundin, die wir benachrichtigen können?«

Erneut schüttelte die junge Frau den Kopf. »Mein Vater. Ich möchte meinen Vater anrufen.« Sie griff zum Handy, tippte fahrig eine Nummer ein, schimpfte, weil sie sich vertippt hatte, und versuchte es erneut. »Hallo, Papi«, sagte sie mit erstickter Stimme. »Hier ... ich ... weißt du ...«

Vorsichtig nahm Frauke ihr das Handy vom Ohr.

»Herr Krafft?«, fragte sie.

»Hier Krafft«, hörte sie eine sonore Männerstimme. »Was ist da los?«

»Dobermann ist mein Name. Polizei Flens... Landeskriminalamt Hannover. Ich bin in der Wohnung Ihrer Tochter.«

»Ist was mit ihr?«, wurde sie durch den Vater unterbrochen.

»Nicht mit ihrer Tochter. Ich bin eine Kollegin von Lars. Der hatte einen Dienstunfall. Ist es Ihnen möglich, nach Hannover zu kommen? Ihre Tochter braucht sie.«

»Ich komme. Sofort«, sagte Herr Krafft.

Im Stillen bewunderte Frauke den ihr unbekannten Vater, der, ohne nach Einzelheiten zu fragen, sofort beschlossen hatte, sich auf den Weg in die niedersächsische Landeshauptstadt zu machen.

»Ich bleib bei dir, bis dein Vater da ist«, sagte Frauke. »Soll ich einen Tee machen?«

Gesa Krafft schüttelte den Kopf. »Keinen Tee.« Sie hatte einen glasigen Blick, weinte aber nicht. »Ich muss hier raus«, sagte sie. »Ich kann hier nicht bleiben. In diesem Zimmer. In der Wohnung.«
»Wollen wir auf der Dienststelle warten?«
»Nein. Bloß nicht bei der Polizei. Ich möchte in unsere Pizzeria«, sagte sie plötzlich. »Die, in die Lars dich einladen wollte.« Plötzlich sprang sie auf und rannte aus dem Raum. Durch die offenen Türen hörte Frauke, wie sich Gesa Krafft im Badezimmer erbrach.

Ein paar Stufen führten zum Eingang der Pizzeria Italia. Durch eines der beiden Fenster war der große Pizzaofen zu sehen. Ein junger Mann wirbelte gekonnt einen runden Teigfladen in die Höhe, sah dem in der Luft rotierenden Pizzaboden nach und fing ihn geschickt mit einer Hand wieder auf. Zwischendurch fand er auch noch Zeit, den beiden Frauen, die zum Eingang strebten, zuzulächeln. Frauke verharrte für einen kurzen Moment in ihrer Bewegung.

Für die Mehrheit der Menschen bedeutet der Besuch eines Restaurants Abwechslung, Heiterkeit, das Treffen mit Freunden. Wie lange war es her, setzte sie ihren Gedanken fort, dass sie zum eigenen Vergnügen ein Lokal aufgesucht hatte? War der berufliche Erfolg es wert, das eigene Leben aufzugeben? Und selbst der freundliche Pizzabäcker konnte ihre innere Zerrissenheit nicht heilen. Sie war nicht freiwillig in Hannover. Ein Schauder lief ihr über den Rücken. Wer nahm sich ihrer eigenen Sorgen an? Stattdessen musste sie Lars' Freundin trösten.

Dann öffnete sie die Tür. Wenn man Italien als Duftnote beschreiben müsste, so war es die Luft, die ihr entgegenkam. Der Geruch von Pizza, Wein, Kerzen, überbackenem Käse ... Eine Sinneswahrnehmung al forno.

»Zwei Plätze?«, begrüßte sie ein Kellner freundlich.
Frauke nickte.
»Hier bitte.« Der Mann mit den schwarzen Haaren und der beginnenden Lichtung seines Haupthaares führte sie zu einem Vierertisch in den Hintergrund des Raumes. Frauke bemerkte einen schmalen Durchgang, der zu einem Gastraum führte.
»Ist es dort ruhiger?«, fragte sie mit einem Blick auf die lebhaft

an den Tischen geführten Unterhaltungen, obwohl niemand der Anwesenden den beiden Beachtung schenkte.

»Sonst ja«, bedauerte der Kellner. »Aber heute ist es leider voll.« Er neigte sich ein wenig zu Frauke vor. »Dort sind lauter Frauen.« Er verdrehte dabei gekonnt die Augen und ließ offen, ob er sich dadurch genervt fühlte oder die von Südeuropäern oft erwartete besondere Aufmerksamkeit gegenüber dem weiblichen Geschlecht gemeint war.

Sie nahmen Platz an dem Vierertisch.

»Darf es etwas zu trinken sein?«, fragte der Kellner und wedelte mit einer Serviette ein paar Brotkrumen von der Tischdecke.

Frauke sah Gesa Krafft fragend an.

»Ein Rotwein«, sagte die junge Frau.

»Für mich auch. Valpolicella«, ergänzte Frauke und nahm die Speisekarten entgegen, die ihnen der Kellner reichte.

Es hatte eine Weile gedauert, bis von Wedells Freundin wieder aus dem Bad gekommen war. Frauke hatte ihr bewusst Zeit gelassen. Gesa Krafft musste allein mit der Nachricht fertig werden. Sie hatte sich danach stumm neben Frauke gesetzt, den Kopf an ihre Schulter gelegt und still geweint. Obwohl sie ihre Augen mit kaltem Wasser ausgewaschen und anschließend ein wenig Make-up aufgelegt hatte, sah man Gesa Krafft an, dass sie geweint hatte.

»Warum musste das sein?«, fragte sie. »Warum ausgerechnet Lars? Erst vor Kurzem ist er Kommissar geworden. Lars war stolz, in dieser Spezialeinheit eingesetzt zu werden. Was ist das überhaupt für ein Team?«

»Es gibt Fragen, die man nicht so einfach beantworten kann«, sagte Frauke ausweichend und wurde durch den Kellner unterbrochen, der den Wein brachte.

»Haben Sie schon gewählt?«, fragte er und zeigte auf die Speisekarten.

»Ich möchte eine Pizza Caprese«, sagte Gesa Krafft, ohne zu gucken. »Die esse ich immer. Und Lars hatte auch die Caprese.«

Frauke schlug die Karte auf und wanderte mit dem Zeigefinger die Seite mit den Pizzen abwärts.

»Ich möchte die Pugliese«, sagte sie. »Aber statt der Zwiebeln bitte mit Salami. Ist das möglich?«

»Sicher«, bestätigte der Kellner und zog sich zurück.

Sie prosteten sich zu, und Gesa Krafft nippte an ihrem Rotwein, genauso wie sie es zuvor an ihrem Colaglas getan hatte. Während Frauke die junge Frau musterte, das hübsche ebenmäßige Gesicht, die Stupsnase, die ausdrucksvollen grünbraunen Augen unter den sorgfältig gezogenen Brauen und die dezenten Ohrringe, begann Gesa Krafft unaufgefordert zu erzählen.

Sie hatten sich in einem Bistro kennengelernt, das sie mit ein paar Freundinnen besucht hatte. Lars hatte sie angesprochen, man hatte sich verabredet und stellte sehr schnell fest, dass die Sympathie füreinander beiderseitig war.

»Er ist ein großer Junge. Manchmal ein bisschen tollpatschig. Wie oft lässt er etwas fallen oder kleckert. Ich mag ihn, so wie er ist. Er kann wie ein großer Bruder sein. Wir wollen noch unheimlich viel entdecken. Jetzt, wo er auch mehr Geld hat. Mit dem, was mein Vater mir fürs Studium gibt, kommen wir ganz gut zurecht.« Plötzlich fiel ihr auf, dass sie in der Gegenwart sprach, so als würde ihr Freund noch leben. Der feuchte Schimmer trat wieder in ihre Augen, und Frauke befürchtete, dass Gesa Krafft erneut zu weinen beginnen würde, aber die junge Frau tupfte sich die Augen ab und stierte in ihr Weinglas. Mit ihrem Finger malte sie Figuren auf die Tischdecke.

»Hat Lars dir etwas über seinen heutigen Einsatz erzählt?«

»Lars? Erzählt?«, erwiderte sie geistesabwesend. »Nein. Nichts.«

»Er hat keine Bemerkung fallen lassen, mit wem er sich treffen wollte?«

»Nö. Er erzählt immer nur mit großen Augen – wie ein kleiner Junge –, wie viel Spaß der Job macht. Über seine Sachen, was er getan hat und so, hat er nie was gesagt.«

Der Kellner brachte das Essen. Mit einem »Bitte« stellte er die großen Teller vor die Frauen hin. Frauke faltete die Papierserviette auseinander und legte sie sich auf den Schoß. Dann begann sie, ein Stück vom Rand abzuschneiden.

»Lars sagt, hier gibt es die beste Pizza Deutschlands«, erklärte Gesa Krafft und starrte auf ihr Essen, ohne es anzurühren.

Frauke nahm den ersten Bissen. Nach drei weiteren hatte sie sich vom Rand zur Mitte durchgearbeitet. Von Wedell hatte recht. Die Pizza war wirklich außergewöhnlich gut.

»Möchtest du nicht?«, fragte Frauke und zeigte mit ihrer Gabel auf Gesa Krafts Essen.

»Was?«, fragte die junge Frau abwesend zurück.

Vom Nachbartisch drang fröhliches Gelächter herüber. Ein Mann mit einem dröhnenden Bass schien der Mittelpunkt der kleinen Gesellschaft zu sein. Auf der anderen Seite mühte sich ein Ehepaar zu dieser schon späteren Stunde damit ab, seine Kinder bei Laune zu halten.

Gesa Krafft griff zur Gabel und stocherte damit in der Pizza herum. Sie fuhr über den Belag und kratzte ein wenig Mozzarella ab, pikte ein Blatt frisches Basilikum auf und führte es zum Mund.

»Dass du jetzt etwas essen kannst«, sagte sie zu Frauke. Es klang wie ein Vorwurf.

»Reine Vernunft. Ich habe zuletzt etwas zum Frühstück zu mir genommen.«

Gesa Krafft fuhr erneut mit ihrer Gabel über den Belag, schien es sich dann aber doch anders überlegt zu haben und legte das Besteck an die Seite. Unentschlossen nahm sie das Weinglas, nippte daran und hielt es in Augenhöhe hoch. Vorsichtig drehte sie das Trinkgefäß und kniff dabei das linke Auge zu. Dann peilte sie über den Rand einen imaginären Punkt im Hintergrund an. Plötzlich zuckte sie wie unter einem Peitschenhieb zusammen. Sie streckte die Hand mit dem Glas aus und zeigte auf etwas in Fraukes Rücken.

»Das ist er«, schrie sie fast. Dabei schwappte der Rotwein über und ergoss sich über den Tisch. Mit Glück blieb Frauke von Spritzern verschont.

Frauke hatte sich umgedreht und sah einen jungen Mann, der noch die Türklinke in der Hand hielt und beim Ausruf der jungen Frau wie zur Salzsäule erstarrte.

»Das ist der, der von diesem Fleischheini erzählt hat. Der, den ihr wegen Mordes sucht.«

Schlagartig war es still geworden im Restaurant. Gesa Krafft hatte so laut gesprochen, dass jeder Gast es hatte hören können.

Frauke warf ihr Besteck auf den Teller, schob den Stuhl zurück und sprang auf. Im selben Moment hatte sich der neue Gast umgedreht und das Restaurant verlassen. Frauke hechtete hinterher, stolperte über einen Rucksack, den ein Gast neben seinen Stuhl gestellt hatte, wich dem verdutzten Kellner aus, der ein Tablett mit Getränken balancierte und ihr entgegenkam, und rannte auf die Straße. Da sie aus dem Hellen kam, dauerte es einen Augenblick, bis sie sich im Dämmerlicht der Straße orientieren konnte. Dann sah sie die fliehende Gestalt die Straße abwärtsrennen. Sie lief hinterher, musste aber bereits nach wenigen Metern feststellen, dass sich der Abstand vergrößerte. Es wäre sinnlos gewesen, den Mann zu verfolgen. Sie griff zum Handy und rief die Polizei an. Ihr schien es ewig zu dauern, bis die Verbindung hergestellt war und der Beamte beim Notruf begriff, dass er umgehend die Fahndung einleiten sollte.

»Simone Bassetti«, erklärte sie.

»Nennen Sie Ihren Standort.«

»Pizzeria Italia.«

»Geht es etwas genauer? Straße?«

Das war der Unterschied zu Flensburg. Dort kannte jeder Polizist die Örtlichkeiten, wenn der Name eines Lokals genannt wurde. In einer Stadt wie Hannover war das anders, musste sie erfahren. Du bist ein Landei, schoss es ihr durch den Kopf.

»Gretchenstraße. Das ist eine Nebenstraße von der Lister Meile.«

»In welche Richtung ist der Gesuchte flüchtig?«

»In die andere Richtung. Hören Sie. Ich kenne mich hier nicht aus. Warum werden Sie nicht einfach aktiv?«

»Sollen wir ganz Hannover umkrempeln? Wir brauchen exakte Angaben. Dann muss ich noch Ihren Namen haben.«

»Dobermann. Erste Kriminalhauptkommissarin. LKA Hannover.«

»Wieder so eine Tussi von der Kripo«, hörte sie jemanden im Hintergrund raunen. »Die haben doch von nix 'ne Ahnung.«

Nachdem Frauke dem Beamten alle Angaben gemacht hatte, kehrte sie in die Pizzeria zurück. Das aufgebrachte Durcheinander verstummte abrupt, als sie in das Restaurant eintrat. Eine resolute Frau kam auf sie zu. »Was hat das alles zu bedeuten? Können Sie mir das mal erklären?«

»Darf ich fragen, wer Sie sind?«

»Die Wirtin.«

»Das Ganze hat nichts zu bedeuten«, beschwichtigte Frauke die Frau. »Es war ein Irrtum. Ich bitte um Entschuldigung. Außerdem hätte ich gern die Rechnung.«

Frauke zahlte, und gemeinsam brachen sie auf. Vor der Tür stießen sie mit einem hochgewachsenen Mann zusammen.

»Papi«, rief Gesa Krafft und fiel ihrem Vater um den Hals.

Frauke setzte Herrn Krafft davon in Kenntnis, dass Lars von Wedell einen tödlichen Unfall erlitten hatte. Er versprach, sich um seine Tochter zu kümmern.

Es würde sicher kein beschaulicher Abend werden, dachte Frauke, als sie in ihr Hotel zurückkehrte.

DREI

Es mochte wohl niemand verstehen, dass mit von Wedells Ermordung das Wetter umgeschlagen war und Hannover sich an diesem Morgen von der heiteren Seite zeigte. Diese Heiterkeit schien sich auch auf die Menschen in der Stadt übertragen zu haben. Im Frühstücksraum ihres kleinen Hotels wirkten die anderen Gäste frischer als an den vorhergehenden Tagen. Frauke hatte ein Gespräch zweier Männer am Nebentisch aufgeschnappt. Sie tippte auf Geschäftsreisende.

»Das ist 'n Ding. Hast du das gelesen? Da haben Sie gestern einen Polizisten umgebracht. Hier in Hannover.«

»Berufsrisiko«, hatte der andere mit vollem Mund geantwortet.

»Trotzdem. Ist doch eine Sauerei. Da laufen diese Typen herum und ballern hier durch die Gegend. Sollen die das doch auf dem Balkan machen. Oder sonst wo.«

»Waren das denn welche von da?«

»Weiß nicht. Steht hier nicht. Die Polizei tappt noch im Dunkeln.«

»Bei aller Technik, die die heutzutage haben, aber ... Da laufen doch auch nur noch Deppen herum.«

Der Zweite hatte in der Zeitung weitergeblättert. »Gibt noch mehr Deppen. Sechsundneunzig kann sich auch nicht entscheiden, ob sie dem Dingsbums einen Vertrag geben sollen.«

»Der bringt doch nichts mehr, der alte Sack. Der ist doch schon über dreißig.«

»Und du?«

»Ich krieg auch nicht so viel Kohle.«

Frauke war aufgestanden und hatte sich am Buffet bedient. Ihr waren solche neunmalklugen Gespräche zuwider, nicht nur am Morgen nach einer unruhigen Nacht. Immer wieder war sie aus dem Schlaf hochgeschreckt und hatte das Bild des toten Lars von Wedell vor Augen. Jetzt, hier im großen Konferenzsaal, hoffte sie, dass der Kaffee, den sie aus dem Geschäftszimmer mitgebracht hatte, Wirkung zeigen möge.

Als Kriminaloberrat Ehlers den Raum betrat, erstarb das Stimmengemurmel.

»Guten Morgen. Wenn man an einem solchen Tag überhaupt von einem guten Morgen sprechen kann. Sie wissen, was gestern Abend geschehen ist. Ich darf Sie deshalb bitten, sich für eine Schweigeminute von Ihren Plätzen zu erheben.«

Frauke stand neben Nathan Madsack, während Putensenf und Richter weiter vorn Platz gefunden hatten. Aus den Augenwinkeln sah sie, wie die Mehrheit der anwesenden Beamten mit gesenktem Kopf stand und sich setzte, nachdem der Kriminaloberrat Platz genommen hatte.

Ehlers fand ein paar Worte des Mitgefühls mit den Angehörigen. »Der junge Kollege war erst seit Kurzem bei uns. In dieser Zeit hat er sich die Sympathien und den Respekt der Kollegen erworben. Es ist für uns alle unfassbar, dass erneut ein Polizist in Erfüllung seiner Pflicht hat sterben müssen.«

Der Kriminaloberrat informierte die Beamten in wenigen Sätzen über den Ablauf des tödlichen Einsatzes. »Wir werden eine Sonderkommission unter meiner Leitung bilden. Deshalb habe ich Sie hierhergebeten. Ich glaube, dass es Sinn macht, die an dem Einsatz beteiligten Kollegen«, Ehlers stockte kurz, »und die Kollegin nicht in die Ermittlungen einzubeziehen. Das habe ich vorhin mit dem Teamleiter, Hauptkommissar Richter, abgestimmt. Gleichwohl sollte die Gruppe Richter weiter am Ball bleiben.«

Ehlers stellte die Verbindung zwischen den Morden an Marcello Manfredi und Lars von Wedell her.

»Als Fluchtfahrzeug des vermutlichen Täters konnte einwandfrei das auf Thomas Tuchtenhagen zugelassene Auto identifiziert werden. Trotz sofort eingeleiteter Fahndung konnte der Flüchtige entkommen.«

Ein Obduktionsergebnis lag noch nicht vor. Eine erste Einschätzung des Rechtsmediziners, die Ehlers verlas, entsprach genau der Vermutung, die Frauke am Vorabend geäußert hatte. Madsack nickte ihr anerkennend zu, als der Kriminaloberrat diesen Punkt vortrug. Dann gab er das Wort an den Leiter der Spurensicherung ab.

»Wir haben den Tatort erkennungsdienstlich behandelt. Die

Auswertung dauert noch an. An der unbenutzten Waffe des Opfers haben wir lediglich die Abdrücke des ermordeten Kollegen finden können. Als Tatwaffe kommt eine Pistole des Kalibers 7,65 Browning infrage. Mehr lässt sich im Augenblick nicht sagen. Die Kriminaltechnik ist am Ball. Es scheint aber auszuschließen zu sein, dass die tödlichen Verletzungen durch die Waffe eines der beteiligten Beamten erfolgten. Wir haben die Waffen eingesammelt und führen Vergleichsanalysen durch. Wir haben noch keine Bestätigung dafür, aber der erste Anschein deckt sich mit den Aussagen der am Einsatz beteiligten Beamten. Demnach ist seitens der Polizei nur ein Schuss abgegeben worden, als der Einsatzleiter Hauptkommissar Richter das Feuer erwiderte, nachdem er beschossen wurde. Mit Einbruch des Tages hat die Spurensicherung erneut die Arbeit im weiteren Umfeld des Tatorts aufgenommen und sucht jetzt nach Projektilen und Patronenhülsen.«

Ein Raunen ging durch den Konferenzraum, als der Leiter der Spurensicherung Fotos vom Tatort zeigte. Frauke sah nur unwillig auf die übergroß präsentierten Aufnahmen. Zu lebhaft waren noch die Erinnerungen an den gestrigen Abend. Sie brauchte keine Fotografien, um die Bilder vor ihrem geistigen Auge ablaufen zu lassen.

Zum Schluss der Besprechung richtete der Kriminaloberrat das Wort an die Beamten und bat darum, alles zu tun, damit die beiden Morde rasch aufgeklärt würden. »Ich weiß, dass ich Sie dazu nicht gesondert ermutigen muss«, schloss er seine Ausführungen.

Das Team wechselte vom großen in den kleinen Besprechungsraum.

Bernd Richter sah übernächtigt aus. Er machte einen bekümmerten Eindruck. »Wenn ich bloß nicht dem Einsatz zugestimmt hätte«, sagte er und sah in die Runde. »War das Risiko nicht abschätzbar?«

»Sie haben richtig gehandelt«, sagte Frauke zur Überraschung aller. »Es sollte ein harmloses Gespräch mit einem Informanten sein. Es gab keine Anzeichen dafür, dass jemand ohne Vorwarnung schießen würde. Und die Art und Weise, wie man Lars von Wedell ermordet hat, war eine kaltblütige Hinrichtung.«

»Das ist doch Quatsch«, entrüstete sich Jakob Putensenf. »Warum sollte jemand einen Polizisten zur Messe bestellen und dort töten? *Geplant* und vorsätzlich?«

»Das müssen wir herausbekommen«, sagte Frauke, bevor Richter antworten konnte. Sie hatte den Eindruck, dass der Hauptkommissar froh war, dass Frauke für ihn die Gesprächsführung übernommen hatte. »Von Wedell ist direkt angesprochen worden. Dabei stellt sich mir die erste Frage. Woher kannte der Anrufer, von dem wir vermuten, dass es Bassetti war, von Wedells Handynummer? Unser Kollege hatte den italienischen Fleischarbeiter in der Pizzeria Italia zufällig kennengelernt. Oder war es gar kein Zufall, obwohl alles darauf hindeutet? Hat Lars vielleicht etwas mitbekommen, ohne dass es ihm bewusst war, was für den Mörder hätte gefährlich werden können?«

»Jeder halbwegs intelligente Mensch kann sich zusammenreimen, dass ein Kripobeamter sein Wissen mit anderen Polizisten austauscht. Das gibt es nur in schlechten Filmen, dass ein Ermittler seine Erkenntnisse für sich behält«, sagte Richter. »Das glaube ich also nicht.«

»Wenn du unterstellst, dass Verbrecher immer zu den klugen Menschen gehören, gäbe es gar keine Straftaten«, sagte Madsack. »Dann würde niemand töten.«

»Ich finde es bescheuert, dass man uns nicht in die Sonderkommission aufgenommen hat«, knurrte Putensenf dazwischen.

»Das ist okay, Jakob«, erklärte Richter. »Wir alle hier«, er wies mit dem ausgestreckten Zeigefinger nacheinander auf die Anwesenden, »sind befangen.«

»Ich doch nicht«, grummelte Putensenf.

»Wir kennen den Ablauf des Abends – jeder aus seiner Sicht«, sagte Frauke. »Ich würde vorschlagen, dass wir ihn noch einmal gemeinsam rekonstruieren. Also – jeder war auf seinem Platz.«

Die drei Polizisten nickten zustimmend.

»Schön. Dann hat Lars jemanden kommen sehen. So hat er es über Funk berichtet.«

»Ich habe den Schatten auch erkannt«, bestätigte Richter. »Mehr aber nicht. Dafür war es zu dunkel. Ich hätte mich von meiner Position auf dem Hügel weiter vorbeugen müssen. Es hätte dabei die Gefahr bestanden, dass sich meine Silhouette gegen den Nachthimmel abzeichnet.«

»Ich habe niemanden gesehen«, sagte Madsack.

»Nix«, bestätigte Putensenf, nachdem Frauke ihn angesehen hatte.

»Dann wurde geschossen«, sagte Frauke.

»Richtig. Auf Lars«, pflichtete Richter bei. »Die Geschosse wurden aber noch nicht gefunden.«

»Der Schütze kam aus Richtung Expo-Allee um die Ecke der Messehalle 14. Die Schussrichtung war also entweder zum Eingang des Convention Centers, oder …«

»Lars hat sich bewegt und war schon auf dem Weg, als auf ihn gezielt wurde. Dann müssen wir weiter hinten suchen«, warf Richter ein. Er schien sich die Gesprächsführung zurückerobern zu wollen. »Aus einem unerklärlichen Grund ist von Wedell plötzlich losgerannt. Auf den Schützen zu.«

»Das habe ich auch gesehen«, stimmte Frauke zu. »Allerdings nur die beiden Schatten«.

»Jetzt folgt Spekulatives. Der Mörder hat sich hinter der Ecke versteckt. Lars ist ihm gefolgt, hat unvorsichtigerweise nicht auf den Hinterhalt geachtet und – der Mörder war nicht mehr vor, sondern hinter ihm. Dann hat er ihn kaltblütig ermordet«, sagte Richter.

»Sehr kaltblütig. Wenn der Täter flüchten wollte, fragt sich, warum er seinerseits Lars von Wedell hinterhergelaufen ist und sich die Zeit nahm, drei Mal auf ihn zu schießen. Er musste doch damit rechnen, dass ihm andere Beamte auf den Fersen waren.«

Richter hatte seine rechte Hand erhoben und bewegte sie aufgeregt hin und her. »Ihre Erklärung hat einen Haken, Frau Dobermann. Wenn der Unbekannte davon ausging, dass Lars allein auf ihn wartete, musste er nicht mit weiteren Polizisten rechnen.«

»Dann wäre der Mörder sehr naiv. Trotz all der bewiesenen Kaltblütigkeit.«

»Das Ganze spielte sich ja in Sekundenbruchteilen ab«, erklärte Richter. »Und weil Tuchtenhagen diesen Fehl …«

»Moment«, unterbrach ihn Frauke. »Wir sollten nicht von Tuchtenhagen sprechen. Oder haben Sie ihn zweifelsfrei erkannt?«

»Nicht hundertprozentig. Als ich ihn auf dem Weg zum Südtor an der Kronsbergstraße verfolgte, habe ich ihn noch nicht einwandfrei identifizieren können. Erst als er in das Auto sprang und davonfuhr. Es handelte sich um Tuchtenhagens Audi. Daran gibt es keine Zweifel.«

»Jeder Anwalt erklärt Ihnen, dass in diesem Fahrzeug jeder andere hätte flüchten können«, gab Madsack zu bedenken. »Wie groß war der Abstand zwischen dir und dem Flüchtenden?«, wandte er sich an Richter. »Wenn der Täter sein Fahrzeug dort geparkt hatte, musste er die Tür öffnen, ins Auto springen und den Motor starten. Das nimmt eine gewisse Zeit in Anspruch.«

»Ich hatte den Eindruck, dass der Motor lief«, sagte Richter. »Wenn Tucht… der Täter das Vorhaben fest geplant hatte, auch den Mord an Lars von Wedell, schließlich hat er ja ohne jede Ankündigung zuerst zwei Mal auf ihn geschossen, dann hatte er auch seine Flucht akribisch geplant.«

»Und er ist nicht auf den Beifahrersitz eingestiegen? Es hätte ja sein können, dass seine Frau am Steuer mit laufendem Motor auf ihn gewartet hat«, schaltete sich Madsack ein.

Frauke unterließ es, zu intervenieren. Irgendwie hatten Richter und Madsack recht. Wenn man diese Theorie verfolgte, musste man das Ehepaar Tuchtenhagen beim Namen nennen.

»Der Typ muss doch völlig bescheuert sein. Der führt uns an der Nase herum, versteht es, immer wieder zu entkommen und seine Spur zu verschleiern, aber nutzt sein eigenes Auto. Der kann sich doch ausrechnen, dass man nach ihm fahndet«, sagte Putensenf.

Frauke nickte dem Kriminalhauptmeister aufmunternd zu. »Ihre Bedenken sind richtig. Aber wenn jemand all das, was Sie aufgeführt haben, auch bedenkt, ist er noch lange nicht in der Lage, ein fremdes Auto aufzubrechen und für die Flucht zu stehlen. Nach allem, was wir über Tuchtenhagen in Erfahrung bringen konnten, hat der Mann keine kriminelle Praxis.«

»Was ist mit der Pizzeria? Die sollten wir zunächst unter die Lupe nehmen«, wechselte Richter das Thema.

Madsack nahm den Notizzettel in die Hand, runzelte kurz die Stirn und begann zu berichten. »Das Ehepaar Filippi betreibt die

Pizzeria seit mehr als fünfundzwanzig Jahren. Judith Filippi ist gebürtige Deutsche, Giosino stammt aus Italien. Die beiden haben schon lange Silberhochzeit gehabt und drei erwachsene Kinder. Gegen beide liegt nichts vor, nicht einmal ein Verkehrsvergehen. Ich habe den langjährigen Bezirksbeamten des zuständigen Reviers interviewt. Die Pizzeria ist im Stadtteil sehr beliebt, gut besucht, fast ausschließlich von Deutschen. Wenn wir unserer Phantasie freien Lauf lassen und glauben, das könnte ein Treffpunkt der Mafia sein … Fehlanzeige. Die Inhaber gelten als freundlich, unauffällig und sind unter den Geschäftsleuten des Viertels sehr engagiert. Dazu hat sicher auch beigetragen, dass Giosino Filippi irgendwann einmal kleine Pizzabrötchen an die Schüler einer benachbarten Grundschule kostenlos verteilt hat. Seitdem kommen Generationen von Kindern nach Schulschluss in die Pizzeria und holen sich ihr Leckerli ab.« Madsack räusperte sich. »Meine persönliche Einschätzung ist, dass das Lokal keine Rolle spielt. Es ist wohl Zufall, dass Simone Bassetti dort verkehrt. Schließlich wohnt er nur einen Steinwurf entfernt.«

»Ich möchte mir das Lokal trotzdem ansehen«, entschied Richter und zeigte auf Putensenf. »Du kommst mit.« Er sah ärgerlich auf, als Madsacks Handy ihn unterbrach.

Madsack lauschte kurz in den Hörer. »Ist gut, Frau Westerwelle. Stellen Sie durch.« Dann gab er das Mobiltelefon an Frauke weiter. »Für Sie.«

Einen kurzen Augenblick war es still in der Leitung. Dann hörte sie eine erregt klingende Männerstimme. »Hier ist Tuchtenhagen.«

»Ja, Herr Tuchtenhagen«, sagte sie laut, damit alle im Raum mitbekamen, mit wem sie sprach.

»Waren Sie das, die mich angerufen hat, als meine Frau verschwunden war?«

»Richtig.«

»Hören Sie. Ich weiß, dass die Polizei mich sucht. Und meine Frau. Lassen Sie das sofort sein. Es geht um Leben und Tod. Wenn nicht noch mehr Menschen sterben sollen, stellen Sie sofort Ihre Ermittlungen ein.«

»Das ist nicht Ihr Ernst?«

»Doch. Tödlicher Ernst.«

»Sie ermorden zwei Menschen und verlangen, dass die Polizei sich zurückzieht?«

»Ja. Begreifen Sie. Es geht wirklich um weitere Menschenleben. Stoppen Sie sofort alle Ermittlungen.«

»Erst erschlagen Sie Marcello Manfredi, dann erschießen Sie einen Polizeibeamten. Was glauben Sie, mit wem Sie sprechen?«

»Ich weiß, dass man mich gestern erkannt hat, als ich an der Messe war. Aber ... Verflixt. Sie wollen mich nur in ein langes Gespräch verwickeln, um mich zu orten.« Dann war die Verbindung unterbrochen.

Frauke gab den anderen Beamten den Inhalt des Gesprächs wieder. Putensenf schlug mit der Faust auf den Tisch. »Brauchen wir noch mehr Beweise? Das Ehepaar hat es faustdick hinter den Ohren.«

»Wir brauchen mehr Beweise«, sagte Frauke kühl. »Wir müssen als Nächstes nach dem Motiv forschen.«

Madsack hatte sich auf der Tischplatte abgestützt und war aufgestanden. »Ich kümmere mich um die Technik. Wir lassen Tuchtenhagens Handy überwachen. Wenn er es benutzt hat, wissen wir, wo er steckt.« Dann stutzte er, fingerte mit seinen fleischigen Händen auf der kleinen Tastatur und las eine Mobilfunknummer vor. »Von diesem Apparat hat er angerufen.«

Richter nahm den schmalen Ordner zur Hand, der vor ihm lag. »Sag noch mal«, forderte er Madsack auf und verglich die Zahlen mit einem Eintrag in seinen Unterlagen. »Stimmt. Das ist Tuchtenhagens Telefon.«

»Ist der völlig plemplem?«, fragte Putensenf. »Kurvt mit dem eigenen Auto zum Tatort und nutzt sein Mobiltelefon. So blöde kann auch nur ein Akademiker sein. Diese Figuren sind völlig unpraktisch.«

»Jedenfalls verhält sich Tuchtenhagen ausgesprochen merkwürdig. Wenn Manfredi ein Verhältnis mit Manuela Tuchtenhagen hatte und der eifersüchtige Ehemann den möglichen Liebhaber seiner Frau zur Rede stellen wollte, hat es Streit geben können, und Thomas Tuchtenhagen erschlägt den Italiener im Affekt. Aber die Sache mit Lars von Wedell passt nicht in das Schema. Da steckt etwas anders dahinter«, überlegte Frauke laut. »Ich glaube, wir sollten uns die Wurstfabrik noch einmal näher ansehen. Schließlich führen die Spuren Tuchtenhagen und Bassetti dort zusammen. Einverstanden?« Sie sah Richter an. Der Hauptkommissar nickte müde.

»Hat noch jemand was auf Lager?«, fragte Richter. Als niemand antwortete, fuhr er fort: »Gut. Dann können wir das Meeting beenden. Jeder weiß, was zu tun ist.«

»Ich habe noch einen Punkt«, sagte Frauke. »Sind die Unterlagen aus Oldenburg inzwischen aufgetaucht?«

»Ich kümmere mich darum.« Richter zeigte zum ersten Mal eine Spur Resignation.

Madsack saß an seinem Schreibtisch, hatte den Telefonhörer zwischen Kinn und Schulter eingeklemmt, griff mit der linken Hand fortwährend zur Tüte mit den Gummibärchen und hielt die andere Hand diskret vor den Mund, während er telefonierte. Frauke war erstaunt, dass der Teilnehmer am anderen Ende der Leitung offenbar nichts von Madsacks Nascherei mitbekam. Dann wurde sie durch das Klingeln ihres Handys wieder abgelenkt.

»Ja. Hallo. Mein Name ist Dobermann. Ich beziehe mich auf Ihre Anzeige in der Hannoverschen. Mich interessiert das möblierte Apartment.« Sie lauschte einen Moment in den Hörer. »Schade. Da kann man nichts machen.« Dann legte sie das Handy auf die Tischplatte.

Madsack sah sie fragend an.

»Schon weg«, sagte Frauke. Sie hatte die paar Minuten Luft genutzt, um einige Telefonate zu führen. Bisher waren ihre Bemühungen um eine andere Unterkunft als das Hotel vergeblich gewesen. Sie hätte sofort in ein Boardinghouse einziehen können. Als man ihr aber die Servicepreise nannte, hatte sie dankend abgelehnt.

Madsack hatte sein Gespräch beendet. Er lehnte sich in seinem Stuhl zurück und reichte Frauke die Tüte mit den Gummibärchen.

Sie verzichtete dankend.

»Es gibt Neuigkeiten von Tuchtenhagen«, erklärte der Hauptkommissar. »Es sind gleich mehrere Spuren.« Er sah auf den Notizblock, der vor ihm lag. »Tuchtenhagen ist gestern von der Messe in die Nähe Goslars geflüchtet. In Langelsheim, das liegt am nördlichen Rand des Harzes, hat er an einem Geldautomaten dreihundert Euro abgehoben. Das war bei der Braunschweiger Landessparkasse in der Bahnhofstraße. Außerdem hat er im selben Ort getankt. Wir konnten es nachvollziehen, weil er mit seiner EC-Karte gezahlt hat. Dann ist er noch ein paar Kilometer in den Harz hineingefahren und hat in Wolfshagen übernachtet. Das Hotel heißt Sonnenhotel Wolfshof. Ich habe schon die Kollegen aus Goslar informiert.«

»Ich würde es für sinnvoll erachten, wenn wir uns das selbst ansehen«, schlug Frauke vor.

Madsack nickte. »Einverstanden. Wollen Sie fahren?«

»Kommen Sie mit?«

»Ich warte noch auf wichtige Informationen. Wenn es Ihnen recht ist, würde ich vorschlagen, dass Sie Jakob mitnehmen.«

Frauke war nicht sehr begeistert davon, den Ausflug mit dem knurrigen Putensenf zu unternehmen. Aber Madsack hatte ihre Antwort gar nicht abgewartet, Richter angerufen und ihr dann zugenickt. »Bernd ist einverstanden. Er sagt Putensenf Bescheid. Jakob holt Sie in zehn Minuten ab.«

»Können Sie Bilder von der Überwachungskamera am Geldautomaten besorgen?«, fragte Frauke.

»Sie meinen, aus Langelsheim?«

»Ja. Vielleicht taucht im Hintergrund noch eine weitere Person außer Tuchtenhagen auf.«

»Seine Frau?«

»Das war meine Idee.«

»Ich kümmere mich darum«, sagte Madsack.

Putensenf benötigte eine Viertelstunde, bis er in der offenen Bürotür erschien und wortlos mit dem Autoschlüssel klimperte. Er ging zum Parkplatz voran, setzte sich hinters Lenkrad und sprach die ganze Fahrt über kein Wort.

Sie fuhren über die auf diesem Stück gut ausgebaute A 7 Richtung Süden. Frauke fiel auf, dass auch auf dieser Autobahn eine nicht endende Schlange von Lkws dahinkroch. Den Truckern stand eine gute Stunde Schwerstarbeit bevor, wenn sich die beladenen Lastzüge mühsam die Kasseler Berge hinaufquälten.

Hinter Hildesheim stieg die Fahrbahn an und erklomm einen ersten Höhenzug. Frauke sah zur Seite und warf einen Blick über die flache Hildesheimer Börde mit den in der Ferne fast unwirklich erscheinenden großen Kalibergen.

Putensenf fuhr zügig, aber angepasst, stellte Frauke fest. Er drängelte nicht, wurde nicht ungeduldig und sah auch die Reaktionen der anderen Verkehrsteilnehmer voraus, als an einer Stelle ein unaufmerksamer Autofahrer die Geschwindigkeit des A-Klasse-Mercedes der beiden Beamten falsch einschätzte und auf die linke Spur zog.

In Rhüden verließ Putensenf die Autobahn. Sie fuhren jetzt in Richtung Harz. Frauke bot sich ein beeindruckendes Bild mit dem wie aufgeschüttet wirkenden Mittelgebirge. Der Harz kündigte sich nicht durch eine hügelige Landschaft an, sondern die bewaldeten Hänge stiegen plötzlich aus der flachen Ebene empor. Die Berge schimmerten bläulich und nicht grün, wie man es von den Wäldern vermutet hätte. Ihr fiel die erste Zeile des alten Volksliedes »Von den blauen Bergen kommen wir« ein.

Streckenweise säumten Alleebäume die Straße, die durch unscheinbare Dörfer führte. Schließlich erreichten sie die kleine Stadt am Rande des Harzes. Die Tankstelle lag am anderen Ende der Stadt.

»Was kann ich für Sie tun?«, fragte der grauhaarige Mann an der Kasse, nachdem er einen anderen Kunden abgefertigt hatte.

»Kripo Hannover«, sagte Frauke.

»Sie kommen wegen des Burschen, der gestern Abend hier war? Wir haben das schon Ihren Kollegen erzählt. Die waren vor«, er warf einen Blick auf seine Armbanduhr, »einer guten Stunde hier.«

»Es tut uns leid, aber wir müssen Sie noch einmal befragen.«

»Schön«, sagte der Mann und rief: »Patrick!« Kurz darauf erschien ein schlaksiger junger Mann mit einem pickligen Gesicht und sah den älteren fragend an.

»Übernimm mal.« Dann wandte sich der Mann an die beiden Beamten. »Kommen Sie mal durch. Hier lang.« In dem kleinen Büro hinter dem Kassenraum befand sich das Herzstück der Elektronik, mit der eine Tankstelle heutzutage ausgestattet ist. Kleine Monitore übertrugen das Bild der auf die Zapfsäulen gerichteten Kameras.

Auch der Verkaufsraum wurde überwacht. Der Mann nahm einen kleinen Zettel zur Hand. »Ich habe mir die Stelle vorhin notiert, als ich das den anderen gezeigt habe.« Er setzte sich an die Tastatur des PCs. »Verflixt, wo habe ich meine Brille?«, fluchte er.

»Ist es diese?«, fragte Putensenf und hielt ihm eine Hornbrille hin, die auf einem Nebentisch lag.

Der Mann setzte die Augengläser auf. Kurz darauf lehnte er sich zurück und zeigte mit dem Finger auf den Monitor. »Hier. Das ist er.«

Frauke und Putensenf beugten sich zum Bildschirm hinab. Deutlich war Tuchtenhagen zu erkennen, wie er an der Kasse bezahlte. Frauke achtete auf den Hintergrund, aber der Verkaufsraum war leer.

»War der Mann in Begleitung?«, fragte Frauke.

»Das haben die anderen, ich meine Ihre Kollegen, auch gefragt. Ich habe daraufhin schon mit der Aushilfe telefoniert, die gestern Abend Dienst hatte. Die Frau konnte sich nicht sicher daran erinnern, glaubt aber, dass er allein war.« Der Tankstellenpächter gab erneut ein paar Befehle auf der Tastatur ein. »Hier haben wir ihn noch einmal, als er draußen den Wagen betankt hat. Da ist auch kein anderer zu sehen. Auch nicht im Wagen.«

Deutlich war zu erkennen, wie der Audi an die Zapfsäule rollte. Dann war Tuchtenhagen ausgestiegen und hatte Benzin eingefüllt. Nach einer Weile war er wieder aufgetaucht, eingestiegen und davongefahren. Die beiden Beamten konnten nicht nur den Audi und das Hannoveraner Kennzeichen erkennen, sondern auch sehen, dass kein weiterer Passagier im Fahrzeug saß. Offensichtlich war Tuchtenhagen allein unterwegs gewesen.

»Können wir von Ihren Aufzeichnungen Kopien bekommen?«

»Ja, wer nun?«, fragte der Tankwart und zeigte sich zum ersten Mal ein wenig ungehalten. »Die Goslarer haben auch danach gefragt. Reicht es nicht, wenn Sie sich untereinander einig werden? Ich hab schließlich anderes zu tun, als Detektiv zu spielen.«

»Haben Sie den Kollegen die Aufzeichnungen mitgegeben?«

»So schnell schießen die Preußen auch nicht. Das dauert noch eine Stunde, wenn ich nicht durch andere Dinge abgelenkt werde.«

Die beiden Beamten verabschiedeten sich. Putensenf fuhr ins

Stadtzentrum und suchte einen Parkplatz in der Nähe der Sparkassenfiliale.

Auch hier war man auf den Besuch der Polizei vorbereitet. Der Filialleiter schien ein wenig aufgeregt, zumindest sprach er hastig. »Ich habe es schon den Beamten aus Goslar gezeigt. Aber wenn Sie es noch einmal sehen möchten ... Bitte. Kein Problem.« Dann führte er den Film vor, auf dem Tuchtenhagen beim Geldabheben zu erkennen war. Der Flüchtende schien sehr nervös gewesen zu sein, es war erkennbar, dass er sich mehrfach bei der Eingabe am Geldterminal vertan hatte. Frauke interessierte besonders die von der Kamera erfasste Umgebung. Tuchtenhagen war allein zum Automaten gegangen. Außer ihm war niemand zu sehen.

Die Straße zum Ortsteil Wolfshagen führte leicht bergan. Alles wirkte aufgeräumt und sauber. Typisch für die Region war auch die Bauweise mit den Schindelfassaden. Kurz bevor die Straße am Stadtrand weiter in die Berge führte, wies das GPS Putensenf an, rechts abzubiegen. Am Ende der Straße lag das Sonnenhotel Wolfshof, in dem Tuchtenhagen übernachtet hatte. Das Gebäude war in einem oft im alpenländischen Raum anzutreffenden Baustil errichtet worden.

An der Rezeption wurden sie von einer freundlichen Mitarbeiterin empfangen.

»Was kann ich für Sie tun?«

»Polizei Hannover. Bei Ihnen hat heute Nacht ein Gast namens Thomas Tuchtenhagen gewohnt.«

Die Frau nickte freundlich. »Richtig. Da war vor einer Stunde schon einmal die Polizei da. Aus Goslar – glaube ich.«

»Wir kommen aus Hannover. Können Sie uns noch einmal berichten, was Sie den Kollegen erzählt haben?«

»Ja sicher. Nur den Meldezettel kann ich Ihnen nicht aushändigen. Den haben die anderen mitgenommen. Ich habe aber eine Kopie gemacht.« Sie holte eine Fotokopie hervor, die griffbereit auf ihrem Arbeitsplatz lag. »Bitte.«

Frauke und Putensenf warfen einen Blick darauf. Tuchtenhagen hatte sich nicht die Mühe gemacht, seinen Namen zu verfälschen. Name, Anschrift und Geburtsdatum waren richtig angegeben.

»Warum das?«, murmelte Putensenf leise vor sich. »Ist der so blöde?«
»Wie hat der Gast bezahlt?«, fragte Frauke.
»Mit EC-Karte. Das ist alles einwandfrei gelaufen.«
»War er allein? Oder hat er sich bei Ihnen mit anderen getroffen?«
»Gebucht war ein Einzelzimmer. Das heißt, es war nicht vorbestellt. Der Gast tauchte gestern am späten Abend auf und fragte, ob noch etwas frei wäre.«
»Wie spät?«
Die Frau an der Rezeption machte ein nachdenkliches Gesicht. »Oh, da muss ich passen. Aber wenn Sie möchten, kann Ihnen meine Kollegin weiterhelfen, die gestern Abend Dienst hatte.«
»Ist die im Hause?«
»Das nicht, aber ich kann sie anrufen. Cäcilie wohnt in Jerstedt. Das ist zwei Dörfer weiter.«
»Wenn Sie uns die Adresse geben, würden wir selbst vorbeifahren. Dann würden wir uns gern noch das Zimmer ansehen.«
»Das ist schon gemacht.« Die Frau an der Rezeption zog eine bedauernde Miene.
»Hat Thomas Tuchtenhagen telefoniert?«
»Da ist nichts abgerechnet worden.«
»Hat er mit jemandem im Restaurant zusammengesessen?«
»Die Küche war schon geschlossen, als der Gast eintraf. Das kann nicht sein. Aber ich sehe gerade«, sie warf einen Blick auf die Rechnungskopie, »dass der Gast noch in der Bierstube war. Dort hat er drei Bier und drei Whisky getrunken.«
Die Mitarbeiterin gab den beiden Beamten die Adresse der Kollegin von der Spätschicht. Dann fuhren die Polizisten über eine schmale Landstraße nach Jerstedt.
Cäcilie Petermann bewohnte mit ihrer Familie ein Reihenhaus in einer Neubausiedlung am Rande des Dorfes. Sie musste den Besuch erwartet haben, denn die Haustür öffnete sich, als die beiden Polizisten sich noch suchend auf der Straße umsahen.
»Sie wollen zu mir?« Die rotblonde Frau mit der stämmigen Figur, dem runden Gesicht und der starken Hornbrille sah ihnen entgegen. Halb hinter der Frau versteckt lugte ein kleines blondes Mädchen den Beamten entgegen. »Meine Kollegin aus dem Hotel

hat mich angerufen und Bescheid gesagt, dass Sie kommen.« Sie öffnete die Haustür ganz. »Bitte, kommen Sie rein.« Sie zeigte auf das Wohnzimmer im Hintergrund.

»Na, wie heißt du denn?« Putensenf beugte sich zu dem Kind hinab und stupste es mit dem Zeigefinger vorsichtig auf die Nasenspitze. Verschreckt klammerte sich die Kleine am Hosenbein ihrer Mutter fest.

»Ich mach oft die Spätschicht«, erklärte Frau Petermann ungefragt. »Mein Mann geht früh aus dem Haus, und wenn er heimkommt, kann er sich um die Kleine kümmern. Nicht wahr, Mäuschen?« Dabei warf sie dem Kind einen liebevollen Blick zu und fuhr ihm zärtlich über den Kopf.

»Sie haben gestern noch einen Gast eingecheckt.« Putensenf hatte es wieder Frauke überlassen, die Fragen zu stellen.

Cäcilie Petermann nickte. »Das haben wir nicht oft – ich meine, dass jemand ohne Voranmeldung so spät nach einem Zimmer fragt. Aber das war kein Problem. Wir sind nicht ausgebucht.«

»War der Mann allein?«

»Ja.«

»Kann er sich mit einem anderen Gast getroffen haben?«

»Das weiß ich nicht.«

»Haben Sie einen einzelnen weiblichen Gast gehabt?«

»Frauen ohne Herrenbegleitung? Ja. Die waren aber mit einem Bus gekommen. Lange vorbestellt. Der Landfrauenverein aus Nottuln. Das liegt bei Münster. Sonst war keine einzelne Frau bei uns.«

»Waren ausländische Gäste im Hotel? Italiener?«

Sie lachte. »Nein. Das waren alles Deutsche. Überwiegend ältere Ehepaare. Und die Damenriege aus Westfalen – wie gesagt.«

»Kann sich der Mann in der Bierstube mit jemandem getroffen haben?«

»Sie meinen, mit jemandem, der nicht bei uns gewohnt hat?«

»Ja.«

»Ausgeschlossen. Bei uns verkehren so gut wie keine Leute, die nur unsere Bierstube besuchen. Und gestern schon gar nicht. Das wüsste ich.«

»War Herr Tuchtenhagen früher schon einmal in Ihrem Hotel?«

»Ich habe ihn gestern das erste Mal gesehen.«

Die beiden Beamten verabschiedeten sich von Frau Petermann.
»Es sieht so aus, als hätte Tuchtenhagen dieses Hotel zufällig ausgewählt«, sagte Frauke.
»Keine konspirative Verabredung mit seiner männermordenden Ehefrau«, lästerte Putensenf.
»Er ist von der Messe aus in südlicher Richtung geflüchtet und erst einmal ein Stück über die Autobahn gerast. Irgendwann hatte er sich ein wenig beruhigt, hat die Autobahn verlassen, vermutlich in Rhüden, und der nächste Ort war Langelsheim. Reiner Zufall.«
»So könnte man es vermuten«, knurrte Putensenf. »Und nun?«
»Wir haben keine Anhaltspunkte, wo er sich aufhalten könnte. Die Kollegen im Büro sollen die Fahndung auf den Harz und das Vorland ausdehnen. Vielleicht sucht Tuchtenhagen in der Gegend eine weitere Bleibe für die kommende Nacht.«
»Oder er fährt weiter nach Ossiland«, umschrieb Putensenf den zu Sachsen-Anhalt gehörenden Ostharz. »Oder in den Thüringer Wald. Oder sonst wohin.«
»Dafür hat man uns, um herauszufinden, wo *sonst wohin* liegt.«
»Und das wollen Sie mit Ihren weiblichen grauen Zellen ermitteln.«
»Habe ich eine Alternative, wenn Ihre dazu nicht ausreichen?«
»Sie sind eine gottverdammte Emanze«, fluchte Putensenf.
»Und Sie haben auch nie ein Examen auf einer Kavaliersschule erworben.«
Putensenf atmete erleichtert auf, als sein Handy klingelte.
»Ja, Bernd, was gibt's?«, fragte er. Dann lauschte er in den Lautsprecher.
»Gut, wir fahren hin«, sagte er und klappte das Mobiltelefon zusammen. »Das war Richter. In Goslar hat es eine Schießerei gegeben. Vermutlich ist Tuchtenhagen einer der Beteiligten. Zumindest steht sein Audi am Tatort.«
»Gibt es Opfer?«, fragte Frauke.
Putensenf warf ihr einen spöttischen Blick zu. »Ist nicht weit her mit den weiblichen grauen Zellen?« Er tippte sich dabei gegen die Stirn. »Ich war nicht an der Ballerei beteiligt. Und mehr als das, was mir Richter erzählt hat, weiß ich auch nicht. Ich kann vieles, aber nicht hellsehen.«

»Das ist mir schon lange klar, dass Sie nicht zu den Hellsten gehören.«

»Irgendwann begegnen Sie dem Richtigen. Und dann kracht es.« Putensenfs Stimme klang pikiert.

»Da werden Sie aber nicht dabei sein. Und nun wäre es der Sache dienlich, wenn Sie endlich fahren würden. Wohin müssen wir?«

»Zum Parkplatz an der Kaiserpfalz.«

»Aha.«

»Ihrem Kommentar entnehme ich, dass Sie keine Ahnung haben, was das ist.«

»Glauben Sie noch an die Mär, dass es in Flensburg nur Zwergschulen gibt?« Frauke lehnte sich im Polster zurück. »Im Mittelalter gab es keine Hauptstadt, stattdessen ist der König ...«

»Kaiser«, unterbrach Putensenf.

»König! Kaiser des Heiligen Römischen Reiches wurde er erst durch die Krönung durch den Papst. Also! Der König ist durch die Lande gezogen, von Stützpunkt zu Stützpunkt. Und diese Paläste waren die Pfalzen.«

»Donnerwetter«, knurrte Putensenf durch die Zähne. »Und die in Goslar ist eine der prächtigsten. Wussten Sie, dass es der älteste und am besten erhaltene Profanbau des 11. Jahrhunderts ist? Und die Lieblingspfalz der Salier.«

»Wenn es damals so tüchtige Polizisten wie Sie gegeben hätte, dann hätte der Adel sich nicht gegenseitig gemeuchelt. Und wären die Salier an der Macht geblieben – womöglich wäre Goslar heute deutsche Hauptstadt. Und? Was ziehen wir daraus für einen Schluss?«

»Keine Ahnung«, murmelte Putensenf.

»Hätte es damals schon weibliche Polizisten gegeben, wäre die Aufklärungsquote besser gewesen. Das Patriarchat hat versagt. Daraus können Sie folgern, dass die Männer schuld sind, dass Goslar nicht Hauptstadt geworden ist.«

»Emanzengeschwätz.«

Sie hatten die B6 verlassen und waren den Weisungen des GPS gefolgt. Das System leitete sie um den historischen Kern Goslars herum. Sie bogen von der Hauptstraße am Fuß des Rammelsberges nach links ab und standen kurz darauf auf dem Parkplatz vor dem beeindruckenden Bauwerk, vor dem zwei mächtige Bronzelöwen postiert waren.

Ein Teil des Parkplatzes war abgesperrt. Davor standen drei Streifenwagen und zwei zivile Pkw. Putensenf hielt hinter einem dunkelblauen Ford Escort. Als sie ausstiegen, richteten sich die Blicke dreier Männer auf sie.

»Guten Tag, LKA Hannover«, sagte Putensenf.

Ein drahtiger Mann mit rötlichem Kraushaar kam auf sie zu und gab ihnen die Hand.

»Eder, Kripo Goslar.«

Putensenf und Frauke stellten sich vor und wurden mit Eders beiden Kollegen bekannt gemacht.

»Wo hat Meister Eder seinen Pumuckl gelassen?«, murmelte Putensenf halblaut, sodass nur Frauke es verstehen konnte.

»Waren Sie vorhin in Langelsheim?«, fragte Frauke.

Eder nickte. »An der ARAL-Tankstelle und im Hotel. Es geht um Thomas Tuchtenhagen. Und nun ist er hier in eine Schießerei verwickelt gewesen. Scheint ein schweres Kaliber zu sein.«

»Gibt es Opfer?«, fragte Frauke.

Eder schüttelte den Kopf. »Gottlob nicht. Die beiden Beteiligten sind aber flüchtig.«

»Woher wissen Sie, dass es nur zwei waren?«

»Es gibt einen Zeugen.« Eder sah sich um und winkte einem Mann mit einem mächtigen Bierbauch und einer von der Sonne verwöhnten Glatze heran, der bei zwei uniformierten Polizisten stand.

»Das ist Herr Piepenbrink.« Er drehte sich zu dem älteren Mann um. »Können Sie Ihre Beobachtungen noch einmal für die beiden Kollegen wiederholen?«

»Klar doch. Also. Das war so. Meine Frau und ich, wir sind von Hamburg und machen so 'n lütten Törn durch 'n Harz. Wir sind also hier rauf und wollten in die Pfalz rein. Plötzlich hab'n wir geseh'n, wie sich zwei in die Haare gekriegt hab'n. Erst ham sie sich angebölkt. Dann ist der Große dem Itaker an die Wäsche. Er hat ihm glatt eine auf die zwölf gegeben. Mann, das hättest du sehn müssen. Der andere ist dann weg – wie 'n Wiesel. Hat sich losgerissen und ist ausgebüxt.«

»Haben Sie mitbekommen, worüber die Männer gestritten haben?«, fragte Frauke.

Piepenbrink machte einen bekümmerten Eindruck. »Nee. Tut mir fix was leid. Hab nix gehört.«

»Und der Schusswechsel?«

Piepenbrink kratzte sich die kahle Stelle am Hinterkopf. »Also. Richtig genommen war das kein Schusswechsel. Hat nur einmal geknallt. Ich hab zuerst gar nicht mitgekriegt, was das war. Ehrlich. Dann hat einer geschrien, dass da 'ne Kugel in den Audi rein ist. Tja. Das war's auch schon.«

»Tuchtenhagen und der Unbekannte konnten entkommen. Den Audi hat er stehen gelassen. Wir haben eine Fahndung ausgelöst«, erklärte Eder. »Die Spurensicherung ist auch informiert. Es dauert eine Weile, bis die aus Braunschweig hier sind. Es gibt noch weitere Zeugen, die aber auch nicht mehr als Herr Piepenbrink berichten konnten. Wir nehmen die Personalien auf und die Aussagen zu Protokoll. Außerdem haben wir Piepenbrink und zwei andere gebeten, zwecks Erstellung einer detaillierten Personenbeschreibung aufs Revier zu kommen. Wollen Sie dabei sein oder reicht es, wenn wir Ihnen die Unterlagen nach Hannover mailen?«

»Das wäre prima«, bedankte sich Frauke.

Eder reichte ihr eine Visitenkarte. »Hubert Eder, Kriminalhauptkommissar«, las Frauke.

»Ich kann mich leider nicht revanchieren. Wollen Sie sich meinen Namen notieren?«

Eder sah sie irritiert an. Es wurde nicht besser, als Frauke Putensenf nach der Durchwahl von Madsacks Apparatnummer fragen musste, da sie noch kein eigenes Telefon hatte. Eder enthielt sich eines Kommentars, aber seinem Mienenspiel war anzusehen, dass er keine hohe Meinung von den Beamten des LKA zu haben schien.

Sie machten sich auf den Heimweg nach Hannover.

»Was wollte Tuchtenhagen in Goslar?«, fragte Putensenf plötzlich. »Unsere Ermittlungen im Hotel schienen doch darauf hinauszulaufen, dass der Aufenthalt in dieser Gegend rein zufällig zustande gekommen ist. Das Treffen vor der Kaiserpfalz in Goslar schien aber kein Zufall gewesen zu sein.«

»Und wieder taucht ein Italiener auf. Und der schießt auf Tuchtenhagen. Führt der Mann einen Privatkrieg gegen die Südländer? Schließlich verdächtigen wir ihn, Marcello Manfredi ermordet zu haben.«

Putensenf unterließ es, zu antworten. Stattdessen rief er Richter an und berichtete von ihrem Einsatz. Den Rest der Fahrt schwiegen sie.

Das Büro war nicht sehr groß. Bernd Richter saß hinter seinem Schreibtisch, ihm gegenüber hatte sich Madsack niedergelassen. Er hatte Frauke angesehen und auf den Stuhl gezeigt, aber sie hatte unmerklich den Kopf geschüttelt und lehnte sich gegen den Türrahmen. Putensenf schob ein paar Ordner beiseite und setzte sich auf die Tischkante.

»Verdammt. Ich bin unzufrieden. Wir kommen nicht voran, und nicht nur Ehlers bedrängt mich. Ein Polizistenmord weckt die Aufmerksamkeit der Öffentlichkeit, und die Presse heizt das Thema noch zusätzlich an.«

»Wir sind doch aus der Schusslinie«, protestierte Putensenf. »Da ist eine Sonderkommission eingesetzt worden, die Ehlers selbst leitet. Wie weit sind die?«

»Die verfolgen zahlreiche Spuren. Sie wollen uns außerdem noch einmal vernehmen. Uns alle.« Richter ließ seinen Blick über die Teammitglieder gleiten. »Viele Anhaltspunkte gibt es nicht. Außer unserem Team war nur der Mitarbeiter der Messe in der Nähe. Der hat aber nichts mitbekommen. Die Sonderkommission hat sich auch in alle Unterlagen und Protokolle vergraben, die wir zum Mordfall Manfredi zusammengetragen haben. Ich habe mir vom Kriminaloberrat anhören müssen, dass das mehr als dürftig ist.«

»Wir können nicht hexen«, sagte Putensenf und sah Frauke an. »Offenbar haben auch Hexen ihr Handwerk verlernt.«

»Jakob! Das ist nicht der richtige Zeitpunkt für deine Sticheleien«, fuhr Richter dazwischen, bevor Frauke antworten konnte. »Wenn du nicht reif für die Gleichberechtigung von Mann und Frau bist, musst du dir einen anderen Job suchen.«

»Wie wär's als Eintänzer im Schwulenpuff? Da tauchen garantiert keine Frauen auf«, sagte Frauke.

»Was ich Putensenf erklärt habe, gilt auch für Sie. Ich möchte Ruhe im Team. Haben Sie das verstanden? Und du auch, Jakob?«

Richter atmete tief durch. »Der Obduktionsbefund Marcello Manfredi liegt jetzt vor. Es ist so, wie Frau Dobermann vermutet hat.«

»Sie sollte bei ihrem Glück Lotto spielen«, sagte Putensenf.

»Schneiden Sie Ihre Grasbüschel in den Ohren zurück, damit Sie den Teamleiter besser verstehen können«, antwortete Frauke.

Richter stieg die Röte ins Gesicht. Er schlug mit der flachen Hand auf die Tischplatte. »Noch ein Wort, und ich werde gegen Sie disziplinarisch vorgehen. Gegen beide.« Der Hauptkommissar sog hörbar die Luft ein, bevor er weitersprach. »Die Großfahndung nach Tuchtenhagen läuft. Ich habe vorhin mit Ehlers abgestimmt, dass wir weder das Handy noch die Kreditkarte des Flüchtigen sperren lassen.«

»Wir würden dadurch aber seine Bewegungsfreiheit einschränken«, warf Putensenf ein.

»So können wir verfolgen, wann er sich wohin orientiert und wo er sich aufhält«, erklärte Madsack.

»Danke, Nathan«, fuhr Richter den korpulenten Hauptkommissar an. »Ich kann meine Entscheidungen allein begründen.«

Frauke wunderte sich, weshalb Richter so gereizt reagierte. Auch ihr Geplänkel mit Putensenf war kein Grund, die Mitarbeiter in dieser Weise anzuschnauzen. Dem Teamleiter musste irgendetwas untergekommen sein, von dem die anderen nichts wussten. Ob Kriminaloberrat Ehlers Richter Vorhaltungen wegen der erfolglosen Ermittlungen gemacht hatte?

Richter sah an allen vorbei und stierte für einen kurzen Moment die Wand an. Dann schüttelte er sich leicht. »Weiter im Takt. Die Spurensicherung hat noch keine Patronenhülsen gefunden. Sie durchkämmen weiterhin das Gelände. Das war's.« Er sah auf sein Telefon, das klingelte.

»Richter.« Dann lauschte er kurz in den Hörer, bevor er Frauke ansah. »Geben Sie mir mal Ihre Handynummer.«

Sie nannte die Ziffernfolge, die der Hauptkommissar wiederholte.

»Das war Ihr Freund«, sagte er dann. Als Frauke ihm einen fragenden Blick zuwarf, ergänzte er: »Tuchtenhagen. Er will nur mit Ihnen sprechen.«

Es dauerte fünf Minuten voller Anspannung in dem engen Raum, bis Fraukes Handy klingelte.

»Tuchtenhagen«, meldete sich der Gesuchte. »Wir haben früher miteinander gesprochen. Ich will es kurz machen. Ich vertraue der Polizei nicht und weiß, dass man mich fieberhaft sucht. Es ist alles ganz anders, als Sie vermuten. Glauben Sie mir.«

»Das Beste wird sein, wenn Sie mir sagen, wo Sie sich befinden. Wir würden persönlich miteinander sprechen. Am Telefon gestaltet es sich schwierig.«

»Kommt nicht infrage. Ich bin noch nicht fertig mit meiner Mission. Dann werde ich Ihnen alles erklären. Halten Sie sich bis dahin mitsamt dem ganzen Polizeiapparat zurück. Es geht um Leben und Tod.«

»Herr Tuchtenhagen! Geben Sie auf. Es wäre besser für Sie und für Ihre Frau.«

»Was wissen Sie denn?«

»Wo kann ich Sie erreichen? Wo ist Ihre Frau? Das Versteckspiel führt zu nichts. Irgendwann haben wir Sie. Warum haben Sie Manfredi und unseren Kollegen ermordet?«

Statt einer Antwort hörte Frauke nur das Besetztzeichen. Tuchtenhagen hatte aufgelegt.

»Ich versuche herauszubekommen, von wo er angerufen hat«, sagte Madsack und verließ Richters Büro.

Nachdem Frauke vom Inhalt des Gesprächs berichtet hatte, sagte Richter: »Was soll man davon halten? Der Mann will uns an der Nase herumführen. Für wen hält er uns?«

»Und wenn er recht hat? Wenn sich hinter der ganzen Sache etwas verbirgt, was wir überhaupt noch nicht durchschauen?«, wandte Frauke ein.

»Hat er geleugnet, für die beiden Morde verantwortlich zu sein?«, fragte Richter.

»Nein, aber …«

»Sehen Sie. Da gibt es nichts zu überlegen. Die Fahndung läuft auf Hochtouren weiter.«

»Hast du noch kurz Zeit für mich, Bernd?«, fragte Putensenf.

»Nein!«, herrschte Richter ihn an. Dann wandte er sich an Frauke. »Wenden Sie sich an Frau Westerwelle. Die geht mit Ihnen durchs Haus. Sie bekommen Ihren Dienstausweis und die Ausrüstung, darunter auch eine Waffe.«

»Kann sie damit umgehen?«, stichelte Putensenf.

»Von der Pistole über die MPI bis zu den Waffen der Frau beherrsche ich alles«, sagte Frauke grinsend und verließ mit den anderen Beamten Richters Büro.

Madsack sah auf, als Frauke zu ihrem provisorischen Arbeitsplatz in Madsacks Büro zurückkehrte. »Hat alles geklappt?«, fragte er.

Sie nickte. »Jetzt habe ich zumindest einen Dienstausweis und eine Waffe.«

»Es war ein wenig unglücklich. Halten Sie uns zugute, dass Ihr Wechsel ein wenig überraschend kam. Wenn wir etwas mehr Vorlauf gehabt hätten, wäre das alles besser organisiert gewesen.« Er musterte Frauke durchdringend.

Doch sie ging nicht darauf ein. Natürlich war es sehr kurzfristig, dass sie nach Hannover gewechselt war. Das hatte sie sich auch nicht vorstellen können. Aber man hatte ihr die Pistole auf die Brust gesetzt, und irgendjemand in der Kieler Polizeiführung hatte gute Kontakte in die niedersächsische Landeshauptstadt. Sonst hätte sie in der Landespolizei Schleswig-Holstein bleiben müssen. Dann … Sie wischte den Gedanken beiseite.

»Was wollen Sie jetzt unternehmen?«, fragte Madsack.

»Im Augenblick müssen wir abwarten. Was ergibt die Spurensicherung? Ist in Goslar aus derselben Waffe geschossen worden, mit der Lars von Wedell ermordet wurde? Vielleicht bringen uns auch die Beschreibungen der Zeugen weiter, und wir wissen, wer Tuchtenhagens Kontrahent vor der Kaiserpfalz war. Es ist unerfreulich, dass alles so lange dauert.«

»Ging das bei Ihnen in Flensburg denn schneller?«

»Ja«, sagte sie und dachte an Hauptkommissar Jürgensen, den ewig erkälteten Leiter der dortigen Spurensicherung. »Oben im Norden war alles überschaubarer. Da kannte man den Kollegen, der zwei Zimmer weiter saß. Aber hier …«

»Die Polizei ist auch nur eine Behörde.« Madsack versuchte in seine Worte einen tröstenden Ton zu legen. »Deshalb ist Richter jetzt auch zu einer Dienstbesprechung. Das wird erfahrungsgemäß den ganzen Nachmittag dauern. Aus diesem Grund war er auch ungehalten, als Jakob ihn vorhin noch sprechen wollte.« Madsack verzog das Gesicht zu einem verunglückten Lächeln. »Wir könnten die Zeit nutzen und versuchen, ob wir etwas in den sichergestellten Geschäftsunterlagen Manfredis finden. Etwas, das Bernd Richter übersehen hat. Wenn Sie möchten, hole ich die Sachen rüber.«

»O ja«, stimmte Frauke zu und stand ebenfalls auf. »Ich besorge uns inzwischen einen Kaffee.« Sie verschwieg Madsack gegenüber ihre Verwunderung, da Richter erzählt hatte, die Dokumente würden beim Übersetzer liegen.

Kurze Zeit später saßen die beiden Beamten über die Papiere vertieft. Seite für Seite blätterten sie die Akten durch, bis Madsack sich plötzlich zurücklehnte, dass der Stuhl quietschte. »Ich glaube, ich hab etwas.«

Frauke unterbrach ihre Suche.

»Hier sind Lieferscheine. Teilweise auf Italienisch, überwiegend aber Englisch oder Deutsch. Und mit ein wenig Phantasie versteht man auch die italienischen Papiere. Manfredi scheint mit allem gehandelt zu haben.« Madsack ließ die Papiere durch die Finger gleiten. »Obst, Wein, Baumaterial, Gummidichtungen, Konserven und Fleisch. Ein echter Allrounder.«

»Der Mann hat ein Im- und Exportgeschäft betrieben.«

»Schon. Aber gewöhnlich sind kleine Unternehmen auf irgendetwas spezialisiert. Hier, nehmen Sie dieses Beispiel.« Madsack hielt mit Daumen und Zeigefinger ein Blatt hoch. »Da hat Manfredi einen ganzen Hafenkran verkauft. Von Genua nach Porto Novo, das liegt im westafrikanischen Benin.«

»Und was ist daran auffällig?«, fragte Frauke.

»Solche Geschäfte kommen selten vor. Meistens hat er etwas verkauft, das nie über Deutschlands Grenzen gekommen ist. Hier ist eine ganze Fabrik von Paramaribo in Surinam nach Moroni verkauft worden.«

»Wo ist Moroni?«

»Das ist die Hauptstadt der Komoren. Die liegen vor Ostafrika.

Und Surinam liegt in Südamerika. Ein weiteres Beispiel? Ein Empfänger in Port Louis auf Mauritius hat für eine runde Million Dollar Eisenschrott aus dem ghanaischen Accra gekauft. Und bei jedem Deal hat Manfredi kräftig verdient. Fast immer einhundert Prozent. Oder mehr.«

»Vielleicht war er besonders tüchtig und hatte gute Verbindungen rund um den Globus«, sagte Frauke.

»Diese müssen aber gepflegt werden. Haben Sie schon irgendwo die Buchhaltung entdeckt? Manfredi müsste ständig um die Welt gejettet sein, um seine Geschäfte anzubahnen und abzuschließen. Sie verkaufen keine ganze Fabrik am Telefon.«

»Dann sollten wir unsere Suche darauf konzentrieren«, schlug Frauke vor. »Ich habe noch einen weiteren Punkt. Wenn er so viel in die ganze Welt verkauft hat, dann muss es doch auch irgendwie transportiert worden sein. Haben Sie dazu Papiere gefunden?«

»Nein«, gestand Madsack. »Ich habe nur die Verkaufskontrakte entdeckt.«

Sie suchten weiter, bis Frauke nach einer weiteren Stunde sagte: »Es macht wenig Sinn. Ich habe keine einzige Unterlage gefunden, aus der hervorgeht, dass die Ware auch tatsächlich verschifft wurde.«

»Ich bin in der Buchhaltung zugange«, sagte Madsack. »Auf den Konten fand ein reger Geldverkehr statt. Die Kunden haben brav und termingerecht ihre Rechnungen beglichen. In Dollar und in Euro.«

»In Euro?«

»Ja. Wieso nicht?«

»Das ist doch außergewöhnlich«, sagte Frauke. »Ein Geschäft, das zwischen zwei afrikanischen Staaten läuft, wird doch üblicherweise in Dollar kontrahiert und nicht in Euro.«

»Stimmt«, pflichtete Madsack bei. »Das sollte man annehmen. Dafür gibt es aber kaum Reisekosten und Spesen. Manfredi scheint immer nur nach Italien gereist zu sein. Und das immer mit der Bahn. Oder dem Auto.«

»Schließlich war er Italiener. Und hatte Flugangst.«

»Da ist es umso verwunderlicher, dass er Deals in der ganzen Welt eingefädelt haben soll. Moment.« Madsack konzentrierte sich

auf einen Übersichtsbogen mit zahlreichen Zahlenkolonnen.»Das hier«, dabei tippte er mit dem Zeigefinger auf das Papier,»ist eine betriebswirtschaftliche Auswertung. Da sind unter anderem alle Kostengruppen zusammengestellt. Ich habe nirgendwo Transportkosten entdecken können. Und die Buchhaltung hat er durch Dr. Lauer und Partner ausführen lassen. Das ist eine in Hannover hoch angesehene Steuerkanzlei.«
»Die sicher korrekt alles gebucht haben, was Manfredi ihnen an Unterlagen zukommen ließ. Und wenn es keine Transporte gab, sind auch keine Kosten entstanden.«
»Das würde ja bedeuten ...« Madsack brach mitten im Satz ab.
»Dass Manfredi die ganzen Verkäufe nur vorgetäuscht hat. Wer soll das von hier aus prüfen? Und niemand interessiert sich dafür, ob tatsächlich Ware von Ghana nach Mauritius geflossen ist. Umsatzsteuer oder Einfuhrumsatzsteuer fällt nicht an, seine Erlöse hat er ordnungsgemäß deklariert und die fälligen Abgaben pünktlich gezahlt. Subventionen hat er nicht beantragt – ein braver Steuerzahler, den niemand kontrollieren muss.«
»Und dabei hat er ...«
»Genau. Das nennt man Geldwäsche. Mit schmutzigem Geld wurden die Rechnungen für die Scheingeschäfte bezahlt. Und so hat Manfredi es gewaschen. Es fragt doch hierzulande niemand, wer hinter den Auftraggebern in diesen exotischen Ländern steckt.«
»Donnerwetter.« Madsack wischte mit dem Handrücken über die Stirn.»Italiener ...«
»... Mafia«, ergänzte Frauke.
»Und wie hängt das Ehepaar Tuchtenhagen in der Sache?«
»Dafür habe ich auch keine Erklärung«, gestand Frauke ein.»Es ist nicht auszuschließen, dass Manfredi ein Techtelmechtel mit seiner Sekretärin angefangen hat. Ihr Ehemann hat den Liebhaber zur Rechenschaft ziehen wollen, und dabei ist es zu einem Handgemenge mit tödlichem Ausgang gekommen. Und weil Tuchtenhagen dadurch die ruhigen und einträglichen Geschäfte der ehrenwerten Gesellschaft gestört hat, jagt man ihn jetzt.«
»Aber warum hat Tuchtenhagen unseren Kollegen ermordet?«
»Die Frage kann ich auch nicht beantworten. Aber vielleicht gibt es hierüber eine Verbindung.« Sie hielt einen schmalen Ord-

ner in die Höhe. »Hier sind Lieferschein und Rechnungen. Manfredi hat auch in Deutschland eingekauft. Jede Menge Schinken. Sind Sie sehr überrascht, wenn er den von Schröder-Fleisch bezogen hat?«

»Das Ganze wird immer merkwürdiger, obwohl ich mir nicht vorstellen kann, dass so ein Unternehmen sich in Luftgeschäfte verwickeln lässt.«

»*Das* waren keine Phantomverträge. Auf den Lieferscheinen finden sich die Übergabebestätigungen der Spedition.« Sie nannte den Namen.

»Die kenne ich«, sagte Madsack. »Deren Fahrzeuge sieht man zuhauf auf den Autobahnen.«

»Dann lassen Sie uns suchen, wer den Schinken erhalten hat. Manfredi wird ihn kaum selbst verzehrt haben. Irgendwo muss das Zeug geblieben sein.«

Sie vertieften sich erneut in die Unterlagen. Stapel um Stapel wurde umgeschichtet, Papier raschelte, unterbrochen, wenn einer der beiden zum lange erkalteten Kaffee griff oder Madsack sich erneut aus der Tüte mit Lakritzkonfekt bediente.

»Hier«, sagte Frauke nach zwei weiteren Stunden. »Das sind die Verkäufe. Ein Exporteur aus Hamburg.«

Sie verglichen die Rechnungen, die Manfredi von Schröder-Fleisch für den gelieferten Schinken bekommen hatte, mit denen, die er dem Hamburger gestellt hatte. Die Ware wurde partienweise abgerechnet, und die Liefermenge stimmte stets überein.

»Da haben wir den Beweis. Manfredi hat bei Schröder-Fleisch eingekauft und alles an die Hamburger Firma weiterverkauft.«

»Daran ist aber nichts Ungesetzliches«, sagte Frauke. »Trotzdem sollten wir nachfragen. Ist Ihnen auch aufgefallen, dass Manfredi eine recht hohe Handelsspanne hatte? Der Unterschied zwischen Einstands- und Abgabepreis ist gewaltig. Verdient man so viel mit Lebensmitteln? Uns wird doch immer wieder vorgegaukelt, dass die Margen sich im unteren Prozentbereich bewegen.«

Madsack notierte sich die Daten des Hamburger Exporteurs. »Ich kümmere mich darum«, sagte er. »Morgen«, schob er hinterher, als er einen Blick auf die Uhr warf. Dann machte er sich an seinem Computer zu schaffen. »Die Goslarer Kollegen sind aber von der schnellen Truppe«, sagte er. »Die haben uns das Bild geschickt, das sie nach Zeugenaussagen von dem zweiten Beteiligten an der Schießerei vor der Kaiserpfalz gefertigt haben. Das könnte Simone Bassetti sein.«

Frauke umrundete den Schreibtisch und sah auf den Bildschirm. Tatsächlich wies die Phantomzeichnung, die heute mittels eines Softwarebaukastens erstellt wird, eine hohe Ähnlichkeit mit dem jungen Mann aus der Fleischfabrik auf.

Das Aktenstudium hatte länger gedauert, als Frauke geglaubt hatte. Dafür waren sie wieder ein Stück vorangekommen. Und nun, dachte Frauke, steht dir wieder ein öder Abend im kahlen Hotelzimmer bevor. Du bist noch nicht in Hannover angekommen, schoss es ihr durch den Kopf. Aber konnte man das am dritten Tag erwarten? Ungeduld war immer eine deiner Untugenden, tröstete sie sich.

Es war ein schöner Abend. Der Spätsommer zeigte sich von seiner besten Seite, und die Menschen nutzten das gute Wetter aus. Sie bevölkerten in Scharen den Bummelbereich zwischen Hauptbahnhof, Kröpcke und der Georgstraße. Die Straßencafés waren gut besucht, und überall schien die gute Laune Einzug gehalten zu haben.

Frauke fühlte sich wie ein Fremdkörper. Sie war vom LKA aus zu Fuß hierhergekommen, hatte sich in dem Café niedergelassen, in dem sie vor zwei Abenden mit Lars von Wedell gesessen hatte. Der junge Kommissar hatte so erwartungsvoll von seiner beruflichen Zukunft gesprochen. Und nun war er tot.

»Ist hier noch frei?«, fragte ein Mann mit dunklen gewellten Haaren und einem Dreitagebart. Er hatte die Sonnenbrille in die Haare hochgeschoben und lächelte Frauke an.

Sie nickte. Er schob sich den Stuhl an ihrem Tisch zurecht, schlug die Beine übereinander und warf ihr einen langen Blick zu.

»Was trinken Sie?«, fragte er.

»Latte macchiato.«

»Ist der zu empfehlen?«

»Probier es.«

Mit einem beleidigten Gesichtsausdruck wandte sich der Mann

vom Typ »Latin Lover« ab, bestellte bei der Bedienung sein Getränk und rückte den Stuhl noch ein wenig weiter herum, dass er Frauke fast den Rücken zukehrte.

In Flensburg hättest du um diese Zeit vermutlich nicht am Straßenrand gesessen und die Leute beobachtet, dachte sie und sah auf die Uhr. Kaffee hätte es zwar gegeben, aber aus einer blubbernden Maschine, und der Becher hätte auf ihrem Schreibtisch gestanden. Hier war sie zur Untätigkeit verdammt, musste die Stunden nach Dienstschluss irgendwie totschlagen, bis sie in das kleine Hotel zurückkehrte und darauf wartete, dass ein neuer Tag begann. Und am Wochenende würde sie nach Hause zu ihrem Ehemann ins heimische Flensburg fahren.

Sie rief die Kellnerin und bezahlte.

Du wirst in Hannover bleiben, sagte sie zu sich selbst. Und das Wochenende wird noch trister werden als die Tage, an denen du wenigstens durch die Arbeit abgelenkt bist.

Sie stand auf und warf ihrem Tischnachbarn einen Blick zu. Ostentativ dreht er den Kopf zur Seite und sah woandershin.

Das ist das Ergebnis der Intrige, dachte sie. Früher hättest du dich mit dem Mann unterhalten, ausgelotet, was für ein Typ er ist und aus welchem Grund er dich angesprochen hat. Warum sollte eine Frau beständig Zurückhaltung üben?

Sie beschloss, essen zu gehen. Warum nicht in der Pizzeria Italia? Es war nicht zu erwarten, dass Simone Bassetti dort erneut auftauchen würde. Frauke hatte auch nicht vor, die Inhaber des Restaurants zu verhören. Manchmal war es dienlich, einfach die Atmosphäre einer Umgebung aufzunehmen.

Für den Rückweg wählte sie die ehemalige Passerelle, die zur Promenade umfirmiert worden war und heute den Namen der Künstlerin Niki de Saint Phalle trug, der Schöpferin der berühmten Nana-Figuren.

Die als Einschnitt in die Bahnhofstraße geführte Passage bestand aus lauter bunten Geschäften und Imbissen, Bäckereien, Andenkenläden und sonstigen Einrichtungen, die das Publikum anzulocken vermochten, und führte unter dem Bahnhof hindurch, bis sie an einer Treppenanlage endete, die auf einen kleinen schlecht gepflegten Platz führte.

Frauke konnte sich gut vorstellen, dass das letzte Stück namentlich nach Einbruch der Dunkelheit von Frauen gemieden wurde.

Der Spaziergang hatte ihr gutgetan. Sie verspürte regen Appetit, als sie die Tür der Pizzeria öffnete und ihr der verführerische Duft entgegenschlug.

»Guten Abend«, begrüßte sie die Wirtin und stutzte im selben Moment, als sie Frauke wiedererkannte.

»Ich bin allein. Einen Einzeltisch bitte«, sagte Frauke schnell. Sie wurde an einen Zweiertisch geleitet und bekam zügig die Karte gereicht. Frauke bestellt einen Valpolicella und Broccoli al forno. Dann sah sie sich im Lokal um. Es war gut besucht. Ein gemischtes Publikum ließ es sich schmecken, die Wirtin und der Kellner zeigten rege Betriebsamkeit und bedienten aufmerksam die Gäste.

Frauke ließ ihren Blick von Tisch zu Tisch wandern. Sie kannte keinen der Besucher, die zu zweit oder in kleinen Gruppen zusammensaßen, aßen, tranken und in muntere Schwätzchen vertieft waren.

Sie nippte an ihrem Wein, und kurz darauf brachte der Kellner die dampfende ovale Schale, direkt aus dem Ofen. »Vorsicht, ist heiß«, mahnte er.

Frauke stippte eines der Pizzabrötchen, die in einem Korb auf dem Tisch standen, in die heiße Tunke und probierte es. Lars von Wedell und seine Freundin hatten recht gehabt. Die Pizzeria Italia war ein Geheimtipp. Und wenn Frauke in Hannover bleiben würde, dann wäre der heutige Besuch sicher nicht der letzte.

Sie ließ sich Zeit, bestellte noch einen zweiten Rotwein und spürte, wie sich allmählich die Anspannung in ihr löste. Als sie nach der Rechnung fragte, setzte sich die Wirtin auf den freien Platz gegenüber, legte die gefalteten Hände, die die Geldbörse hielten, auf den Tisch und sagte: »Wir sind erschüttert. Man glaubt nie, dass sich so etwas in der eigenen Umgebung abspielen kann. Der junge Mann und seine Freundin sind in der letzten Zeit öfter hier gewesen.«

»Sie haben ein gutes Personengedächtnis«, sagte Frauke.

»Das ist in unserer Branche wichtig. Die Stammgäste erwarten, dass sie ungefragt ihr Lieblingsgetränk serviert bekommen und dass wir wissen, welche abweichende Variante von der Speisekarte sie wünschen. Ich habe allerdings nicht gewusst, dass der junge Mann Polizist war.«

»Kennen Sie Simone Bassetti?«

»Ja. Sicher. Der wohnt hier ganz in der Nähe. Er kommt öfter zu uns, allein weil er hier Landsleute trifft und Italienisch sprechen kann. Wenn Fußball ist, stellen wir einen Fernseher auf. Sie sollten mal erleben, was dann los ist.« Sie lächelte leise in sich hinein. »Ich habe vorgestern zufällig mitbekommen, wie Simone und der andere Gast ins Gespräch gekommen sind.«

»Worüber haben die beiden gesprochen?«

Die Wirtin hob bedauernd die Schultern. »Das kann ich nicht sagen. Sie sehen selbst, was hier los ist.«

»Haben die beiden Männer miteinander gestritten?«

Die Frau überlegte einen Moment. »Den Eindruck hatte ich nicht.«

»Haben Sie oft italienische Gäste?«

»Nur vereinzelt. Mein Mann und ich betreiben das Lokal seit mehr als einem Vierteljahrhundert. Gelegentlich ist mal ein Italiener darunter. Aber die Mehrheit unserer Gäste sind Einheimische. Überwiegend aus der Gegend.«

»Kennen Sie Marcello Manfredi?«

»Nie gehört.«

»Freunde von Simone Bassetti?«

»Keine.«

»Und Ihr Mann? Könnte ich mit dem sprechen?«

»Ausgeschlossen. Was glauben Sie, was hier los ist, wenn der nicht am Ofen bleibt? Das würde uns die Gäste vergraulen.«

»Hallo«, rief eine Gruppe junger Leute vom Nebentisch.

»Entschuldigung«, sagte die Wirtin. »Aber ich muss wieder.« Sie stand auf und nahm die Wünsche der anderen Gäste auf.

Frauke verließ die Pizzeria und blieb vor der Tür stehen. Inzwischen war es dunkel geworden. Langsam schlenderte sie durch die stillen Straßen. Einer Eingebung folgend, ging sie zur Wohnung Simone Bassettis. Die Sedanstraße lag nur einen Steinwurf von der Pizzeria entfernt. Vor dem vietnamesischen Restaurant stand eine ältere Frau und schaukelte behutsam einen Kinderwagen, während sie Frauke freundlich zunickte.

Von der gegenüberliegenden Straßenseite betrachtete sie das Haus mit der schlichten grauen Betonfassade. Lediglich der einsame Baum im Vorgarten war ein Blickfang in der Tristesse. Zahlreiche Fenster waren hell erleuchtet, und bis auf die Straße schimmerte der blau flackernde Schein der Fernsehgeräte. Plötzlich stutzte sie. In jeder Etage brannte mindestens hinter einem Fenster Licht, und zwar auf jeder Gebäudeseite. Das bedeutete, dass sich in allen Wohnungen jemand aufhielt. Auch in Bassettis Wohnung. Sie widerstand der Versuchung, an der Haustür zu klingeln, und wählte übers Handy ihre Dienststelle an. Niemand meldete sich. Jetzt rächte sich, dass sie noch nicht mit der Organisation der hiesigen Polizei vertraut war. Kurzentschlossen wählte sie den Polizeinotruf 110. Der diensthabende Beamte schien ihr nur bedingt Glauben schenken zu wollen, als sie sich mit Namen und Dienststellung meldete, versprach aber, einen Streifenwagen vorbeizuschicken. Immerhin klappte es, dass das Einsatzfahrzeug weder mit Blaulicht noch mit Martinshorn vorfuhr.

Das Licht in der Wohnung war während der Wartezeit nicht erloschen. Als die beiden Beamten, zwei stämmige Männer, ausgestiegen waren, trat Frauke aus dem Schatten des Hauses.

»Dobermann, LKA«, stellte sie sich vor und zeigte dem ersten Polizisten, einem Hauptkommissar mit den ersten grauen Stellen an den Schläfen, ihren Dienstausweis.

»Brumund«, sagte der Uniformierte und zeigte auf den zweiten Polizisten. »Das ist der Kollege Schneiderhahn.«

»Es geht um die Festsetzung eines Tatverdächtigen, der zur Fahndung ausgeschrieben ist. Ich benötige dazu Amtshilfe.«

»Wie heißt er? Wo wohnt er?«, fragte Brumund.

Frauke zeigte auf das Haus. »Simone Bassetti, zweite Etage. Ich schlage vor, wir klingeln zunächst an einer anderen Haustür und überraschen den Gesuchten direkt vor seiner Wohnung. Vorsicht. Der Mann ist möglicherweise bewaffnet.«

»Dann wollen wir mal«, sagte Brumund und schob sich seine Mütze keck ein wenig in den Nacken.

Sie läuteten bei »Özgün« im Erdgeschoss. Der Summer wurde betätigt, und ein Mann mit Stoppelbart und kariertem Hemd sah mit weit geöffneten Augen den drei Beamten entgegen, als sie den Flur betraten.

Frauke legte den Zeigefinger auf die Lippen. »Pst«, sagte sie.

»Vielen Dank, dass Sie uns geöffnet haben. Wir wollen nicht zu Ihnen. Gehen Sie bitte zurück in Ihre Wohnung und schließen Sie die Tür.«
Herr Özgün nickte stumm. Nicht das leiseste Geräusch war zu hören, als er sich hinter die verschlossene Tür seiner Wohnung zurückgezogen hatte.

Die Holztreppe knarrte unter den Stiefeln der beiden Beamten, aber niemand nahm Notiz von ihnen. Vom Absatz der zweiten Etage führten zwei Wohnungstüren in die Mieträume. Frauke zeigte auf die linke Seite.

Sie blieben vor der Holztür stehen und lauschten. Aus der Wohnung kam kein Laut, lediglich ein schmaler Lichtschimmer drang unter der Tür hervor.

Die drei Polizisten zogen ihre Waffen und postierten sich links und rechts neben der Tür. Dann betätigte Frauke die Klingel. Es blieb immer noch ruhig. Dafür erlosch das Licht hinter der Tür.

Sie warteten einen Moment. Frauke klingelte erneut. Es blieb weiterhin ruhig. Plötzlich erlosch die Treppenhausbeleuchtung. Für einen kurzen Moment war nichts mehr zu erkennen, bis sich die Augen an die Dunkelheit gewöhnt hatten und einer der beiden Streifenpolizisten den Lichtschalter gefunden hatte.

Frauke versuchte es ein drittes Mal. Dann klopfte sie gegen das Holz. »Herr Bassetti. Hier ist die Polizei. Öffnen Sie die Tür und kommen Sie heraus. Halten Sie dabei die Hände gut sichtbar über den Kopf.«

Nichts rührte sich.

»Der Bursche hat sich in der Bude verschanzt«, raunte Brumund. »Was nun?«

»Sieht so aus, als würde er nicht freiwillig herauskommen«, sagte sein Kollege. »Die Wohnung zu stürmen ist nicht ratsam. Der Kerl ist bewaffnet, sagten Sie?« Dabei sah er Frauke fragend an.

»Wir müssen notfalls das SEK anfordern«, sagte Frauke und klopfte noch einmal gegen die Tür. »Polizei. Kommen Sie heraus. Es hat keinen Sinn. Sie haben keine Chance.«

Stattdessen öffnete sich die gegenüberliegende Tür. Ein Mann mit Halbglatze und einem mächtigen Bierbauch sah auf die Polizisten, zog noch einmal an einem Stumpen und blies eine Rauchwolke ins Treppenhaus.

»Was ist denn hier los?«

»Sehen Sie zu, dass Sie in Ihre Wohnung kommen«, fuhr Brumund ihn an. Mit einem Achselzucken verschwand der Nachbar in seine Räume.

»Das ist ein Italiener?«, fragte der unformierte Hauptkommissar und zeigte auf Bassettis Wohnungstür.

Frauke nickte.

»Der hört nicht auf Frauen.« Brumund pochte heftig gegen die Tür. »Mach auf. Sonst holen wir dich.«

Dann lauschten sie. Ein kaum wahrnehmbares Schurren war hinter der Tür zu hören, bis sich der Wohnungsinhaber mit leiser Stimme meldete. »Ist gut, Mann. Macht keinen Stress. Ich mach jetzt auf.«

Die drei Beamten blieben in der Deckung neben der Haustür und hielten ihre Waffen auf den Eingang gerichtet. Zunächst wurde wieder der Lichtschimmer sichtbar. Der Italiener musste das Flurlicht angeknipst haben. Die Tür öffnete sich millimeterweise, und Bassetti tauchte auf. Er war unbewaffnet und hatte beide Hände, die Handflächen nach oben gekehrt, ausgestreckt. Schneiderhahn sprang vor und schlang die Kunststofffesseln um die Handgelenke.

»Mann, nicht so heftig«, protestierte der Italiener.

»Sind Sie allein? Oder ist noch jemand in der Wohnung?«, fragte Frauke.

»Keiner.«

Der Streifenpolizist stellte den Mann mit dem Gesicht zur Wand, sodass er sich mit den gefesselten Händen abstützen konnte, fuhr mit seinem linken Fuß von hinten zwischen die Beine Bassettis und spreizte sie ein wenig. Während sein Kollege Bassetti mit der ein wenig abgesenkten Waffe in Schach hielt, tastete Brumund mit geübtem Griff den Italiener ab. »Nichts«, sagte er und wandte sich an Frauke. »Achten Sie auf den Burschen? Dann durchsuchen wir die Wohnung?«

Ohne die Antwort abzuwarten, ging Brumund, die Waffe mit beiden Händen in Schulterhöhe haltend, in den Flur. Schneiderhahn folgte mit zwei Schritten Abstand. Nach drei Minuten tauchten die beiden Polizisten wieder auf.

»Alles okay. Da ist nichts«, erklärte Brumund und steckte seine Pistole in das Halfter zurück. »Was ist mit dem Kerlchen hier?« Er nickte in Richtung Bassetti.

»Der wird vorübergehend festgenommen. Er ist zur Fahndung ausgeschrieben.«

»Ich habe nichts getan«, beschwerte sich der Italiener.

»Das sagen alle«, knurrte Brumund. »Was liegt gegen ihn vor?«

»Mordverdacht, Schusswaffengebrauch, Körperverletzung«, zählte Frauke auf. »Der Rest folgt.«

»Ihr spinnt doch«, sagte Bassetti. »Das ist alles gelogen.«

»Ruhe«, knurrte ihn Schneiderhahn an und packte den Mann am Oberarm. »Komm jetzt.«

»Was soll hier geschehen?« Brumund zeigte auf die offene Wohnungstür.

»Können Sie den Kriminaldauerdienst informieren? Wir benötigen die Spurensicherung.«

»Klar.« Brumund hob sein Funkgerät ans Ohr und gab die entsprechenden Anweisungen an die Leitstelle durch. Dann verabschiedeten sich die beiden Streifenpolizisten. Brumund tippte an den Schirm seiner Mütze.

»Wenn Sie mal wieder einen Wunsch haben, Frau Kollegin, wir sind jederzeit zur Stelle.« Er ließ ein herzhaftes Lächeln sehen.

Unterdessen war Schneiderhahn damit beschäftigt, den widerstrebenden Bassetti die Treppe hinabzubugsieren.

Frauke sah sich in der Wohnung um. Im engen Flur waren nur ein paar Garderobenhaken an der Wand befestigt, an denen eine rötliche Lederjacke baumelte.

Wohn- und Schlafzimmer waren mit Möbeln eines bekannten Möbelhauses ausgestattet. Frauke wäre nicht überrascht gewesen, wenn sie beim Öffnen einer Schranktür einem Elch entgegengeblickt hätte. Die Auswahl und Zusammenstellung war sehr einfallslos. Bassetti schien bei der Auswahl exakt dem Angebot einer Katalogseite gefolgt zu sein. Das zog sich durch bis zu den Lampen. An der Decke hing ein runder Japanballon, in der Ecke stand eine Stehlampe aus weißem Papier. Selbst der grobe Wollteppich auf den verschrammten Holzdielen passte zur blau-gelben Einrichtungsphilosophie. Lediglich die »elektronische Wohnungsausstattung« war mit Verstand zusammengestellt. Durch ein wirres Kabeldickicht miteinander verbunden dominierten der große Flatscreen des Fernsehers, die Stereoanlage und die beiden überdimensionalen Lautsprecherboxen, abgesehen vom großen Basslautsprecher, der quer vor einem Regal lag. Das Ganze war außerdem mit dem Computer verbunden, der auf einem einfachen Schreibtisch stand. Frauke ließ sich auf dem unbequemen Stuhl davor nieder und sah auf den Bildschirm, ohne etwas zu berühren. Es wirkte nur mäßig spannend. Offenbar hatten sie Bassetti dabei erwischt, als er Musik aus einem Internetportal auf einen MP3 Player herunterladen wollte.

Sie hatte die Wohnungstür angelehnt gelassen und vernahm aus dem Treppenhaus unterdrücktes Stimmengemurmel. Dort schienen sich ein paar Nachbarn zusammengefunden zu haben, die über die Ereignisse im Haus sprachen. Nach einer Viertelstunde klopfte es an der Wohnungstür, und eine sonore Männerstimme rief: »Hallo?«

Frauke trat in den Flur und sah sich einem Mann und einer Frau gegenüber.

»Dobermann, LKA«, stellte sie sich vor.

»Pannenbecker. Das ist meine Kollegin Hofschulte. Wir kommen vom Kriminaldauerdienst.«

Frauke informierte die beiden Beamten über die Hintergründe. »Wir sollten die Wohnung durchsuchen und Beweise sichern«, erklärte sie. »Wir suchen nach Waffen, Munition, aber auch anderen Hinweisen, die eine Verbindung zum Mord an Marcello Manfredi aufdecken könnten. Ferner interessiert uns, ob es beweisbare Verbindungen zum Ehepaar Tuchtenhagen gibt. Außerdem Bankverbindungen, Adresslisten, Telefon, Mailverkehr und so weiter.«

»Das Übliche«, stöhnte Pannenbecker. »Na, dann wollen wir mal ran.«

Frauke bat darum, das Ergebnis der Ermittlungsgruppe »Richter« beim LKA zukommen zu lassen.

Nachdem sie die Wohnung verlassen hatte, ging sie langsam durch die klare Nachtluft zu ihrem Hotel zurück.

VIER

Der Besprechungsraum mit seinen kahlen Wänden und der nüchternen Atmosphäre ödete Frauke an. Erst weit nach Mitternacht hatte sie einen unruhigen Schlaf gefunden. Müde hatte sie am Frühstückstisch gesessen und musste am Nebentisch die Beiträge eines anderen Gastes über sich ergehen lassen, der in einem ausgeprägt bayerischen Dialekt lautstark und ungefragt die Situation der Weltpolitik erläuterte. Und wenn von seinem Begleiter ein sachlicher Einwand kam, hatte der Mann noch einmal von seinem Brötchen abgebissen und mit vollem Mund alle Argumente des anderen als »deppert« vom Tisch gewischt.

Frauke war froh, dass Putensenf und Madsack, die mit ihr auf Richter und den Kriminaloberrat warteten, schwiegen. Madsack hatte sie mit einem »Guten Morgen« begrüßt, während Putensenf etwas Unverständliches geknurrt und sich auf der anderen Seite des großen Tisches niedergelassen hatte.

Mit zehn Minuten Verspätung erschienen Ehlers und Richter. Der Kriminaloberrat sagte ein paar Worte zur Begrüßung. »Leider sind wir in der Sonderkommission, die an der Aufklärung des Mordfalls von Wedell arbeitet, noch nicht weitergekommen«, fuhr er fort. »Wir verfolgen eine Reihe von Spuren, aber keine ist als wirklich heiß einzustufen. Die Spurensicherung war gestern noch einmal draußen und hat das gesamte Areal abgesucht, auf dem der Schusswechsel stattgefunden hat. Sie haben alles durchkämmt und auch Metalldetektoren eingesetzt, aber nichts gefunden. Wir haben weder die Geschosse noch die Geschosshülsen des Täters noch das einzelne Geschoss gefunden, dass Herr Richter abgegeben hat. Nach unseren bisherigen Ermittlungen wird Thomas Tuchtenhagen der Tat dringend verdächtigt. Er ist zweifelsfrei vom Kollegen Richter erkannt worden, als der ihn verfolgte. Der Flüchtige ist auf der A 7 Richtung Süden entkommen und ... Aber das wissen Sie ja schon. Erfolg versprechend ist die Verhaftung von Simone Bassetti, die gestern Abend durch den lobenswerten Einsatz unserer neuen Mitarbeiterin Frau Dobermann vollzogen werden konnte. Den Ablauf der Aktion sollten Sie uns vortragen.« Ehlers sah sie an.

Frauke schilderte die Verhaftung. Sie hatte kaum ausgesprochen, als sich Richter zu Wort meldete.

»Auch wenn Sie den Erfolg hervorheben, Herr Ehlers, kann ich eine solche unabgestimmte Aktion nicht gutheißen. Wir sind ein Team und leben vom Erfolg der koordinierten Zusammenarbeit. Es wäre sinnvoll gewesen, die überstürzte Verhaftung nicht im Alleingang, sondern kontrolliert vorzunehmen.«

»Sie schätzen das falsch ein«, wehrte sich Frauke. »Wenn Bassetti seine Wohnung wieder verlassen hätte, wäre er weiter flüchtig.«

»Trotzdem. Sie sind nicht allein auf der Welt, Frau Dobermann. Ihre Absicht, die Wohnung zu observieren, hätten Sie mit mir abstimmen sollen. Was wäre geschehen, wenn sich dort weitere Verdächtige mit Bassetti getroffen hätten? Sie können von Glück sagen, dass sich der Mann ergeben hat. Hätten Sie eine Schießerei in der Wohnung verantworten können?«

»Das sind zu viele ›Wenns‹, Herr Kollege. Unsere Arbeit muss auch ...«

»Wollen Sie mir erklären, wie man taktisch bei schwierigen Ermittlungen vorgeht?«, unterbrach Richter sie. »Wir hier – in diesem Team – waren auch vor Ihrem Erscheinen erfolgreich.«

»Keiner zweifelt daran. Sie erwarten aber nicht, dass alle aus diesem Team ihre eigenen Ideen unter den Scheffel stellen müssen.«

»Sie rufen lautstark nach Anarchie«, entrüstete sich Richter und fuhr Madsack wütend an, als der ein leises »Aber, Bernd, vielleicht ...« einfügte.

»Halt dich da raus, Nathan. Die Arbeit der Ermittlungsgruppe muss koordiniert ablaufen. Und dafür bin *ich* verantwortlich.«

Frauke zeigte mit ausgestreckter Hand auf Richter. »Ihre Profilneurose lässt keinen Teamkonsens aufkommen.«

»So geht das nicht«, fuhr Ehlers energisch dazwischen, aber Richter ließ sich nicht aufhalten.

»Ich habe gestern Nachmittag mit den Kollegen von der Wirtschaftskriminalität zusammengesessen. Natürlich war mir aufgefallen, was Nathan und die da«, er zeigte dabei auf Frauke, »herausgefunden haben.«

»Warum hast du nichts gesagt?«, fragte Madsack.

»Du kennst Bernd«, mischte sich Putensenf ein. »Der gackert nicht, bevor das Ei gelegt ist.«

Richter wandte sich an Ehlers. »Ich bitte Sie, Frau Dobermann in einer anderen Dienststelle unterzubringen. In unserer Ermittlungsgruppe sehe ich keine Möglichkeit einer gedeihlichen Zusammenarbeit.«

»Sie beide, Frau Dobermann, Herr Richter, kommen im Anschluss in mein Büro«, entschied der Kriminaloberrat. »Nun sollten wir zur Sacharbeit zurückkehren. Gibt es bereits Ergebnisse der Wohnungsdurchsuchung?«

Richter zog ein Blatt Papier aus dem Stapel hervor, der vor ihm lag. »Der PC und das Handy werden noch ausgewertet. Sonst wurde nichts gefunden, bis auf die Waffe.«

»Mensch, das ist doch was«, sagte Putensenf.

»Nun wart's doch ab. Die steckte in der Tasche einer Lederjacke, die an der Flurgarderobe hing. Sie wird von der Kriminaltechnik untersucht. Die beiden Beamten vom Kriminaldauerdienst äußerten die Vermutung, dass die Waffe vor nicht allzu langer Zeit benutzt worden ist. Das wollen sie anhand einer Schnupperprobe festgestellt haben. Außerdem liegt das Ergebnis der KTU aus Braunschweig noch nicht vor. Die haben Tuchtenhagens Audi in der Mache, auf den vor der Kaiserpfalz in Goslar geschossen wurde. Wenn die Waffe und das Geschoss aus dem Audi miteinander verglichen sind, wissen wir mehr. Vermutlich handelt es sich aber nicht um die Waffe, mit der Lars von Wedell erschossen wurde.«

»Stimmen Bassettis Fingerabdrücke mit denen auf dem Fleischhammer überein, mit dem Manfredi erschlagen wurde?«, fragte Frauke dazwischen.

»Wenn Sie das Protokoll aufmerksamer gelesen hätten, wüssten Sie, dass dort keine verwertbaren Spuren gefunden wurden. Die Abdrücke, die wir identifizieren konnten, waren alle zuzuordnen. Der Tote, Manuela Tuchtenhagen, der griechische Putzmann. Sie alle wurden von anderen Spuren überlagert, die verwischt waren.«

»Es bietet sich aber ein DNA-Abgleich an«, sagte Frauke. »Haben Sie das veranlasst?«

»Herrje noch mal. Wann hätte ich das alles tun sollen?«

»Kollege Richter wird sich gleich nach der Teambesprechung darum kümmern«, sagte Ehlers beschwichtigend.

»Ich werde als Nächstes Simone Bassetti verhören. Madsack wird mich dabei unterstützen«, sagte Richter.

»Ich wäre gern dabei«, erklärte Frauke.

»Nein! Nathan und ich sind ein eingespieltes Team.«

»Das will ich gelten lassen«, sagte Ehlers. Seinem Tonfall war anzumerken, dass er keine weitere Diskussion wünschte. »In zehn Minuten in meinem Büro.« Der Kriminaloberrat sah nacheinander Frauke und Richter an, stand auf und verließ den Besprechungsraum.

Der Teamleiter folgte ihm, ohne Frauke eines Blickes zu würdigen. Als Letzte standen Madsack und sie selbst auf und kehrten in das Büro des korpulenten Hauptkommissars zurück. Schwer atmend ließ sich Madsack in seinen Schreibtischstuhl fallen.

»Das ist nicht sehr erfreulich – die Auseinandersetzung zwischen Ihnen und Bernd Richter. Ich möchte nicht in Ehlers' Haut stecken und Schiedsrichter spielen müssen.« Madsack griff zu einer Brötchentüte, riss sie auf und nahm ein Croissant zur Hand. »Das brauche ich jetzt. Dann kümmere ich mich um den Exporteur aus Hamburg.«

Zur verabredeten Zeit suchte Frauke Ehlers' Büro auf. Das war leer. Auch von Richter war nichts zu sehen. Sie wartete ein paar Minuten und fragte dann bei Frau Westerwelle nach.

»Der Chef musste überraschend zum Lagebericht zum Präsidenten. Wenn Sie Herrn Ehlers sprechen möchten, versuchen Sie es später noch einmal.«

Frauke seufzte, nahm zwei Becher Kaffee aus dem Geschäftszimmer mit und kehrte zu Madsack zurück.

Der telefonierte angeregt und nahm mit einem dankbaren Nicken den für ihn bestimmten Becher mit dem heißen Getränk entgegen.

Sie lauschte schweigend den Telefonaten. Nach einer guten Stunde hatte Madsack den Inhaber des Hamburger Exportunternehmens am Apparat. Er schaltete den Raumlautsprecher ein.

»Berenberg«, meldete sich eine sonore Männerstimme.

»Madsack, Landeskriminalamt Hannover.«

»Madsack, wie die gleichnamige …«

»Nicht verwandt und nicht verschwägert«, fiel der Hauptkommissar dem Hamburger ins Wort. »Sie exportieren Parmaschinken in die Vereinigten Arabischen Emirate?«

»Muss ich mit Ihnen darüber reden?«

»Sie würden uns in einer Mordsache helfen. Ihr Geschäftspartner, Marcello Manfredi aus Hannover, ist ermordet worden.«

Einen Moment herrschte Sprachlosigkeit am anderen Ende der Leitung.

»Tatsächlich?«

»Ja. Wir haben im Zuge der Amtshilfe vom Zoll erfahren, dass Sie Original Parmaschinken von Manfredi bezogen und diesen weiterverkauft haben.«

»Das ist richtig.«

»Warum haben Sie Manfredi als Zwischenhändler eingeschaltet?«

Ein leises Lachen drang aus dem Lautsprecher. »Junger Mann. Wenn ich Kontakte zum Produzenten gehabt hätte, hätte ich die Marge des italienischen Kollegen gern selbst eingesteckt.«

»Ist es nicht außergewöhnlich, dass Original Parmaschinken aus Italien über Hamburg rund um Europa nach Arabien verschifft wird? Es wäre doch wirtschaftlicher, die Ware von Italien aus dorthin zu versenden.«

»Die wenigsten Schiffe gehen durch den Suezkanal. Der Weg führt um das Kap der Guten Hoffnung. Da macht es fast keinen Unterschied, ob Sie ab Hamburg verschiffen. Abgesehen davon laufen die Geschäfte in diesem Fall eben über diesen Weg.«

»Wieso liefern Sie Schinken in den arabischen Raum? Es handelt sich schließlich um ein Produkt aus Schweinefleisch.«

»Sie werden sich wundern, aber beste Qualität ist gefragt. In den führenden Hotels der Region finden Sie nur Spitzenprodukte, sei es Schweinefleisch oder Alkohol. Vermuten wir beide, dass diese Artikel nur von Touristen konsumiert werden.«

»Und es gab nie Reklamationen zum Parmaschinken?«

»Nie«, versicherte Berenberg. »Es handelt sich eben um eine typische italienische Spezialität erstklassiger Qualität.«

»Kannten Sie Marcello Manfredi persönlich?«

»Sicher.« In Berenbergs Stimme klang ein Hauch Melancholie

mit. »Man kann es sich kaum vorstellen, dass Manfredi tot sein soll.« Dann versicherte der Hamburger Kaufmann, dass er jederzeit für weitere Auskünfte zur Verfügung stehen würde.

»Sind die so doof in Hamburg oder mischt Berenberg bei diesem Betrug mit?«, fragte Madsack. »Wenn der so erfahren ist, wie er vorgibt, müsste er doch gemerkt haben, dass sein ›Original Parmaschinken‹ vom Oldenburger Mastschwein stammt und bei Schröder-Fleisch in Hannover geräuchert wird.«

»Sind Sie sich sicher? In der Branche läuft viel auf Vertrauensbasis. Wenn es nie Reklamationen gab, hatte Berenberg keine Veranlassung, Manfredi gegenüber argwöhnisch zu sein« Sie nahm einen Schluck vom mittlerweile kalten Kaffee. »Die Masche ist nicht neu. Die Mafia mischt in vielen Bereichen mit. Sie hat längst das lukrative Geschäft mit Produktfälschungen entdeckt. Eine unauffälligere Geldmachmaschine werden Sie kaum finden. Die Ware wird günstig eingekauft und zu exorbitanten Preisen weiterveräußert.«

Madsack musterte sie aus seinen kleinen Augen. »Sie haben eben einen schwerwiegenden Verdacht ausgesprochen: Mafia.«

»Das ist doch nicht so abwegig«, sagte Frauke.

Madsack wiegte den Kopf. »Es ist kaum vorstellbar, dass die ehrenwerte Gesellschaft sich hier in Hannover niedergelassen hat.«

»Die sind überall. Und Manfredi war eine Geldwaschanlage. So kann man es vermuten, wenn man an die Luftgeschäfte denkt, die wir seinen Geschäftsunterlagen entnommen haben. Durch die nebulösen Verkäufe merkwürdigster Güter rund um den Globus wurde das Geld gewaschen. Als Erlös eines erfolgreichen Geschäftes mit irgendwelchem Schrott in Afrika war es sauber und konnte in den legalen Kreislauf gepumpt werden. Und da die Mafia auf vielen Hochzeiten tanzt, wurde die Relaisstation Manfredi auch genutzt, um mit gefälschtem Parmaschinken aus Niedersachsen einen zusätzlichen Reibach zu machen.«

»Und was ist mit den Gesteinsproben, die der Bote am Mordtag bei Manfredi abgeliefert hat?«

»Darauf haben wir noch keine Antwort«, sagte Frauke. »Schade. Ich würde gern Bassettis Vernehmung beiwohnen.«

In diesem Moment klingelte Madsacks Telefon.

»Ich komme«, sagte der Hauptkommissar und stand auf. »Das

war Richter«, erklärte er. »Wir wollen jetzt mit der Vernehmung beginnen.«

Putensenf saß in seinem Büro, machte einen missmutigen Eindruck und blätterte in einem blassblauen Aktendeckel. Er sah auf, als Frauke an den Türrahmen klopfte.

»Ich will zu Schröder-Fleisch. Begleiten Sie mich?«

Er schlug den Altendeckel zu, vergewisserte sich, dass sein Rechner passwortgeschützt war, griff sich das Sakko, das über der Lehne des Besucherstuhls hing, und drängte sich wortlos an Frauke vorbei auf den Flur. Im Gehen zog er ein Schlüsselbund aus seiner Hosentasche und drehte es in der Luft.

Frauke verstand es richtig. Putensenf wollte damit andeuten, dass er die Autoschlüssel hatte.

Auf dem Parkplatz öffnete er mit der Fernbedienung die Wagentüren und stieg auf der Fahrerseite ein. Der Kriminalhauptmeister sagte auch kein Wort, als Frauke ihn mit wenigen Worten über die neuen Erkenntnisse, die sie und Madsack erarbeitet hatten, informierte.

»Verstehen Sie mich nicht falsch«, knurrte Putensenf, nachdem Frauke fertig war. »Ich habe nichts gegen Frauen, aber dieser Job ist nichts für das weibliche Geschlecht. Verstehen Sie etwas von Anatomie?«

»Ein wenig.«

»Warum sind Frauen anders gebaut? Sie haben von der Natur eine andere Bestimmung. Niemand erwartet, dass Frauen gemeinsam mit den Männern Fußball spielen, gegeneinander im Boxen antreten oder um die Wette laufen. Warum also soll eine Frau sich in diesem harten Geschäft austoben?«

»Lars von Wedell war ein Mann und wurde Opfer eines Mörders.«

»Wie groß wäre die Empörung gewesen, wenn eine Polizistin ermordet worden wäre?«, fragte Putensenf zurück.

»Beruht Ihr ganzes merkwürdiges Gebaren nur auf dem Bedürfnis, um als Kavalier alter Schule aufzutreten?«

»Quatsch. Aus Ihrer Antwort entnehme ich, dass Frauen auch ein kleineres Gehirn haben.«

»Sie sind ein eigenartiger Mensch.«

»Nennen Sie es, wie Sie wollen, und erwarten Sie nicht, dass ich Ihnen um den Hals falle.«

»Sie sind wirklich nicht mein Typ.«

»Na, das beruhigt meine Frau.«

»Warum sind Sie eigentlich nicht im gehobenen Dienst?«, wechselte Frauke abrupt das Thema.

»Wollen Sie meine Lebensgeschichte erforschen?«

»Ich halte Sie nicht für dumm.«

»Zu meiner Zeit hat man die Volksschule besucht, danach eine Lehre absolviert. Ich habe Dreher gelernt, mich dann bei der Polizei beworben. Ochsentour. Wach- und Wechseldienst, dann zur Kripo. Von der Pike auf. Gestartet als Kriminalassistent und in Jahrzehnten aufwärtsgedient. Für so einen gibt es keinen Aufstieg in den gehobenen Dienst.« Putensenf zog die Mundwinkel herab. »Und heute? Da kommen die Grünärsche frisch zur Polizei und beginnen gleich als Kommissar.«

»Und das hat Sie verbittert?«

»Hm!«

Für den Rest der Fahrt verfiel Putensenf erneut in eisiges Schweigen.

Am Eingang des Fleischbetriebes wiederholte sich die Prozedur, die Frauke von ihrem ersten Besuch bereits kannte, obwohl diesmal ein anderer Pförtner Dienst hatte. Die beiden Beamten wurden von der Frau mit dem kurzen Raspelschnitt abgeholt und zu Alexander Steinhövel geleitet.

Der Geschäftsführer empfing sie mit einem jovialen Händedruck.

»Frau, äh ... wie war noch gleich Ihr Name?«

»Dobermann.«

»Richtig. Entschuldigung. Letztes Mal waren Sie in Begleitung eines anderen Herrn hier.«

Frauke wies auf Putensenf. »Das ist mein Kollege, Herr Putensenf.«

Steinhövel drückte dem Kriminalhauptmeister die Hand. Es schien, als wollte er sie gar nicht mehr loslassen.

»Nehmen Sie bitte Platz. Kann ich Ihnen etwas bringen lassen?«

Die beiden Polizisten lehnten dankend ab.

»Gibt es etwas Neues? Das ist schon merkwürdig, was Tuchtenhagen widerfahren ist.«

Frauke ging nicht auf Steinhövels Frage ein.

»Uns interessiert, welche Funktion Simone Bassetti in Ihrem Betrieb wahrnimmt.«

Steinhövel legte den Daumen auf die Wange, spreizte die Finger und drückte Zeige- und Mittelfinger gegen die Schläfe.

»Bassetti? Bassetti?«, murmelte er.

»Wie kommen Sie bei dem schlechten Namensgedächtnis zu Ihrem Job?«, fuhr Putensenf ihn an.

»Entschuldigung, aber haben Sie eine Vorstellung, wie viele Mitarbeiter wir haben?«, empörte sich der Geschäftsführer.

»Immerhin wissen Sie, dass es sich um einen Angestellten handelt«, entgegnete Putensenf.

Frauke sah das Erschrecken in Steinhövels Augen. Er fühlte sich offensichtlich ertappt.

»Bei unserem ersten Besuch haben Sie uns an den Arbeitsplatz von Simone Bassetti geführt«, sagte sie.

»Ach ja. Ich erinnere mich. Das war in der Schinkenräucherei.«

»Und da ergibt sich für uns ein merkwürdiger Zufall. Simone Bassetti kennt Thomas Tuchtenhagen, der ebenfalls bei Ihnen beschäftigt ist.«

»Das ist wirklich ein Zufall«, sagte Steinhövel. »Fachlich haben die nichts miteinander zu tun.«

»Komisch«, fuhr Putensenf dazwischen. »Plötzlich wissen Sie genau, an welchen Positionen die beiden Männer beschäftigt sind, obwohl Sie sich eben nicht an Bassetti erinnern konnten.«

»Die beiden scheinen sich aber intensiver zu kennen«, fuhr Frauke fort. »Sie haben sich, nachdem beide nicht mehr an ihren Arbeitsplatz zurückgekehrt sind, nachweislich noch einmal getroffen.«

»Wo denn?«, fragte Steinhövel.

Frauke wollte dem Geschäftsführer nichts von der Begegnung in Goslar erzählen. Stattdessen fragte sie: »Bassetti ist in der Schinkenräucherei beschäftigt?«

»Jaa«, antwortete Steinhövel gedehnt.

»Und Marcello Manfredi ist ein wichtiger Abnehmer Ihrer Schinkenprodukte?«

»Manfredi? Der Name sagt mir nichts. Doch! Warten Sie. Ist das nicht der Mann, der vor Kurzem ermordet wurde?« Steinhövels Blick wechselte zwischen Frauke und Putensenf hin und her.

»Da haben wir ja Glück, dass Sie sich nicht erneut auf Ihr schwaches Namensgedächtnis berufen«, sagte Putensenf.

»Und Sie wollen nicht wissen, dass Manfredi ein Kunde von Schröder-Fleisch ist?«

»Hören Sie. Wissen Sie, wie groß der Betrieb ist? Da kenne ich doch nicht jeden Abnehmer.«

»Nur die Großkunden?«, fragte Frauke.

»Sicher.«

»Und bei welcher Umsatzhöhe beginnt ein Großkunde?«

»Das kann man so nicht sagen«, wand sich Steinhövel.

»Dürfen wir einen Blick in Ihre Buchhaltung werfen? Dann könnten wir uns selbst überzeugen, welche Bedeutung der Kunde Manfredi für Sie hatte«, sagte Frauke.

»Das dürfen Sie nicht so ohne Weiteres.«

»Wir besorgen uns einen Beschluss des Richters, und in einer halben Stunde wimmelt es hier von Polizisten und Mitarbeitern der Staatsanwaltschaft. Organisierte Kriminalität heißt das Zauberwort.«

Steinhövel lehnte sich zurück. Er war leichenblass geworden.

»Das können Sie doch nicht machen.«

»Das ist erst der Anfang. Was meinen Sie, wie begierig die Presse einen neuen Skandal in der Fleisch verarbeitenden Industrie aufgreift? Ich kann mir gut vorstellen, dass die großen Handelsketten über solche Publicity nicht begeistert sind.«

Steinhövel zog ein Papiertaschentuch aus der Tasche und tupfte sich damit die feinen Schweißperlen von der Stirn.

»Es hat früher schon einmal Probleme gegeben. Mit unserem Tochterunternehmen in Oldenburg. Wir sprachen darüber.«

»Dann haben Sie jetzt das nächste Problem an der Backe«, sagte Putensenf.

»Also … das läuft ganz sauber. Wir haben einem guten Kunden lediglich einen Gefallen getan«, stammelte Steinhövel.

»Und der gute Kunde war Manfredi?«

Der Geschäftsführer nickte.

»Das war kein Geschäft, das für uns Substanz erhaltend war. Wir hätten unsere Ware auch an anderer Stelle gut absetzen können. Es ist sicher unbestritten, dass wir für unsere herausragende Qualität bekannt sind.«

»Wir wollen jetzt keinen Marketingvortrag hören«, sagte Putensenf und beugte sich ein wenig vor.

»Ich hätte dem auch keine Bedeutung beigemessen, aber dieses Geschäft war ein persönlicher Wunsch unseres Chefs.«

»Des alten Herrn Schröder? Ich denke, der hat sich in eine stille Ecke der Schweiz zurückgezogen?« Frauke erinnerte sich an Steinhövels frühere Aussage.

»Deshalb ist er aber noch lange nicht senil. Sagt Ihnen Schröder-Bau etwas?«

Frauke und Putensenf nickten im Gleichklang.

»Deren Baustellen finden Sie hier in Hannover an jeder Straßenecke. Ferdinand Schröder. Der jetzige Inhaber von Schröder-Bau ist der Sohn des Cousins unseres Chefs.«

Irgendwie scheinen alle miteinander verwandt und verschwägert zu sein, dachte Frauke. Schröder-Bau war schon einmal aufgetaucht. Für dieses Unternehmen waren die Marmormuster bestimmt, die der Bote in Manfredis Büro gebracht hatte.

Laut sagte sie: »Und was ist mit Schröder-Bau?«

»Die haben sich in den letzten Jahren stark im Ausland engagiert. Sie bekommen viele Aufträge aus Italien.«

»Und was hat das mit Ihnen zu tun?«

»Nun ja ...« Steinhövel hob die Hände und drehte die Handflächen nach oben. »Es war eine Anweisung von Herrn Schröder. Ich vermute, er hat seinem Großneffen damit einen Gefallen getan.«

»Es bleibt Ihnen überlassen, wem Sie Ihren Schinken verkaufen. Sie sollten ihn dabei aber korrekt auszeichnen«, sagte Frauke.

Steinhövel tupfte sich erneut die Schweißperlen von der Stirn.

»Ich war strikt dagegen. Das dürfen Sie mir glauben. Auf den Rechnungen und den Lieferpapieren war die Ware auch als Katenschinken ausgezeichnet. Auch unser Preis hat sich am Markt-

üblichen für diese Spezialität orientiert. Lediglich die Verpackung ...«
»Was war mit der Verpackung?«
»Wir haben die Ware gleich für den Export verpackt. Und auf der Verpackung stand ›original italienischer Parmaschinken‹. Auf Italienisch. Und als Herkunftsland wurde Italien angegeben.«
»Das ist Betrug.«
Steinhövel winkte ab. »Ich hatte doch keine andere Chance. Man hat mich dazu gezwungen.«
»Paul Schröder?«
Der Geschäftsführer nickte resigniert.
»Und welche Funktion hatte Bassetti?«
»Der hat das Ganze überwacht.«
»Das ist doch lächerlich. Überall ist man bestrebt, Personal abzubauen und den Betriebsablauf zu rationalisieren, und Sie beschäftigen einen Mitarbeiter, der nichts anderes macht, als auf das Einpacken des Schinkens zu achten.«
»Es ist wirklich so«, jammerte Steinhövel.
Frauke erinnerte sich an den polnischen Vorarbeiter Marek Besofski, der sich bitter darüber beklagt hatte, dass der unbeliebte Simone Bassetti nur herumlungern und offensichtlich nicht arbeiten würde.
»Wo haben Sie das Verpackungsmaterial für den Schinken?«, fragte Frauke.
»In der Produktionshalle. In einem Extrafach. Das war verschlossen und wurde von Bassetti verwaltet.«
Als die beiden Beamten aufbrachen, ließen sie einen sichtlich konsternierten Alexander Steinhövel zurück.
»Wenn man Sie ansieht, könnte man vermuten, Sie wären eine Frau, obwohl Ihr Auftreten alles andere als weiblich war. Sie sind beinhart«, brummte Putensenf im Auto.
»Sollte das ein Kompliment sein?«, fragte Frauke und lächelte in sich hinein.
»Das erwarten Sie von mir nicht wirklich.«
»Nein.«
»Dann will ich Sie auch nicht enttäuschen.«
Als sie zurück im LKA waren, leiteten sie die weiteren Maßnah-

men gegen Schröder-Fleisch, den Geschäftsführer und weitere Mitwisser ein. Um den Betrug mit dem falsch deklarierten Schinken würden sich andere Dienststellen kümmern.

Frauke hatte das Büro leer vorgefunden. Madsack war ausgeflogen und hatte auch keine Nachricht für sie hinterlassen. Sie probierte, sich in den Rechner des Hauptkommissars einzuloggen, aber es gelang ihr nicht. Sie hätte gern das Protokoll über ihren Besuch bei Schröder-Fleisch erstellt.

Es war früher Nachmittag, als Madsack zurückkam. Er sah abgekämpft aus und ließ sich schwer atmend in seinen Stuhl fallen.

»Das ist ein harter Brocken«, stöhnte der schwergewichtige Hauptkommissar. »So etwas habe ich selten erlebt. Der schweigt eisern.«

»Haben Sie ihn mit allen gegen ihn gerichteten Verdachtsmomenten konfrontiert?«

»Sicher. Wir haben alles versucht. Bassetti saß nur da, grinste und schwieg. Er hat nicht einmal behauptet, dass er Probleme mit der Sprache hätte. Das hören wir oft bei Ausländern. Er hingegen hat sich zurückgelehnt, die Arme vor der Brust verschränkt und geschwiegen. Gelegentlich hat er dumm gegrinst. Das war alles.«

»Irgendwann kommt der Punkt, an dem die Verdächtigen ihre Unschuld beteuern, die Polizei verhöhnen oder nach Beweisen fragen.«

»Nichts. Kein Wort.«

»Er muss sich seiner Sache sehr sicher sein. Anders ist das nicht erklärbar.«

Putensenf erschien in der Tür, warf Madsack ein Blatt Papier auf den Tisch und erklärte: »Das hat mir Mölders in die Hand gedrückt. Das wird euch interessieren.« Dann verschwand der Kriminalhauptmeister wieder.

Madsack las das Papier. »Das hätten wir wissen müssen«, sagte er dann und reichte es Frauke.

Es war ein Kurzbericht der ballistischen Untersuchung. Die KTU teilte mit, dass aus der Waffe, die in Bassettis Wohnung gefunden wurde, in Goslar auf Tuchtenhagens Auto geschossen wurde.

Außerdem konnten auf der Waffe Bassettis Fingerabdrücke sichergestellt werden.

»Da wird er sich kaum herauswinden können«, sagte Frauke.

»Die Beweise sprechen gegen ihn. Er wird mit Sicherheit keinen Waffenschein haben.«

»Hat er nicht.« Madsack atmete tief durch. »Das habe ich vorher geprüft. Es überrascht nicht, dass es sich um eine Pistole aus italienischer Fertigung handelt.«

»Die Beretta 92 FS Neun-Millimeter-Parabellum ist in der ganzen Welt verbreitet. Die M9, wie sie auch genannt wird, ist als Ordonanzwaffe bei vielen Armeen und Polizeiorganisationen im Einsatz. Es hat nichts zu sagen, dass es sich um ein Produkt aus dem Land jenseits der Alpen handelt.« Dann berichtete Frauke vom Ergebnis ihres Besuchs bei Schröder-Fleisch.

»Ein weiteres Mosaiksteinchen«, sagte Madsack. »Das sollte reichen, um einen Haftbefehl zu bekommen. Vielleicht wird Bassetti zugänglicher, wenn er eine Weile eingesessen hat.«

»Liegt schon ein Ergebnis der DNA-Analyse vor?«

»Welcher?«, fragte Madsack.

»Vom Fleischhammer, mit dem Manfredi erschlagen wurde.«

»Ich frage einmal nach.«

Madsack rief die KTU an.

»Frisch eingetroffen«, sagte er, nachdem er aufgelegt hatte. »Wir haben aber keine Vergleichsprobe.«

»Versuchen Sie es mit Tuchtenhagen, seiner Frau und Bassetti. Um sicherzugehen, sollten wir auch die beiden Griechen einbeziehen, die in Manfredis Büro geputzt haben. Vielleicht können wir auf diese Weise den Mörder identifizieren. Auch wenn seine Fingerabdrücke verwischt sind, hat er seine ›Duftmarke‹ in Form der DNA über den Hautschweiß hinterlassen.«

Madsack machte sich ein paar Notizen. Dann wuchtete er sich aus dem Stuhl.

»Ich schicke Jakob Putensenf los. Der kann die Vergleichsproben besorgen.« In seinem typischen Watschelgang verließ er den Raum.

Als er zurückkehrte, balancierte er zwei Kaffeebecher.

»Hier.« Er stellte einen vor Frauke ab. »Das haben wir uns jetzt verdient.«

Sie nahmen einen Schluck.

»Es sieht so aus, als wären wir einer Zelle der organisierten Kriminalität auf der Spur«, sagte Madsack. »Geldwäsche. Produktfälschung. Diesmal auf eine Art, die mir bisher auch noch nicht untergekommen ist. Textilien, Uhren, Raubkopien, gefälschte Arzneien. All das überrascht uns nicht mehr. Aber guten niedersächsischen Schinken als Original aus Parma auszugeben? Das ist wirklich etwas Neues.«

»Die Mafia streckt ihre Fühler immer weiter aus. Sie hat längst den Dunstkreis des Halbseidenen verlassen. Der Laie irrt, der glaubt, Mafia wäre gleichbedeutend mit Zwangsprostitution, Drogenhandel und Schutzgelderpressung. Erinnern Sie sich an das große Müllchaos in Neapel? Man munkelt, dass dahinter die Mafia steckte. Die ehrenwerte Gesellschaft ist rund um den Globus tätig und hat sich schon lange in seriösen Geschäftsfeldern festgesetzt. Die Herren tragen Brioni-Anzüge und mischen im globalen Business mit.«

»Probieren wir einmal, ob wir in den Niederungen unseres Geschäfts weiterkommen.« Madsack griff zum Telefon und fragte nach, ob es neue Anhaltspunkte bei der Überwachung von Tuchtenhagens Handy und Kreditkarte gegeben hatte.

»Telefoniert hat er nicht. Aber zwei Mal Gebrauch von der Kreditkarte gemacht. Er hat sich in Goslar bei einem Autoverleiher in der Bismarckstraße einen Ford Focus Turnier besorgt. Auf seinen Namen und mit seiner Kreditkarte. Das ist nicht sehr professionell.«

»Der Mann ist Tierarzt und nicht Berufsverbrecher«, gab Frauke zu bedenken. »Es geht ihm wie der Mehrheit der Bevölkerung. Die Leute wissen gar nicht, wie sie es auf die krumme Tour anstellen sollen. Ihnen fehlt die kriminelle Energie.«

»Dafür zeigt Tuchtenhagen auf der anderen Seite aber viel Geschick, um vor der Polizei zu flüchten«, sagte Madsack. »Wollen Sie das Kennzeichen des Leihwagens haben?«

Frauke nickte und notierte sich die Münchener Zulassungsnummer.

Sie wurden durch Richter unterbrochen. Er warf Frauke einen unfreundlichen Blick zu und sagte mit mürrisch klingender Stimme zu Madsack: »Bassettis Anwalt ist da.«

»Wer ist es?«

»Dottore Alberto Carretta«.

»Ach du Schande«, entfuhr es Madsack.

»Was ist mit dem?«, fragte Frauke.

»Wir haben jetzt keine Zeit für große Erklärungen«, schimpfte Richter. »Komm schon, Nathan. Das macht alles keinen Spaß.« Madsack schnappte sich seine Unterlagen und folgte in seinem typischen Watschelgang dem Leiter der Ermittlungsgruppe.

Frauke nahm sich noch einmal die Protokolle vor. Mehrfach las sie die Berichte vom Mord an Marcello Manfredi und vom Einsatz auf dem Messegelände. Sie suchte nach Ungereimtheiten, verglich die Aussagen der Zeugen mit den Ergebnissen der Spurensicherung, überdachte kritisch ihre eigene Wahrnehmung vom Schusswechsel, bei dem Lars von Wedell hatte sterben müssen, und fertigte sich schließlich auf mehreren Papierbogen kleine Zeichnungen an. Dann nahm sie eine Karte der Region um Goslar zur Hand und studierte sie sorgfältig.

»Wo sind die anderen?«, wurde sie unterbrochen. Ehlers hielt sich am Türrahmen fest.

»Richter und Madsack verhören Simone Bassetti. Da ist inzwischen der Anwalt aufgetaucht.«

»Wer?«

»Dottore Alberto Carretta.«

»Ausgerechnet. Schlimmer hätte es nicht kommen können. Wo ist Putensenf?«

»Der ist unterwegs und besorgt DNA-Vergleichsproben vom Ehepaar Tuchtenhagen und den beiden griechischen Reinigungskräften aus Manfredis Büro.«

Ehlers fuhr sich mit der gespreizten Hand über die Mundwinkel. »Ich hätte gern das ganze Team dabeigehabt. Dann kommen Sie bitte mit.«

Sie folgte dem Kriminaloberrat in dessen geräumiges Büro. Dort saß ein Mann, etwa Mitte vierzig, mit einem buschigen Oberlippenbart, der ein wenig an Albert Einstein erinnerte. Die runde Nickelbrille verlieh ihm ein fast fröhliches Aussehen, während die ordentlich gescheitelten grau melierten Haare nicht dazu passten. Der Mann in der leichten Wildlederjacke erhob sich, sagte: »Hoppla«, als er eine abgestoßene Aktentasche umstieß, die er gegen das Stuhlbein gelehnt hatte.

Er gab Frauke die Hand. »Hilbiger«, stellte er sich vor.

»Regierungsamtmann Hermann-Josef Hilbiger vom Zollkriminalamt in Köln«, erklärte Ehlers und zeigte auf Frauke. »Erste Hauptkommissarin Frauke Dobermann.«

Hilbiger zeigte ein leises Lächeln, als Ehlers Fraukes Zunamen nannte.

Nach Aufforderung durch den Kriminaloberrat begann der Zollbeamte zu berichten: »Wir haben einen Tipp aus Norwegen bekommen. Dort hat man eine Lieferung Heroin entdeckt. Nicht viel. Eine eher geringe Menge. Auffällig war die Art des Verstecks. Die kleinen Päckchen waren in Parmaschinken versteckt. Original italienische Ware, die von einem Hannoveraner Exporteur geliefert wurde.«

»Manfredi«, unterbrach Frauke den Zollfahnder.

»Genau. Das Heroin war so gut getarnt, dass es dem Zoll nicht aufgefallen war. Ein Delikatessengeschäft in Oslo hat den Schinken erworben und ist beim Anschneiden auf das Tütchen Rauschgift gestoßen. Ein eifriger Mitarbeiter hat die Polizei verständigt, die diskret ermittelt hat. Dabei stellte sich heraus, dass auch noch drei andere Kunden unfreiwillig Heroin erhalten haben. Nach Auskunft des norwegischen Zolls sind die Empfänger ebenso unbeteiligt wie der norwegische Importeur, der versicherte, das erste Mal Ware von Marcello Manfredi bezogen zu haben. Wir müssen deshalb davon ausgehen, dass die Parmaschinken gar nicht für Norwegen bestimmt waren.«

Frauke berichtete von ihrer Entdeckung, dass es sich bei dem Parmaschinken um eine Fälschung aus dem Hause Schröder-Fleisch handeln würde.

»Damit erklärt sich auch, weshalb Simone Bassetti die Produktion überwachte. Der Mann hat vermutlich die Heroinpäckchen in die Schinken platziert, bevor die mit falschen Etiketten verpackt wurden«, schloss Frauke ihren Bericht. »Der polnische Vorarbeiter Marek Besofski hat sich gewundert, weshalb ein weiterer Mann dort tätig war, der nach seiner Aussage nicht in den eigentlichen Herstellungsprozess eingebunden war.«

»Es ist schon erstaunlich, dass ausgerechnet das verpönte Schweinefleisch als ›Hülle‹ für den Rauschgiftschmuggel in den arabischen Raum genutzt wird. Irgendwer hat sich bei den Lieferungen vertan, und die präparierten Schinken sind aus Versehen nach Norwegen gegangen.«

Hilbiger nickte. »Die Skandinavier waren überrascht, als ihnen plötzlich Rauschgift frei Haus geliefert wurde. Und die nächste Überraschung war, als wir hörten, dass unser Hauptverdächtiger Manfredi ermordet wurde.«

»Das könnte dem ganzen Fall eine Wendung geben«, überlegte Frauke.

Ehlers erhob sich. »Dann wollen wir unsere neuen Erkenntnisse in die Tat umsetzen.« Er zwinkerte Frauke zu. »Wir beide werden Richter und Madsack ablösen und die Vernehmung Bassettis fortsetzen.«

Zu dritt gingen sie in den Nebenraum des Verhörzimmers. Durch einen venezianischen Spiegel konnten sie einen Blick auf die vier Männer werfen.

Bassetti hatte sich auf dem Stuhl hingeflegelt und kaute mit offenem Mund Kaugummi. Neben ihm saß ein kleines Hutzelmännchen. Der Anwalt mit dem faltenreichen Gesicht und der zerbrechlichen Gestalt blätterte in seinen Unterlagen. Madsack hatte sich ein wenig zurückgelehnt und die Hände vor der Brust verschränkt, während Richter die Unterarme auf der Tischkante liegen hatte, die Hände gefaltet hielt und nervös seine Finger bewegte.

Das ist kein gutes Signal für den Verdächtigen und seinen Anwalt, dachte Frauke. Sie war überzeugt, dass Dottore Carretta ein gewiefter und erfahrener Advokat war. Dem alten Mann blieb sicher nicht verborgen, wie nervös Richter auftrat.

»Ihr Schweigen bringt Sie nicht weiter«, sagte Richter zu Bassetti. Seine Stimme klang müde und abgespannt. »Ihr Anwalt sollte Sie beraten, dass ein Geständnis vor Gericht strafmildernd gewertet wird.«

»Man kann nur etwas gestehen, das man auch begangen hat«, sagte der Anwalt. Er sprach mit hoher und brüchiger Stimme.

»Wie alt ist der Mann?«, fragte Frauke.

»Ich weiß es nicht«, antwortete Ehlers. »Ich schätze, er hat die siebzig locker überschritten. Deshalb sollte man aber nicht hoffen, dass er senil ist. Carretta ist schon lange in Deutschland. Er ist mit allen Wassern gewaschen.« Ehlers griff zum Telefonhörer, drückte auf einen Knopf und hatte Kontakt zu Richter.

»Hier Ehlers. Frau Dobermann und ich werden Sie jetzt ablösen«, sagte er.

Durch den einseitigen Spiegel sah man, wie der Hauptkommissar ungläubig in Richtung der unsichtbaren Beamten im Nebenraum sah. Zunächst schien es, als wolle er protestieren. Dann nickte er unmerklich und sprach Madsack an. »Die Kollegen übernehmen.«

Madsack schien genauso überrascht, ließ es sich aber kaum anmerken. Die beiden Beamten rafften ihre Unterlagen zusammen und gingen zur Tür.

Auch Bassetti und sein Rechtsbeistand waren verblüfft. Beide wechselten einen Blick. Bassetti sah Carretta fragend an, und der alte Anwalt hob kurz die Augenbrauen.

Bassetti straffte sich. Er sah den beiden Beamten nach, die den Verhörraum verließen. Mit dem Kopf wies der Italiener in Richtung Tür. Dann sprach er lebhaft auf seinen Anwalt ein. Er bediente sich des Italienischen, wurde aber abrupt durch Dottore Carretta unterbrochen. Der Anwalt hatte nur wenige Worte gesprochen. Es war sehr leise gewesen, klang aber wie das Zischen einer Natter.

»Der Fuchs ist schlau«, sagte Ehlers zu Frauke. »Er weiß, dass alles aufgezeichnet wird, auch wenn die beiden Verhörbeamten den Raum verlassen haben. Es nützt auch nichts, wenn die beiden italienisch sprechen. Wir übersetzen es.« Er nickte in Richtung des venezianischen Spiegels. »Kommen Sie, Frau Dobermann.«

Frauke folgte Ehlers.

»Guten Tag«, grüßte der Kriminaloberrat, als er den Raum betrat. »Ich bin Kriminaloberrat Ehlers. Das ist Frau Erste Hauptkommissarin Dobermann.«

Bassetti wollte aufspringen, als er Frauke sah, wurde aber von Carretta daran gehindert. Seine Augen funkelten böse. Er zeigte auf Frauke und schimpfte: »Die verdammte Ziege hat mir das eingebrockt. Die ist an allem schuld. Weiber sollen sich um die Kinder kümmern. Und wenn sie keine haben, gehören sie in den Puff.«

Erneut wies der Anwalt seinen Mandanten zurecht. Es sah aus, als wollte Bassetti aufbegehren, dann beließ er es aber doch bei einer wütenden Handbewegung.

»Warum tauschen Sie das Personal aus?«, fragte Dottore Carretta.

Ehlers hatte einen Stuhl zurückgeschoben und hielt ihn Frauke hin. Nachdem sie Platz genommen hatte, setzte er sich neben sie.

»Das ist keine Frage, die für die Rechtsfindung von Bedeutung ist«, sagte Ehlers.

»Oh, ein ganz harter Hund«, erwiderte Bassetti.

Ehlers ignorierte die Bemerkung ebenso, wie Frauke darüber hinwegsah, dass der Italiener eine Grimasse in ihre Richtung zog.

»Seit gestern Abend halten Sie meinen Mandaten widerrechtlich fest, ohne bisher einen konkreten Grund dafür genannt zu haben.« Dottore Carretta sprach leise. Man musste sich konzentrieren, um seine Worte zu verstehen.

Frauke musterte den zerbrechlich wirkenden Mann. In dem faltenreichen Gesicht zeigte sich kein Mienenspiel. Der Anwalt warf ihr einen kurzen Blick zu und konzentrierte sich wieder auf den Kriminaloberrat.

»Herr Bassetti weiß genau, weshalb wir ihn verhaftet haben«, sagte Ehlers.

»Er ist sich keiner Schuld bewusst. Außerdem ist es Ihre Aufgabe, angebliche Schuldzuweisungen zu erheben.«

»Haben Sie überhaupt eine Zulassung als Anwalt in Deutschland?«, fragte Ehlers und lächelte Carretta milde an.

»Lassen Sie solche Mätzchen. Ich sitze hier nicht als Freund der Familie.«

»*Der* Familie?«, mischte sich Frauke ein.

Für einen kurzen Moment war es totenstill im Raum. Den beiden Beamten war das unmerkliche Zucken von Carrettas Augenlidern nicht entgangen.

»Was wollen Sie damit andeuten?«, fragte der Anwalt.

»Sie gelten als erfahrener und gerissener Rechtsvertreter«, sagte

Frauke. Sie machte nicht den Fehler, Ehlers anzusehen, um sich durch einen Seitenblick zu vergewissern, dass der Kriminaloberrat sich nicht übergangen fühlte.

Ehlers erwies sich als ausgesprochen geschickt. Auch er sah nicht zur Seite, sondern lehnte sich zurück und verschränkte die Arme vor der Brust. Frauke verstand die Geste richtig. Ihr Vorgesetzter hatte ihr das Verhör überlassen.

Prompt fiel Bassetti darauf herein.

»Soll die da das jetzt machen?« Seine Stimme schwankte zwischen Keifen und Erstaunen.

»Ihr Mandant ist aber kein wohlerzogenes Kind *der* Familie. Da wird der Patron wenig erfreut sein«, sagte Frauke.

»Die blöde Kuh will doch nicht behaupten, ich hätte etwas mit der Mafia zu tun.« Bassetti unterstrich jeden seiner Sätze mit lebhaften Gesten. Zuletzt hatte er sich heftig gegen die eigene Brust geklopft.

»Ihre Worte zeigen mir, dass es Ihnen an jeder Ernsthaftigkeit mangelt«, sagte Dottore Carretta und raffte die vor ihm liegenden Papiere zusammen. »Das Gespräch ist hiermit beendet. Wir werden gehen.«

Er zögerte einen Augenblick, um die Reaktion der beiden Beamten abzuwarten. Als die reglos sitzen blieben, wirkte der Anwalt für einen Moment unsicher. Dann stand er auf.

»Wir gehen«, sagte er noch einmal mit Nachdruck.

Auch Bassetti hatte sich erhoben.

Frauke zeigte mit dem ausgestreckten Finger zunächst auf den Anwalt. »Sie – ja.« Dann schwenkte ihr Finger zu Bassetti. »Der bleibt.«

»Nein!«

»Doch!« Sie hatte ruhig gesprochen und ebenfalls die Stimme gesenkt.

Dottore Carretta streckte den Kopf etwas in ihre Richtung.

»Können Sie ein wenig lauter sprechen? Ich höre schwer.«

»Man sagt, Sie würden sonst die Flöhe husten hören. Bitte.« Sie zeigte zur Tür. »Wir werden ihn da weiterverhören.«

»Wie spricht die mit mir?« Bassettis Stimme klang erregt. »Er da. Ihn. Der. Ich heiße Simone Bassetti. Wo bleibt die Höflichkeit?

Muss ich mir das gefallen lassen? Und dieser Schwachsinn von der Mafia.«

Dottore Carretta nahm wieder Platz.

»Behaupten Sie ernsthaft, mein Mandant hätte Kontakte zur organisierten Kriminalität?«

»Ja.«

Als wären sie ein seit Langem eingespieltes Team, trugen Frauke und Ehlers im Wechsel die gegen Bassetti erhobenen Beschuldigungen vor. Zunächst berichtete Frauke von der Produktfälschung bei Schröder-Fleisch.

»Das müssten Sie fundierter beweisen«, unterbrach sie Dottore Carretta, nachdem er eine Weile still zugehört hatte, während Bassetti sich wie ein kleines Kind aufführte, Laute wie »Pah«, »No, no, no« und »Tsch« einstreute und nicht nachließ, seine Hände lebhaft zu bewegen.

»Dazu gibt es Zeugenaussagen. Und wir werden seine Fingerabdrücke vorlegen.«

»Das kannst du nicht, du blöde Ziege. Du hast ja keine Ahnung. Bei Schröder-Fleisch habe ich immer Handschuhe getragen. Allein aus Gründen der Hygiene.«

Bassetti war der Einzige im Raum, der nicht bemerkt hatte, wie er sich verplapperte.

»Wir haben ein ballistisches Gutachten, dass mit der Waffe, die wir in Ihrer Wohnung gefunden haben, in Goslar ein Mordanschlag auf Thomas Tuchtenhagen verübt wurde«, sagte Frauke.

»Mordanschlag. Wenn ich gewollt hätte, hätte ich Tuchtenhagen doch umlegen können.«

»Immerhin leugnen Sie nicht, in Goslar auf dem Parkplatz geschossen zu haben. Auch dafür gibt es zahlreiche Augenzeugen. Und die Waffe wurde nachweislich von Ihnen benutzt. Sie sollten sich von Ihrem Anwalt aufklären lassen, dass man heutzutage auch nach einer gründlichen Reinigung der Hände die Schmauchspuren noch nachweisen kann, wenn jemand eine Waffe benutzt. Und Sie haben sich die Hände schmutzig gemacht.«

Dottore Carretta war die Doppeldeutigkeit von Fraukes Bemerkung nicht entgangen. Klugerweise schwieg er aber zu den vorgetragenen Fakten.

Bassetti richtete sich kerzengerade auf. »Mordanschlag. Sie glauben doch nicht im Ernst, dass ich vorbeigeschossen hätte, wenn ich Tuchtenhagen hätte töten wollen.«

»Bei Marcello Manfredi haben Sie gründlicher gearbeitet und nicht gepfuscht. Der war tot.«

Bevor Bassetti antworten konnte, fuhr der Anwalt dazwischen. »Mein Mandant wird jetzt kein Wort mehr sagen. Ihre ganzen sogenannten Anschuldigungen sind ein reines Phantasiegebäude.«

»Wir haben auf dem Fleischhammer, mit dem Manfredi erschlagen wurde, DNA-Spuren sichern können. Der Täter trug keine Handschuhe – wie in der Fleischfabrik –, sondern hat die Tatwaffe mit schwitzenden Händen angefasst.«

Frauke sah Bassetti mit durchdringendem Blick an. »Vielleicht wollten Sie Manfredi gar nicht ermorden. Es ist zum Streit gekommen, und Sie haben den Fleischhammer gegriffen, von dem wir wissen, dass er als Zierrat auf der Schreibtischkante lag. Hat Manfredi Sie angegriffen, und Sie haben im Affekt gehandelt? Mit Glück könnte Ihnen ein Gericht mildernde Umstände zubilligen. Das trifft aber nicht auf den Mord an unserem Kollegen zu. Das war eiskalt und berechnend.«

»Schluss. Wir sagen nichts mehr«, sagte Dottore Carretta mit Entschiedenheit. Zum ersten Mal hatte er laut gesprochen. Seine Worte waren so energisch vorgetragen, dass Bassetti sich zurücklehnte, die Hände unter den Oberschenkeln vergrub und wie ein trotziges Kind die Lippen zu einem schmalen Spalt zusammenpresste.

Obwohl Frauke und Ehlers es noch auf verschiedene Weise versuchten, war dem Gespann keine weitere Äußerung mehr zu entlocken. Der Kriminaloberrat brach das Verhör schließlich ab und ließ Bassetti in die Zelle zurückbringen, während Dottore Carretta sich ohne Verabschiedung entfernte.

Im Nebenraum wurden sie von Richter und Madsack erwartet.

Ehlers machte einen zufriedenen Eindruck. »Das war für den Anfang schon eine ganze Menge«, sagte er. »Das haben Sie gut gemacht, Frau Dobermann.«

»Woher stammen die Informationen? Und warum hat man sie

uns vorenthalten?« Bernd Richter sah Frauke mit einem finsteren Blick an.

»Niemand hat etwas zurückgehalten«, sagte Ehlers und machte mit beiden Händen eine beschwichtigenden Geste. »Die neuen Erkenntnisse sind von den Kollegen Dobermann und Putensenf erarbeitet worden. Außerdem haben wir Amtshilfe vom Zollkriminalamt aus Köln erhalten. Ein Zufallsfund in Oslo führte direkt zu Manfredi und Schröder-Fleisch. So war es nicht schwer, eine Verknüpfung zwischen Bassetti und den anderen Taten herzustellen. Die Beschaffung hieb- und stichfester Beweise sollte nur noch Fleißarbeit sein.« Ehlers nickte Frauke zu. »Fassen Sie bitte die neue Lage zusammen.«

Frauke berichtete von den Ermittlungen in der Fleischfabrik und gab auch eine Zusammenfassung der Fahndungsergebnisse des Zolls und der norwegischen Polizei ab.

»Es wäre doch ein Leichtes gewesen, uns schlauzumachen.« Richter war immer noch aufgebracht. »Stattdessen lassen Sie Madsack und mich da drinnen«, dabei zeigte er auf den Spiegel, der den Blick in den Verhörraum freigab, »wie die Deppen aussehen.«

»Beruhigen Sie sich, Herr Richter.«

»Nein«, unterbrach der Hauptkommissar Ehlers. »Das untergräbt unsere Autorität für die Zukunft. Dieser italienische Winkeladvokat nimmt künftig weder Madsack noch mich für voll.«

»Wie bringen wir das Ganze in Verbindung mit dem Mord an – äh – Lars von Wedell?« Madsack war sichtlich bemüht, durch einen Wechsel des Themas die Gemüter zu beruhigen.

Frauke hatte das zögerliche »Äh« vor dem Aussprechen von von Wedells Namen bemerkt. Der rundliche Hauptkommissar war immer noch vom Tod des jungen Kollegen berührt.

»Das wissen wir noch nicht. Alle anderen Taten können wir uns zusammenreimen. Das erscheint mir ziemlich schlüssig«, sagte Frauke. »Aber warum Lars ermordet wurde ...?« Sie zuckte mit den Schultern.

Richter schüttelte heftig den Kopf. »Ich stimme Ihrer Theorie noch nicht zu. *Noch nicht!* Es gibt vieles, was gegen Thomas Tuchtenhagen und seine Frau spricht. Schließlich sind beide auf der Flucht. Haben Sie einen Grund dafür?« Die Frage galt Frauke.

»Das kann ich nicht erklären«, gestand sie ein.

»Es ist doch merkwürdig, dass sich das Ehepaar Tuchtenhagen unserem Zugriff entzieht. Vergessen Sie nicht, dass der Mann auf dem Messegelände nicht nur von mir gesehen wurde, sondern es zahlreiche andere Zeugen gibt, die ihn erkannt haben.«

»Ja. Das verstehe ich auch nicht.«

»Na prima.« Richter klang schon wieder eine Spur selbstzufriedener. »Wissen Sie, was ich glaube? Wir jagen einem Phantom hinterher. Mag sein, dass Bassetti in krumme Geschäfte verwickelt war. Wer sagt uns, dass der Geschäftsführer von Schröder-Fleisch …«

»Steinhövel«, unterbrach ihn Madsack.

»Ich weiß, wie der Mann heißt«, sagte Richter gereizt. »Der steckt meines Erachtens mit Bassetti unter einer Decke. Die haben den profanen niedersächsischen Landschinken als Original Parmaschinken verschoben. Es ist gut möglich, dass Manfredi da mitgemischt hat. Aber das dürfte schon alles sein.«

»Und das Heroin? Wer hat das im Schinken versteckt?«, gab Frauke zu bedenken.

»Manfredi. Der wollte zusätzlich etwas verdienen und hat Rauschgift geschmuggelt. Dabei ist ein Teil der Ware irrtümlich nach Norwegen exportiert worden, und der Schwindel ist aufgeflogen.«

»Und deshalb musste Manfredi sterben?«, fragte Frauke.

Richter antwortete nicht.

»Wenn Manfredi Geschäfte auf eigene Rechnung gemacht hat, ich meine das Heroin, dann hat er die Kreise der Mafia gestört. Dafür musste er sterben«, fuhr Frauke fort.

»So ein Blödsinn – Mafia. Sie glauben doch nicht im Ernst, dass die sich mit solchem Kinderkram abgibt. Sie beleidigen die Cosa Nostra, wenn Sie unterstellen, dass die so blutige Amateure wie Simone Bassetti als Killer schickt. Nein! Die Zeiten sind vorbei, in denen die sogenannte Mafia ihre Mörder in die Welt reisen ließ.«

»Beide Theorien haben etwas für sich«, unterbrach Ehlers das Streitgespräch zwischen Frauke und Richter. »Fakt ist, dass wir keine Erklärung für den Mord an Lars von Wedell haben.«

»Wir müssen das Ergebnis der Kriminaltechnik abwarten«, sagte Frauke. »Dann wissen wir, ob unser Kollege mit der Waffe erschossen wurde, die wir bei Bassetti sichergestellt haben.«

»Wenn ich mal etwas anmerken darf«, mischte sich Madsack ein. »Lars von Wedell wurde mit einer Waffe vom Kaliber 7,65 Browning erschossen. Die KTU hat sechs Züge Rechtsdrall festgestellt.«

»Toll«, antwortete Richter scharf. »Das haben fast alle Waffen.«

»Nur Bassettis nicht«, entgegnete Frauke, und ihre Stimme klang ein wenig resigniert. »Das war eine Neun-Millimeter-Parabellum. Das könnte dafür sprechen, dass Bassetti nicht von Wedells Mörder ist.«

»Herrje – davon spreche ich die ganze Zeit.« Richter war immer noch aufgebracht.

»Wir wissen, dass es noch viel zu klären gilt. Also – ran an die Arbeit«, schloss Ehlers die Gesprächsrunde.

Fünf Minuten später las Madsack eine neu eingetroffene Nachricht der Kriminaltechnik vor.

»Lars von Wedell wurde nicht mit Bassettis Waffe erschossen. Das steht definitiv fest.«

Frauke setzte ihren Kaffeebecher ab, den der schwergewichtige Hauptkommissar bei der Rückkehr vom Verhörraum in das gemeinsam genutzte Büro besorgt hatte.

»Das hatte ich erwartet.«

Madsack schüttelte den Kopf. Dabei bewegte sich sein Doppelkinn heftig.

»Ich verstehe die Zusammenhänge nicht. Auch wenn Bassetti noch leugnet, sprechen viele Indizien dafür, dass er der Mörder Manfredis ist. Ich glaube aber nicht, dass er aus eigenem Antrieb gehandelt hat. Bassetti ist ein Handlanger. Er hat die Manipulation des Schinkens gesteuert und das Rauschgift versteckt. Auch wenn uns noch der letzte Beweis fehlt, gehe ich davon aus, dass er Manfredi erschlagen hat. Aber warum?«

Frauke pustete vorsichtig in ihren Kaffeebecher, bevor sie versuchte, die Spur Lippenstift vom Rand abzuwischen. Madsack schien das nicht entgangen zu sein. Diskret wandte er sich ab und kramte in seiner Schreibtischschublade. Er tauchte mit einer Packung Geleebananen auf und hielt sie Frauke hin.

»Dieser Versuchung kann ich selten widerstehen«, gestand er.

Sie lehnte mit einem Lächeln dankend ab und betrachtete Madsack einen Moment versonnen. Sie hatte noch keine Erklärung dafür, warum der Hauptkommissar bei jeder Gelegenheit Süßes und Kalorienhaltiges in sich hineinstopfte. Er war stets tadellos gepflegt, achtete auf seine Kleidung und, das war besonders auffällig, hatte ein feines Gespür für die Seelenlage seines Gegenübers. Madsack hatte nicht nur ein höfliches Auftreten, sondern verstand es auch, durch sein Verhalten und die Art, wie er ein Gespräch führte, dem anderen das Selbstwertgefühl zu belassen. Eine Eigenschaft, dachte Frauke, die manchem Polizisten im Laufe vieler Dienstjahre abhandengekommen ist. Wie komme ich jetzt darauf?, überlegte sie. Ach ja. Natürlich hat er gesehen, dass ich den Lippenstift beseitigen wollte. Sein Herumkramen nach den Süßigkeiten war nur ein Ablenkungsmanöver. Madsack war sicher ein feiner Kerl, fast eine Art Teddybär. Dann gab sie sich einen Ruck. Hier und jetzt war kein Platz für Sentimentalitäten.

»Ich stimme Ihrer Einschätzung in jedem Punkt zu. Die DNA-Spuren am Fleischhammer werden Bassetti überführen.«

Madsack schenkte ihr ein Lächeln, als er sich in seinem Sessel zurücklehnte. Er kniff die Augen zusammen, dass sie kaum noch zu erkennen waren.

»Ich kenne Kollegen, die hätten jetzt formuliert: Ich *wette*, dass wir Bassetti überführen können.«

»Solche Sprüche werden Sie von mir nie hören. Unsere Arbeit ist kein Wettgeschäft. Da gibt es nur Fakten.«

Madsack schlug mit der flachen Hand auf die Schreibtischplatte.

»Fakten! Fakten! Fakten!«, sagte er dabei im Takt.

Jetzt mussten beide lachen, zumal der Hauptkommissar jenem übergewichtigen Journalisten nicht unähnlich sah, der diesen Spruch geprägt hatte.

»Das werde ich jetzt beherzigen«, sagte Frauke. »Was haben wir übersehen?«

»Das immer noch flüchtige Ehepaar Tuchtenhagen?« In Madsacks Stimme lag etwas Lauerndes.

Frauke nickte. »Das ist immer noch eine große Unbekannte in

unserer Gleichung. Alles deutet darauf hin, dass Thomas Tuchtenhagen der Mörder von Wedells ist. Richter wird sich kaum geirrt haben. Und warum ist Manuela Tuchtenhagen so eilig aus dem Büro Manfredis geflüchtet? Sicher wird sie erschrocken gewesen sein, als sie ihren toten Chef entdeckte. Aber das sollte kein Grund sein, sich vor der Polizei zu verstecken.«

Madsack nickte versonnen. Dann zeigte er mit der Spitze seines Kugelschreibers auf Frauke. »Genau das ist es, was ich auch nicht verstehe.«

»Ich werde jetzt das tun, was den ehemaligen bayerischen Ministerpräsidenten ausgezeichnet hat.«

Madsack stöhnte theatralisch auf. »Sie wollen mir doch nicht erklären, wie man in München vom Hauptbahnhof zum Flughafen kommt?«

»Nein.« Frauke lächelte entspannt. »Ich werde jetzt die Akten studieren.«

Sie widmete sich in den nächsten Stunden der Durchsicht der Akten, las wiederholt die Protokolle, studierte Landkarten, machte sich Aufzeichnungen, verwarf sie wieder, notierte sich Stichworte, knüllte manche der Notizen wieder zusammen und stopfte sie in ihre Handtasche. Es tat ihr leid, als sie zwischendurch aufsah und gewahrte, dass Madsack sich getroffen fühlte, weil sie ihm durch ihr Verhalten zeigte, dass sie ihm nicht vertraute.

»Das ist meine Arbeitstechnik«, erklärte Frauke und markierte von nun an die nicht mehr benötigten Zettel mit einem Kreuz, sodass es ihrem Gegenüber nicht auffiel, dass sie weiterhin überflüssiges Papier produzierte.

Madsack führte eine Reihe von Telefongesprächen und widmete sich ansonsten seinem Rechner. Die Stunden vergingen, ohne dass sie miteinander sprachen. Auch von Richter oder Putensenf sah man nichts an diesem Nachmittag.

Gegen fünf Uhr verabschiedete sich Frauke von Madsack.

»Sie wollen schon Feierabend machen?«

Sie nickte.

»Sie wollen Hannover entdecken?«

Erneut nickte sie. Der zugängliche Kollege musste nicht wissen, dass Frauke auch noch andere Dinge zu entdecken hoffte.

»Tschüss«, sagte sie und verließ ihren Gastarbeitsplatz im Landeskriminalamt.

Es kam Frauke wie eine Ewigkeit vor, bis sie endlich die Autobahnauffahrt Richtung Süden erreicht hatte. Auch hier rollte der Verkehr nur mit mäßiger Geschwindigkeit dreispurig Richtung Hildesheim. Dies waren Augenblicke, in denen ihr der Unterschied zwischen Hannover und dem heimischen Flensburg bewusst wurde.

Heimisch? Wohl kaum, dachte sie voller Bitterkeit. Die Region an der dänischen Grenze war ihr »Revier« gewesen, wie andere Polizisten hinter ihrem Rücken spotteten. Es war ein beschwerlicher Weg gewesen bis zur Leiterin des K1, der »Mordkommission«.

Harte Arbeit, Durchsetzungsvermögen und ein geballtes Maß an Energie hatten ihr einen außergewöhnlichen Ruf eingebracht. Sie nahm es hin, dass man ihren Familiennamen Dobermann verhunzte und ihre Bissigkeit darauf zurückführte.

Sie war ehrgeizig und immer bemüht, ihre Ziele zu erreichen. Beruflich hatte sie es geschafft. In Flensburg. Sie hatte sich – nomen est omen – in einer immer noch von Männern dominierten Welt durchgebissen.

Dabei war das Privatleben auf der Strecke geblieben. Es gab zwar einen *Herrn* Dobermann. Aber der hatte sich im Laufe der Ehejahre eher zu »Herrn Pinscher« zurückentwickelt. Das war vor zwanzig Jahren anders gewesen.

Wer ständig unter Hochspannung in einem sehr schwierigen beruflichen Umfeld engagiert ist, geht irgendwann an der Aufgabe kaputt. Es sei denn, er versteht es, einen Ausgleich zu schaffen. Und nachdem der *Herr* Dobermann nur noch als Schoßhund in der Sofaecke lag, hatte sie sich als Frau emanzipiert und für das »Wohlfühlen« andere Männer ausgesucht. Nichts Festes. Nur für den Augenblick. Natürlich hatte das nicht verborgen bleiben können und ihr neben ihrem herben Auftreten zusätzlich einen »schlechten Ruf« eingebracht. Doch darüber war sie erhaben.

Frauke verzog die Mundwinkel zu einem bitteren Lachen. »Ha!«, entfuhr es ihr, und sie erschrak über diese Art der Selbstartikulation. Der smarte und von sich überzeugte Dr. Starke hatte die Leitung der Bezirkskriminalinspektion immer nur als Durchgangsposten und Sprungbrett für die große Kieler Karriere angesehen, obwohl es unter seinen Mitarbeitern niemanden gab, der nicht von der absoluten Unfähigkeit des Mannes überzeugt war. Vielleicht hatte der schmuddelige Husumer Große Jäger recht, dachte Frauke, der den Kriminaldirektor stets als »Scheiß-Starke« bezeichnete.

Und da jeder hoch oben im Norden von Fraukes großzügigem Umgang mit Männern wusste, war es Dr. Starke leichtgefallen, Frauke der sexuellen Belästigung eines Vorgesetzten zu bezichtigen. Sie hatte stets Fehlentscheidungen ihres Vorgesetzten gedeckt und durch eigenes Engagement und das ihrer Mitarbeiter auszugleichen gewusst, während der Kriminaldirektor es immer wieder verstanden hatte, die Erfolge der Mordkommission in der Außendarstellung als eigene zu verkaufen. Als er – wieder einmal – mit falschen Angaben zu einem Fall an die Öffentlichkeit und die Medien herangetreten war und daraus kritische Nachfragen erwachsen waren, hatte er das als Fehler seiner Mitarbeiter herausgestellt. Dagegen hatte sich Frauke gewehrt. Dr. Starke hatte auf seiner Weisungsbefugnis und ein in der Polizei nach seinen Vorstellungen wohlgeordnetes disziplinarisches Verhältnis beharrt. Diesem »Maulkorberlass« hatte Frauke zu widersprechen gedroht. So hatte der Kriminaldirektor wahrheitswidrig behauptet, Frauke habe sich durch eindeutige sexuelle Angebote ihm gegenüber Vorteile verschaffen wollen, und sie auf diese Weise als unglaubwürdig dargestellt.

Danach waren genau drei Tage verstrichen, und sie hatte den Dienst im Landeskriminalamt in Hannover angetreten.

Wer glaubte schon einer »mannstollen« Frau, wie böse Zungen hinter ihrem Rücken kolportierten? Aber das Kapitel »Dr. Starke« war für sie noch nicht abgeschlossen.

Frauke schrak hoch, als ihr bewusst wurde, dass sie eine ganze Weile ihren Gedanken nachgehangen hatte und dabei unkonzentriert im fließenden Verkehr mitgeschwommen war. Sie gab sich einen Ruck und richtete ihre Aufmerksamkeit auf das Geschehen auf der Autobahn.

In Derneburg verließ sie die Autobahn und wunderte sich, dass offenbar doch zahlreiche Menschen in Hannover arbeiteten und in dieser ländlichen Region wohnten. Zumindest ließ das der dichte Verkehr vermuten.

Sie folgte der B6 in Richtung Goslar und bog in Haverlah von der Schnellstraße ab. Die nächsten zwei Stunden verbrachte sie damit, die kleinen Orte dieser Gegend abzuklappern. Lutter am Barenberge erinnerte sie an jene Schlacht, von der sie im Geschichtsunterricht gehört hatte. Andere Ortsnamen waren ihr bisher fremd gewesen. Ringelheim, Groß Elbe, Upen, Klein Mahner und so weiter. Merkwürdige Bezeichnungen gab es hier, wenn man heimische Namen wie Klanxbüll, Langballig und Süderbrarup gewohnt war.

Auf den teilweise engen und schlechten Nebenstraßen begegneten ihr nur wenige Fahrzeuge, und so legte sie zügig die Distanzen zwischen den Orten zurück. In den kleinen Dörfern hielt sie Ausschau, insbesondere nach den Gasthöfen. Hotels gab es kaum. Der Harhof erwies sich als Ruine, und »Zur Ohlei« wurde schon seit mehreren Jahren angeblich renoviert, wie ihr ein freundlicher Einheimischer erklärte.

Sie kurvte in konzentrischen Kreisen durch das Harzer Vorland und hakte jeden Ort, den sie besucht hatte, auf der Karte ab. Über irgendwelche Nebenstraßen erreichte sie Liebenburg, eine Gemeinde, die nach dem Kartenmaterial ein zentraler Ort zwischen Goslar und Salzgitter sein sollte. Nichts.

Es war eine Schnapsidee, sagte sie sich. Früher hätte sie solche Aktionen nicht ausgeführt, auch nicht durch ihre Mitarbeiter ausführen lassen, sondern als ineffektiv verworfen. Insgeheim ärgerte sie sich über sich selbst, dass der ausgeprägt um den Erhalt seines Status bemühte Bernd Richter sie so weit gebracht hatte. Mobbing-Bernd nannte sie den Teamleiter im Stillen.

Auf der linken Seite lag eine große Domäne, dahinter folgten zwei Weiher, die von der Straße in einem sanften Bogen umrundet wurden. Sie folgte dem schmalen Asphaltband, das bergan führte, ließ eine kleine unbedeutende Siedlung hinter sich und überquerte in einem Einschnitt einen Bergkamm. In der Ferne musste der Saum des Harzes liegen, der in der Dunkelheit aber nicht erkennbar war. Vor Frauke tauchten die Lichter des nächsten Ortes auf. »Othfresen« stand auf dem gelben Schild.

Sie fuhr langsam am Gasthof vorbei und warf einen Blick auf die davor parkenden Fahrzeuge. Nichts. Ein Bahnübergang markierte schon wieder das Ende des Ortes. Nach einem Feldstück folgte ein unscheinbares Gewerbegebiet mit einem Raiffeisenmarkt, einer Tankstelle und zwei Lebensmittelmärkten.

In der Ferne konnte Frauke die Lichterkette der Bundesstraße erkennen. Sie hatte beschlossen, ihre erfolglose Suche aufzugeben und nach Hannover zurückzukehren, als sie auf der linken Straßenseite ein paar Häuser sah.

»Hotel Terrasse Korfu«, las sie über einem schmiedeeisernen Eingangstor, von dem eine Sonne lachte. Neben dem in die Vorharzlandschaft passenden Gebäude mit der mediterran anmutenden Terrasse befand sich ein griechisches Restaurant mit dem originellen Namen »Gasthaus zum Posthof«. Links und rechts des vorgebauten Eingangs befand sich je ein Fenster, vor dem Fahrzeuge parkten. Der rechte Wagen war ein Ford Focus Turnier mit einem Münchener Kennzeichen, das typisch für einen bekannten Autoverleiher war.

Frauke bog nach links in die holprige Seitenstraße ab und fand auf der gegenüberliegenden Straßenseite eine Parkmöglichkeit. Sie überquerte die Fahrbahn und bemerkte das Etikett mit dem Strichcode links neben dem hinteren Nummernschild. Auch daran war für Eingeweihte der Leihwagen erkenntlich.

Es hatte den Anschein, als hätte Thomas Tuchtenhagen in diesem kleinen Hotel Unterschlupf gefunden.

Hinter der Außentür fand sich eine Glastür, die auf den Tresen des Lokals führte. Rechts stand ein Salatbuffet, während sich die Tische vor den Fenstern und links am Tresen entlangzogen.

Tuchtenhagen saß mit dem Rücken zur Tür vor dem linken Fenster und stocherte mit der Gabel in seinem Essen herum. Frauke trat an den Tisch.

»Guten Abend, Herr Tuchtenhagen.«

Erschrocken fuhr der Mann zusammen. Er zog ruckartig den Kopf zwischen die Schultern, rutschte mit der Gabel, die er in der rechten Hand hielt, über den Teller und sah Frauke aus weit geöffneten Augen an. Das ohnehin bleiche Gesicht wurde kalkweiß, dann schoss ein Feuerrot aufs Antlitz.

»Darf ich?«, fragte Frauke und bemühte sich, ruhig und gelassen zu wirken. Sie zeigte auf den Platz gegenüber und setzte sich, ohne die Antwort abzuwarten.

Noch im Stehen hatte Frauke ihre Jacke ausgezogen und über die Lehne des benachbarten Stuhls gelegt.

»Dobermann, Polizei Hannover. Wir haben miteinander telefoniert.«

Tuchtenhagen sah sich um. Als er keinen weiteren Besucher sah, musterte er Frauke. Er sah übernächtigt aus. Schwarze Ringe lagen unter den Augen, die er zusammengekniffen hatte. Zwei tiefe Falten hatten sich von den Nasenflügeln zu den Mundwinkeln ins Antlitz eingegraben, die Rasur war unsauber, und die Bartstoppeln warfen dunkle Schatten.

»Sie sind doch nicht allein?«, fragte Tuchtenhagen und sah sich erneut um.

»Wir haben Sie gefunden«, antwortete Frauke ausweichend.

»Steht das andere Aufgebot draußen vor der Tür?« Es folgte erneut das hektische Umsehen.

Niemand im Restaurant hatte von den beiden Notiz genommen. Der Nachbartisch war unbesetzt, am übernächsten amüsierte sich ein Ehepaar mit einem achtjährigen blonden Mädchen.

Der Wirt war an den Tisch getreten und reichte Frauke die Karte. Dabei warf er einen missbilligenden Blick auf Tuchtenhagen, der wieder mit der Gabel in seinem Essen herumstocherte.

»Danke«, sagte Frauke zum Wirt. »Ich möchte einen griechischen Salat und ein großes Wasser.«

»Ist was mit dem Essen?«, fragte der Wirt schließlich, an Tuchtenhagen gewandt.

Der legte die Gabel ab und schob den Teller ein Stück von sich.

»Nein danke. Der Korfuteller war gut. Ich habe keinen Appetit. Sie können abräumen.«

Der Wirt zuckte mit den Schultern und nahm den Teller. Er hatte sich schon zwei Schritte entfernt, als Tuchtenhagen ihm hinterherrief: »Noch ein Radeberger und einen Ouzo.«

Frauke legte die Hände auf den Tisch.

»Ihr Versteckspiel hat alle Beteiligten viel Kraft gekostet. Sie sollten froh sein, dass es vorbei ist.«

Tuchtenhagen nickte. Er atmete tief durch und stieß dabei einen Seufzer aus. Frauke kannte ein solches Verhalten. Personen, nach denen gesucht wurde, waren oft erleichtert, wenn die Polizei sie gestellt hatte. Dem Fahndungsdruck und dem Zwang, sich verbergen zu müssen und in jedem Menschen, der einem begegnete, den Jäger zu vermuten, waren viele nicht gewachsen. Und Thomas Tuchtenhagen hatte keine Erfahrungen mit dem kriminellen Milieu.

Er fuhr sich mit dem Handrücken über die Stirn und nahm dem Wirt den Ouzo aus der Hand. Noch bevor das Bier auf dem Tisch abgestellt war, hatte Tuchtenhagen den Schnaps heruntergestürzt.

»Das ist alles ganz anders«, sagte er dann.

Fast hätte Frauke laut gelacht. Diesen Satz hatte sie oft gehört. Und er gehörte zum Standard der Autoren von Boulevardkomödien, wenn die Ehefrau ihren untreuen Gatten mit der Gespielin in flagranti überraschte.

»Erzählen Sie.«

»Noch einen Ouzo«, rief Tuchtenhagen dem Wirt zur Theke hinüber.

Man merkte ihm an, dass er im Laufe des Abends schon einige getrunken hatte. Frauke wollte ihm aber keine Vorhaltungen machen. Das hätte womöglich die Bereitschaft, zu reden, beeinflusst.

»Meine Frau«, stammelte Tuchtenhagen. Dann schluckte er tief. Er wischte sich mit Daumen und Zeigefinger zwei Speichelfäden aus den Mundwinkeln. »Die ist weg.«

»Wir suchen Ihre Frau ebenso wie Sie.«

Tuchtenhagen schüttelte den Kopf. »Sie haben keine Ahnung.«

»Sie unterschätzen uns. Ihre Frau ist aus Manfredis Büro geflüchtet und hat Sie verständigt. Sie sind daraufhin in die Wohnung gefahren und haben Sachen für Ihre Frau eingepackt.«

»Quatsch.« Tuchtenhagen wischte mit dem Finger Speicheltropfen vom Tisch, die ihm bei seiner heftigen Antwort entwichen waren. Dann tippte er sich an die Stirn. »Manuela war schon im Büro, als Bassetti auftauchte.«

»Und dann?«

Tuchtenhagen stierte zu einem imaginären Punkt an der Wand hinter Frauke.

»Keine Ahnung.«

»Was hat Ihnen Ihre Frau erzählt?«

»Nichts. Begreifen Sie es doch endlich.«

Frauke starrte Tuchtenhagen ratlos an.

»Sie konnte mir nichts erzählen, weil ich nicht mit ihr gesprochen habe. Sie ist weg.«

»Ihre Frau ist auf der Flucht? Und Sie sind hinter ihr her?«

Tuchtenhagen stieß einen tiefen Seufzer aus. »Wie dumm sind Sie eigentlich? Die haben meine Frau entführt.«

Das gibt dem Fall eine völlig neue Wendung, dachte Frauke, und würde manches am merkwürdigen Verhalten Tuchtenhagens erklären.

»Sie haben sich nicht vor der Polizei versteckt?«

»Ich? Warum denn? Ich suche meine Frau. Am Montag erreichte mich ein Anruf, dass Manuela meine Hilfe benötigt. Ich sollte ein paar Sachen aus unserem Haus besorgen. Später dirigierte mich der Anrufer zu dem Hotel am Meersmannufer.«

»Warum sind Sie von dort geflüchtet, ohne zu bezahlen?«

»Mann, ich hatte den Kopf voll. Die Nacht nicht geschlafen. Und dann rief mich der Unbekannte wieder an. Ich habe dort auch den Koffer meiner Frau vergessen.«

Das war eine der Fragen, auf die die Polizei noch keine Antwort hatte, erinnerte sich Frauke. Ebenso war das Rätsel gelöst, wie Tuchtenhagen informiert worden war. Seine Frau war ohne Handtasche, Handy und Portemonnaie aus Manfredis Büro geflüchtet. Die Ermittler hatten sich gefragt, wie die Frau Kontakt zu ihrem Ehemann aufgenommen hatte.

»Kannten Sie den Anrufer?«

»Woher denn.«

»War es Simone Bassetti?«

In Tuchtenhagens Augen funkelte es böse.

»Sind Sie schwer von Begriff? Ich sagte bereits, dass ich den Anrufer nicht kannte.«

»Ein Mann? Deutscher?«

»Klar – ein Mann. Und Deutscher.« Tuchtenhagen stutzte. »Oder nicht?« Er ließ den Kopf auf die Brust sinken. »Ist das so wichtig? Ich will nur meine Frau wieder.«

»Was hat man Ihnen aufgetragen?«

Tuchtenhagen sah sich nach dem Wirt um. Frauke befürchtete, er würde erneut Ouzo bestellen. Doch der Restaurantbesitzer tat klugerweise so, als hätte er es nicht bemerkt.

»Verschiedenes. Zunächst sollte ich am Dienstagabend zur Messe kommen. Genau am Tor Kronsbergstraße. Man sagte mir, ich würde dort meine Frau treffen. Oder jemanden, der von ihr wüsste.«

»Wie haben Sie das Tor zum Messegelände geöffnet, als Sie hineingeschlüpft sind?«

»Ich war doch nicht drinnen, sondern habe im Auto gewartet. Dann hörte ich Schüsse. Als jemand aus dem Dunkeln auf mich zugelaufen kam, habe ich Gas gegeben und bin in Panik weg.«

»Wohin?«

»Keine Ahnung.« Tuchtenhagen malte mit dem Zeigefinger unsichtbare Figuren auf die Tischplatte. »Irgendwie mit Wolf hieß das Nest. Am Harz. Wenn Sie wollen, kann ich nachsehen. Die Quittung vom Hotel habe ich in die Tasche gesteckt.«

»Und dann?«

»Am nächsten Tag bin ich nach Goslar bestellt worden. Zur Kaiserpfalz. Dort hat mich Bassetti erwartet. Er wollte mir nicht sagen, wo meine Frau ist. Auch nicht, woher er den Treffpunkt kannte. Irgendwer muss es ihm aber gesagt haben. Es war doch kein Zufall, dass er mich dort erwartet hat.«

»Warum hat Bassetti auf Sie geschossen? Wollte er Sie töten?«

Tuchtenhagen lachte laut auf. Es klang voller Bitternis, sodass die Familie am Nebentisch aufmerksam wurde und zu ihnen herübersah.

»Der blöde Italiener. Ein kleiner unbedeutender Scheißer ist der. Ich habe keine Ahnung, was der mit der Entführung meiner Frau zu tun haben sollte. Der kann doch nicht bis drei zählen.«

Frauke ließ unerwähnt, dass Bassetti im dringenden Tatverdacht stand, Marcello Manfredi mit dem Fleischhammer erschlagen zu haben.

»Worüber haben Sie in Goslar gesprochen?«

Tuchtenhagen wischte sich Speichel aus den Mundwinkeln. »Das habe ich nicht verstanden, was der wollte. Der hat nur herumgefaselt. Ich soll mich raushalten, wenn ich meine Frau gesund wiedersehen will. Und so.«

»Was heißt ›*und so*‹?«

Tuchtenhagen stierte sie aus glasigen Augen an. Dann drehte er sich um. »Verflixt, wo bleibt der Ouzo?«, rief er quer durch das Lokal, dass die anderen Gäste aufmerksam wurden und zu ihnen herüberstarrten.

Der Wirt eilte herbei.

»Möchten Sie wirklich noch einen?«, fragte er leise.

»Klar. Und so ein Dings noch.« Tuchtenhagen drehte das Bierglas, bis es ihm aus der Hand glitt. Es gelang ihm gerade noch, das Gefäß abzufangen und unbeschädigt auf den Tisch zurückzustellen.

»Sie noch etwas?«, wandte sich der Wirt an Frauke.

Sie lehnte dankend ab.

Tuchtenhagen zeigte deutliche Spuren einer beginnenden Trunkenheit. Frauke war sich sicher, dass er sonst anders sprach. Nicht nur seine Artikulationsfähigkeit, auch die Wortwahl und der aggressive Unterton passten nicht zu dem, was sie über Thomas Tuchtenhagen zu wissen glaubte.

»Haben Sie noch mehr von dem Unbekannten gehört?«

»Würde ich sonst hier sitzen und mich volllaufen lassen?«, antwortete er mit einer Gegenfrage.

»Wie soll es weitergehen?«

»Verflixt noch mal. Woher soll ich das wissen? Halten Sie sich da raus. Dann ist die ganze Scheiße vorbei.« Er schluckte tief, während sich eine Träne aus den Augenwinkeln löste. »Hoffentlich«, fügte er leise an.

»Warum haben Sie sich nicht vertrauensvoll an die Polizei gewandt?«

Tuchtenhagen lachte bitter auf. »Ha. Das bringt doch nichts. Sie sitzen hier und quatschen mich voll. Können Sie mir sagen, wo Manuela ist, hä?«

»Kannten Sie Bassetti aus Oldenburg? Dort waren Sie früher tätig.«

»Der Arsch ist erst in Hannover aufgetaucht. Kam angeblich hier aus diesem Nest. Darum suche ich in dieser Gegend.«

»Und wie sind Sie zu Schröder-Fleisch gekommen? Schließlich waren Sie Amtsveterinär in Oldenburg.«

Sie wurden durch den Wirt unterbrochen, der Bier und Ouzo brachte. Tuchtenhagen stürzte den Schnaps in einem Sturz hinunter und wedelte mit dem leeren Glas.

»Das Beste ist, Sie bringen die Flasche.«

Der Wirt machte ein betrübtes Gesicht. »Das ist dumm. Wir hatten die ganze Woche über Veranstaltungen im Hause. Man hat mir den ganzen Vorrat leer getrunken. Der Lieferant kommt erst morgen, am Freitag. Das war die letzte Flasche.« Er machte mit beiden Händen eine Geste des Bedauerns. »Es tut mir leid, aber das war der letzte.« Ohne dass Tuchtenhagen es sehen konnte, zwinkerte der Mann Frauke zu.

»Was ist das für ein Scheißladen«, fluchte Tuchtenhagen.

»Sie wollten mir erzählen, was Sie nach Hannover geführt hat.«

»Ich komme aus Stolzenau an der Weser, einer Kleinstadt, in der die Welt noch in Ordnung ist. Manuela aus Husum.«

»Nordsee?«

Zum ersten Mal zeigte Tuchtenhagen ein entspanntes Lächeln. »Nein. Aus einem kleinen Dorf nahe Nienburg an der Weser. Von dort ist es auch nicht weit bis in meinen Heimatort.«

»Und warum haben Sie Ihren Beamtenjob aufgegeben?«

»Man hat mir ein gutes Angebot gemacht. Als Leiter der Qualitätssicherung.«

»Und außerdem wurde Ihnen in Oldenburg nahegelegt, die Behörde zu verlassen«, vermutete Frauke.

»Warum fragen Sie so blöde, wenn Sie schon alles wissen? Das war doch nur Unerfahrenheit, dass ich die Schweinerei dort nicht entdeckt habe. Schließlich bin ich mit einem blauen Auge davongekommen.«

Frauke nahm sich vor, auf die Akteneinsicht zu drängen. Es war jetzt noch wichtiger geworden, dass die angeforderten Unterlagen aus Oldenburg endlich wiederauftauchten.

»Und wie verhält es sich mit den Manipulationen bei Schröder-Fleisch? Die falsch etikettierten Schinken, die in die Emirate verschifft werden?«

»Davon weiß ich nichts. Wir haben keinen Kunden in Arabien.«

»Das läuft über den Hamburger Exporteur Berenberg.«

»Ach so. Manuela hat davon erzählt. Beiläufig. Wir haben an Manfredi verkauft. Was der mit der Ware gemacht hat – keine Ahnung. Vielleicht weiß der Steinhövel mehr.«

Tuchtenhagen lehnte sich zurück, verschränkte die Arme vor der Brust und schloss die Augen.

Frauke wartete eine Weile, aber der Mann schien eingeschlafen zu sein. Darauf deuteten zumindest die regelmäßigen Atemzüge.

Sie stand auf, trat an den Tresen und verlangte ihre Rechnung.

»Und Ihr Mann?«, wollte der Wirt wissen.

»Sehen wir aus, als wären wir verheiratet?«

Der Wirt grinste. »Sie haben zumindest so gestritten.« Er nickte in Tuchtenhagens Richtung. »Was ist mit ihm?«

»Er hat doch ein Zimmer bei Ihnen.«

»Schon.«

»Sehen Sie. Dann ist doch alles geklärt.« Sie strich das Wechselgeld ein und wünschte einen guten Abend.

Vor der Tür sog sie die frische Nachtluft ein, obwohl sie fröstelte. Es war eine andere Kälte als die Kühle, die sie aus Flensburg kannte.

FÜNF

Frauke hasste die Tristesse von Besprechungsräumen. Überall war es das Gleiche. Weiße Wände, durch Kalender oder Poster verziert, mehrere kalt wirkende Tische mit Stahlrohrgestellen, aneinandergereihte Stühle – an der Wand ein Whiteboard und das früher übliche Flipchart durch einen PC-gesteuerten Beamer ersetzt.

Sie hatte am frühen Morgen den Kriminaloberrat informiert. Michael Ehlers hatte umgehend eine Dienstbesprechung anberaumt und Frauke vortragen lassen.

Hauptkommissar Richter hatte zunächst mit offenem Mund zugehört, sich dann vom Tisch zurückgesetzt, die Beine übereinandergeschlagen und demonstrativ mit dem Kugelschreiber einen Takt auf die Tischplatte geklopft.

Frauke hasste auch Zusammenkünfte dieser Art. In ihren Augen war die oft gepflegte Kultur des »Lasst uns drüber reden« Zeitverschwendung. In Flensburg hatte sie ihr Team informiert, war auch offen gegenüber Anregungen und Vorschlägen ihrer Mitarbeiter, aber diese endlosen Gesprächsrunden …

Madsack und Putensenf lauschten angeregt ihrem Bericht, während Richter dazu übergegangen war, unentwegt den Kopf zu schütteln.

»Bernd, hast du etwas mit deiner Nackenmuskulatur?«, fragte Putensenf schließlich.

Richter straffte sich. »Von dir hätte ich einen solchen Kommentar zuletzt erwartet.« Dann zeigte er mit der Spitze des Kugelschreibers auf Frauke. »Das ist hochgradig unprofessionell, was Sie sich da geleistet haben, Frau Dobermann. Sie werden auch da oben in Dingsbums kaum so gearbeitet haben, wie Sie es hier praktizieren. Abgesehen davon, dass ich durchaus nicht Ihre Annahmen hinsichtlich Thomas Tuchtenhagen teile, stellt sich mir die Frage, ob Sie sich nicht der Begünstigung im Amt zu verantworten haben, weil Sie einen dringend der Tat Verdächtigen haben laufen lassen.«

»Es gibt gute Gründe, die Version der Kollegin Dobermann zu

bedenken«, versuchte Ehlers den Leiter der Ermittlungsgruppe zu beschwichtigen.

»Nein«, fuhr Richter den Kriminaloberrat an. »Ein solches Gebaren wie das, was *sie* da«, dabei zeigte er erneut auf Frauke, »an den Tag legt, deckt sich nicht mit dem, was *wir* unter solider Ermittlungsarbeit verstehen. Seitdem Frau Dobermann bei uns ist, stört sie unsere Arbeit und die Harmonie im Team.«

»Das sind starke Worte, Bernd«, mischte sich Madsack ein. »Die Kollegin tut nur ihr Bestes.«

»Wenn das das Beste ist, dann will ich das andere gar nicht kennenlernen«, fauchte Richter. »Ich lehne es ab, weiterhin mit Frau Dobermann zusammenzuarbeiten. Du bist zu gutmütig, Nathan. In deinem ewigen Konsensstreben übersiehst du die Fehlentwicklung. Und du, Jakob«, sagte Richter zu Putensenf, »hast auch erkannt, das mit ihr da einiges aus dem Ruder läuft.«

»Ja, also, ähm …«, wand sich Putensenf und verfiel in ein hilfloses Schweigen, als ihn alle ansahen.

»Sind Sie alle von allen guten Geistern verlassen?« Ehlers hatte die Stimme erhoben, was selten bei ihm vorkam. »Darf ich Sie daran erinnern, dass einer aus unserer Runde ermordet wurde? Wir haben Wichtigeres zu erledigen, als uns gegenseitig Schuld zuzuweisen. Ich werde die Konsequenzen aus dem ziehen, wie dieses Team sich derzeit präsentiert. Das garantiere ich Ihnen. Doch jetzt ist genug mit dem Gequengel.« Er sah Frauke an. »Ich ermahne Sie hiermit förmlich. Ihre Vorgehensweise kann man durchaus kritisieren. Andererseits haben mich Ihre Argumente überzeugt. Ich werde veranlassen, dass wir eine weitere Sonderkommission bilden, die der Frage nachgeht, ob Manuela Tuchtenhagen tatsächlich entführt wurde. Zunächst werden wir aber Simone Bassetti noch einmal verhören. Ich erwarte dazu keine Wortmeldungen. Nehmen Sie dies als gegeben hin. Frau Dobermann und Herr Madsack werden sich Bassetti vornehmen.«

Ehlers stand ohne weitere Worte auf und verließ den Raum.

»Wo sind wir hier nur gelandet?«, schimpfte Richter und folgte dem Kriminaloberrat, ohne die anderen am Tisch eines Blickes zu würdigen. Putensenf schlich dem Teamleiter mit gesenktem Haupt wie ein geprügelter Hund hinterher.

»Was soll man dazu sagen?«, fragte Madsack zu sich selbst gewandt und warf Frauke ein Lächeln zu. »Mögen Sie auch einen Kaffee?« Er wartete ihre Antwort nicht ab und watschelte davon.

Wenig später trafen sie sich in dem gemeinsam genutzten Büro. Madsack setzte sich hinter seinen Bildschirm, und sie wechselten kein Wort miteinander. Frauke griff zum Telefon und nutzte die Zeit, um ein paar Erkundigungen einzuziehen. Sie hatte richtig vermutet. Bassetti hatte sich zunächst im Raum Goslar aufgehalten, bevor er nach Hannover übergesiedelt war. Er hatte unter anderem zwei Wochen in einer Landschlachterei in Othfresen gearbeitet, jenem Ort, in dem Frauke gestern Thomas Tuchtenhagen aufgestöbert hatte.

»Klar, der war hier. Den haben wir aber umgehend wieder an die Luft gesetzt«, erklärte ihr der Geschäftsführer unumwunden bei ihrer Rückfrage in dem Betrieb. »Der hat hier nur Unfrieden gebracht. Solche Typen brauchen wir nicht. Wir leisten hier gute und solide Qualitätsarbeit.«

»Hat man versucht, Sie unter Druck zu setzen, oder merkwürdige Forderungen an Sie herangetragen?«

»Das soll man einer versuchen«, dröhnte es lachend aus dem Lautsprecher. »Bei mir nicht!«

Dann saßen sich Madsack und Frauke wieder schweigend gegenüber, bis ihnen gemeldet wurde, dass Bassetti in den Verhörraum gebracht worden war.

Kurz darauf betraten Frauke und Madsack den kahlen Raum. Der uniformierte Beamte nahm dem Italiener die Handschellen ab und bewegte dabei drohend seinen Zeigefinger.

»Schön ruhig bleiben, Freundchen«, mahnte er.

Bassetti warf ihm einen giftigen Blick zu.

»Gab es Probleme?«, fragte Frauke.

»Ein lebhafter Zeitgenosse«, erwiderte der Beamte.

»Auch Sie werden noch von mir hören«, drohte Bassetti Frauke. Er gab einen wütenden Blick in Richtung des uniformierten Polizisten ab, der sich in eine Ecke zurückgezogen hatte und bei Bassettis Wutausbruch geräuschvoll mit den Handschellen geklimpert hatte.

Frauke wiederholte noch einmal die Tatvorwürfe, die sie bereits am Vortag vorgetragen hatte.

»Tsssch«, war Bassettis ganzer Kommentar.

»Sie haben auch Manuela Tuchtenhagen entführt«, sagte Frauke.

Bassetti fuhr in die Höhe, dass sich der Tisch zwischen ihm und den Beamten verschob.

»Wer erzählt so einen Scheiß?«

»Es gibt Zeugen.« Madsack hatte Frauke die Gesprächsführung überlassen.

»Ihr spinnt doch.«

»Frau Tuchtenhagen hat Sie überrascht, als Sie Manfredi erschlagen haben.«

Es sah aus, als wollte Bassetti erneut in die Höhe springen.

»Wenn Sie sich nicht beherrschen können, lasse ich Sie fesseln«, schnauzte Frauke ihn an.

»Du blödes Weib wirst dich noch wundern«, giftete Bassetti zurück und machte mit der rechten Hand eine Geste des Halsabschneidens.

»Wir haben unsere Informationen aus erster Hand.«

»Pah. Das ist doch gelogen. Die Tuchtenhagen kann doch nichts mehr sagen.«

Während Frauke den Verdächtigen aus schmalen Augen musterte, gewahrte sie aus den Augenwinkeln, wie Madsack sie erschrocken ansah.

Hoffentlich sagt er jetzt nichts, dachte sie. Gleichzeitig durchfuhr sie ein eisiger Schreck. Was hatte das zu bedeuten? War Manuela Tuchtenhagen auch ermordet worden, und jagte ihr Ehemann einer falschen Hoffnung hinterher?

»Othfresen!«, sagte Frauke und ließ diesen Ortsnamen auf Bassetti wirken.

Der nagte an der Unterlippe. Erstmals schien er nervös zu wirken.

»Was ist damit? Was soll das sein?«

»Da haben Sie gearbeitet. Und sind rausgeflogen. Sie taugen zu nichts, Bassetti.«

»Das muss mir ausgerechnet so eine wie du sagen, hä?«, schrie der Italiener.

»Sie kennen die Gegend um Goslar sehr gut. Deshalb haben Sie Thomas Tuchtenhagen dorthin gelockt. Und seine Frau.«

»Lüge!«

»Wir haben sie gefunden.« Frauke lehnte sich entspannt zurück. Plötzlich schnellte sie nach vorn und schrie Bassetti an: »Was glaubt ein Versager wie Sie eigentlich, wie dumm wir sind? Othfresen!«

Bassetti war blass geworden. »Ihr könnt sie unmöglich gefunden haben«, sagte er leise.

»Doch. Das Spiel ist aus. Sie haben verloren. Sie und Ihre *Familie*.«

Der Italiener zuckte zusammen. Dann schlug er die Hände vors Gesicht.

»Ich sage nichts mehr«, kam es stoßweise zwischen seinen Zähnen hervor. »Ich will sofort Dottore Carretta sprechen.«

Frauke nickte dem uniformierten Beamten zu, der dem Verhör schweigend beigewohnt hatte.

Dann verließen sie und Madsack den Raum.

»Das ist stümperhaft«, empfing sie Richter laut schimpfend. »Aus dem, was an Material gegen den Mann vorliegt, hätten Sie viel mehr herausholen müssen. Den Verdächtigen mit unbewiesenen Behauptungen zu irritieren, hält keinem Gerichtsverfahren stand.« Der Hauptkommissar schüttelte heftig den Kopf. »Mit solchen Methoden versaut man den ganzen Fahndungserfolg.«

Frauke winkte nur ab und ließ Richter stehen.

»Ich rede mit Ihnen«, rief er ihr hinterher.

»Ich aber nicht mit Ihnen«, gab sie über die Schulter zurück.

»Immerhin haben wir jetzt die Vermutung, dass Manuela Tuchtenhagen tot sein könnte«, hörte sie Madsack sagen.

»Hannover liegt doch nicht an der deutschen Märchenstraße«, ließ sich Putensenf vernehmen. Dann war Frauke außer Hörweite. Sie kehrte zu ihrem notdürftigen Arbeitsplatz in Madsacks Büro zurück und setzte sich.

Fünf Minuten später erschien Richter im offenen Türrahmen.

»Madsack nicht da?«, fragte er kurz angebunden.

»Hier bin ich«, vernahm Frauke die Stimme des schwergewichtigen Hauptkommissars hinter Richters Rücken.

»Komm mit«, sagte Richter. »Wir haben etwas zu besprechen.«

»Bei dir?«

»Teamraum. Sag Putensenf Bescheid.«

Man hatte Frauke nicht aufgefordert, an diesem Gespräch teilzunehmen. Jetzt reichte es ihr. Es war verständlich, dass man in Hannover wenig Begeisterung zeigte, dass eine Frau in die Männerdomäne einbrach und andere Ermittlungsmethoden mitbrachte. Sie war Erste Hauptkommissarin, Richter hingegen »nur« Hauptkommissar. Der Ermittlungsgruppenleiter sah seine Felle davonschwimmen, obwohl Frauke es weder auf seine Position abgesehen hatte noch seine Autorität hatte untergraben wollen. Ihr kam es auf den gemeinsamen Erfolg an. Sie musste ein ernsthaftes Wort mit Ehlers reden.

Sie stand auf und suchte das Büro des Kriminaloberrats auf. Es war verwaist. Ob Ehlers mit den anderen unter einer Decke steckte? Warum hatte man sie von der Besprechung ausgeschlossen? Es konnte nur sein, dass man *über* sie sprach.

Unschlüssig stand sie einen Moment auf dem Flur. Dann fasste sie einen Entschluss. Sie ging nacheinander in die Büros der Mitglieder der Ermittlungsgruppe und ließ dabei auch nicht den Raum des Vorgesetzten sowie Madsacks Büro aus.

Nach einer Viertelstunde saß sie wieder auf dem Besucherstuhl an Madsacks Schreibtisch, ohne dass jemand ihre Aktion bemerkt hatte.

Sie nutzte die Zeit, um mit verschiedenen Wohnungsmaklern zu telefonieren. Es störte sie, dass sie immer noch im Hotel hauste. Hier, in Hannover, war alles auf »vorläufig« ausgerichtet: der Arbeitsplatz, die Unterkunft, die Zusammenarbeit mit den Kollegen. Und auch der kurze Kontakt zu Lars von Wedell war nur »vorläufig« gewesen, ging ihr voller Bitternis durch den Kopf, als sie an den ermordeten Kollegen denken musste.

Es verging eine weitere Stunde, bis Madsack erschien.

»Es geht weiter«, sagte er atemlos. »Bassetti und sein Anwalt wollen mit uns sprechen.«

»Mit uns?«

Frauke ärgerte sich im selben Moment über ihre Frage, weil sie damit zu erkennen gab, dass es ihr etwas ausmachte, nicht mehr in das Team eingebunden zu sein.

»Wieso?«, fragte Madsack erstaunt zurück. »Der Chef hat es doch selbst angeordnet.«

Im Verhörraum warteten bereits Bassetti und sein Anwalt. Der Verdächtigte spielte nervös mit den Fingern und sah kaum auf, als die beiden Beamten eintraten. Dottore Carretta beschränkte sich auf ein kurzes Nicken.

»Mein Mandant möchte eine Erklärung abgeben«, begann der Advokat und legte eine lange Kunstpause ein, in der er seinen Blick über den oberen Brillenrand zwischen Frauke und Madsack hin und her wandern ließ. Dann tat er, als würde er in seinen Unterlagen kramen.

Frauke registrierte, dass Carretta mit dem Zeigefinger seiner faltigen Hand am Rand von Papieren entlangfuhr, dabei die Bögen aber so hielt, dass die beiden Beamten keinen Einblick nehmen konnten. Der Mann war ein erfahrener Anwalt und wusste, dass man durch solche Mätzchen sein Gegenüber nervös machen konnte. Sie hielt ihren Blick starr auf Carretta gerichtet und schenkte ihm die Andeutung eines Lächelns.

Schließlich räusperte sich der Advokat.

»Mein Mandant hat einen Fehler gemacht.« Dabei warf er einen fast väterlich wirkenden Seitenblick auf Bassetti. »Er hat ein Techtelmechtel mit Manuela Tuchtenhagen gehabt. Das hat Marcello Manfredi nicht gepasst, der bereits seit der Oldenburger Zeit ein Verhältnis mit Manuela hatte.«

Carretta schlug die Augen nieder, klopfte sich theatralisch mit der Faust gegen die Brust und neigte sein Haupt. »Wir Italiener und *amore*«, sagte er und zeigte sein gelbes Gebiss, als er zu lächeln versuchte.

Bassetti nickte eifrig, als müsse er durch eine solche Geste die Worte seines Anwalts unterstreichen.

»Was soll ich sagen?«, fuhr Carretta fort. »Die beiden haben sich gestritten. Welcher italienische Mann möchte schon freiwillig auf eine schöne Frau verzichten?«

»Sie wollen doch nicht behaupten, Bassetti und Manfredi hätten sich ernsthaft um die Ehefrau eines anderen gestritten?«, fragte Madsack ungläubig.

»*Si*«, antwortete Carretta. »Doch.«

Frauke maß die beiden Männer mit einem misstrauischen Blick. »Weiter«, forderte sie den Anwalt auf.

»Alles ist aufgeklärt.« Carretta zeigte Frauke die beiden offenen Handflächen. Es sah wie die Einladung zu einer Umarmung aus.

»Überlassen Sie solche Feststellungen uns«, sagte sie unwirsch. »Und warum hat Ihr Mandant Frau Tuchtenhagen ermordet?«

»Das war ein Unfall. Ein ganz bedauerlicher.« Es sah aus, als würde Carretta mitleiden und kurz vor einem Tränenausbruch stehen. »Manuela und mein Mandant haben sich danach getroffen. Natürlich hat die Frau Simone Vorhaltungen gemacht, weil er sein Temperament nicht zügeln konnte. Jede Frau mag es, wenn ein Mann um sie kämpft. Aber wenn es dabei zu hitzig wird und jemand unglücklich mit einem Fleischhammer zuschlägt, weil er sich gegen einen Angriff gewehrt hat – ja, es war Notwehr.«

Carretta konnte trotz aller Professionalität nicht verbergen, dass ihm dieser Gedanke gerade eingefallen war.

»Soso«, sagte Frauke spöttisch.

»*Si*. Notwehr.«

»Wir haben aber keine Kampfspuren feststellen können.«

»Da kann ich nichts zu sagen. Ich bin nur ein kleiner Rechtsanwalt, kein Kriminalwissenschaftler. Vielleicht sollten Sie noch einmal suchen lassen. Es *müssen* Kampfspuren vorhanden sein. Mein Mandant bezichtigt sich doch nicht freiwillig dieser unglücklichen Tat.«

»Und warum hat er Manuela Tuchtenhagen getötet?«

Carretta verzog das Gesicht, sodass es nur noch aus Falten bestand. Der Anwalt war ein hervorragender Schauspieler, befand Frauke.

»Ich bin seit vielen Jahrzehnten im Dienste der Gerechtigkeit tätig. Aber von so einem unglücklichen Zufall habe ich in meinem ganzen langen Leben noch nicht gehört. Als Manuela und Simone sich trafen, nach dem Unglück mit Manfredi, hat die Frau ihm Vorwürfe gemacht.«

Carretta begleitete jede seiner Ausführungen mit einer lebhaften Gestik, nur die durch die schmalen Augenschlitze kaum sichtbaren Augen waren starr auf Frauke gerichtet. Jetzt legte er die Fingerspitzen beider Hände gegen seine Brust.

»Ich verstehe die Frau. Sie hat ja recht gehabt. Auch wenn man sehr liebt, darf man nicht so zornig werden wie mein Mandant. Wie soll ich es erklären – es kam zu einem kleinen unbedeutenden

Handgemenge zwischen den beiden. Statistisch ist das nicht erklärbar, aber mein Mandant hatte das Pech, innerhalb weniger Stunden in zwei Unfälle verwickelt zu sein.«

Bassetti nickte heftig zu den Ausführungen seines Anwalts.

»Eine solche phantastische Lügengeschichte ist mir in meiner ganzen Laufbahn noch nicht vorgetragen worden«, sagte Frauke. »Sie beleidigen unsere Intelligenz, wenn Sie uns solche Märchen weismachen wollen.«

Jetzt hob Carretta beide Hände in Kopfhöhe, als wolle er sich ergeben.

»Ich würde genauso reagieren wie Sie, *Signorina*.«

»›*Frau*‹ bitte!«

»Die deutsche Justiz ist eine der gründlichsten und fairsten der Welt. Ich habe keinen Zweifel daran, dass in dem Prozess alles aufgeklärt wird. Und mein Mandant wird alles tun, um zur Klarheit beizutragen.«

»Und wie erklärt er die Entführung Manuela Tuchtenhagens?«

»Es gab nie eine Entführung. Das sind Hirngespinste des gehörnten Ehemanns. Mir tut der Mann leid. Erst verliert er seine Frau an zwei andere Männer, und dann kommt sie auch noch bei einem Unglücksfall ums Leben. Da kann es vorkommen, dass er ein wenig wirr im Kopf wird.«

»Warum haben Sie den Polizisten ermordet?«, wandte sich Frauke überraschend an Bassetti.

Der zuckte zusammen. »Ich habe keinen Polizisten ermordet. Ehrlich«, stammelte er und sah hilfesuchend seinen Anwalt an.

»Da wäre noch etwas«, versuchte Carretta abzulenken. »Damit Sie sehen, dass wir offen mit der Polizei kooperieren wollen. Die Sache mit den Rauschgiftbriefchen im Schinken … Das war eine Dummheit. Dafür übernimmt Simone Bassetti die volle Verantwortung.«

»Und der falsch etikettierte Schinken?«

»Mein Mandant ist doch nur ein kleines Licht. Er war froh, Arbeit gefunden zu haben. Diesen Job hätte er doch sofort wieder verloren, wenn er nicht das getan hätte, was man von ihm verlangte. Hinter diesem Schwindel stecken Thomas Tuchtenhagen und der Geschäftsführer.«

»Alexander Steinhövel.«

Carretta nickte heftig.

»*Si.* Genau der. Ich bin es gewohnt als Vertreter der kleinen Leute«, dabei zeigte er auf Bassetti, »dass man den Großen nur schwer beikommt. Ich fürchte, es wird Ihre Aufgabe sein, die Beweise gegen die beiden sauberen Herren zu sammeln. Ich meine, wegen des Betrugs mit dem falschen Schinken.«

»Wo ist Manuela Tuchtenhagens Leiche?«

Carretta bekreuzigt sich rasch. »Die hat mein Mandant in großer Panik in einem Waldstück bei Goslar vergaben. Gibt es mehr Beweise für die Kurzschlussreaktion? Natürlich wird er die Polizei dorthin führen.«

Der Anwalt sah Bassetti mit einem fast väterlichen Blick an. Dann legte er seine Hand auf die Bassettis.

»Wir sollten das Verhör an dieser Stelle abbrechen. Mein Mandant ist fix und fertig. Und auch mich hat es sehr mitgenommen.«

Frauke und Madsack hatten den Raum kaum verlassen, als Bernd Richter auf sie zugestürmt kam, Jakob Putensenf im Schlepptau.

»Ich kann es nicht fassen, wie dilettantisch Sie Ihre Verhöre leit…«, brüllte er sie an.

Frauke trat ganz dicht an Richter heran, dass sich die Fußspitzen fast berührten.

»Kommen Sie sich nicht allmählich lächerlich vor, Richter, ständig wie der Seppl aus der Box an die Luft zu springen, anstatt konstruktiv an der Aufklärung des Falls mitzuwirken? Ich habe von Ihnen noch nicht viel gesehen, abgesehen davon, dass Sie auf dem Messegelände erfolglos in der Luft herumgeballert haben.«

Sie drehte sich zu Madsack um. »Kümmern Sie sich um das Protokoll, Madsack. Und darum, dass eine Hundertschaft zur Bergung der Leiche Manuela Tuchtenhagens bereitgestellt wird«, sagte sie in barschem Ton. Der schwergewichtige Hauptkommissar nickte und war ebenso verblüfft wie Richter.

Frauke hatte sich seit ihrem Dienstantritt in Hannover bemüht, die Tonart und die Umgangsformen zu unterdrücken, mit denen sie in Flensburg erfolgreich war. Dort oben hatte es sie nicht gestört, dass man ihr burschikoses Verhalten und unfreundlich wirkendes Auftreten vorwarf. Offenbar war es in einer von Männern dominierten Welt, in der es auch noch »Futterneid« gab, nicht möglich, ruhig und sachlich miteinander zu kommunizieren. Um endlich die Fronten zu klären, schnauzte sie auch noch in Putensenfs Richtung: »Und Sie können sich Ihre frauenfeindlichen Kommentare sparen, Putensenf.«

Ohne die Reaktion der drei sie mit offenem Mund anstarrenden Männer abzuwarten, drehte sie sich um und ging in Richtung ihres provisorischen Arbeitsplatzes. Sie spürte förmlich die Blicke, die sich in ihren Rücken bohrten. Trotzdem hatte sie das erste Mal in Hannover ein Gefühl der inneren Befreiung, nachdem man sie in Flensburg mit den Vorwürfen ihres ehemaligen Vorgesetzten so tief verletzt hatte.

Nach einer Viertelstunde erschien Hauptkommissar Madsack in der offenen Bürotür und klopfte sogar in seinem eigenen Büro an den Türrahmen.

»Wir könnten ausrücken, Frau Dobermann. Ich habe alles arrangiert. Bassetti wird durch die Bereitschaft an den Ort gebracht. Sein Anwalt möchte auch dabei sein. Wie ist es mit Ihnen?«

»Natürlich fahre ich. Nehmen Sie mich mit?«

Madsack nickte stumm.

Wenig später saßen sie im Auto und fuhren Richtung Harz. Jakob Putensenf hatte sich hinters Lenkrad geklemmt, Madsack war wie selbstverständlich auf die Rückbank ausgewichen. Gern hätte Frauke gefragt, wo Bernd Richter geblieben war und wie er nach ihrem Abwenden auf dem Flur reagiert hatte. Aber diese Blöße wollte sie sich nicht geben.

»Glauben Sie, was der Anwalt erzählt hat?«, fragte Madsack unterwegs.

»Natürlich nicht. Das ist ein Fuchs. Der hat uns eine tolle Story aufgetischt. Bassetti wird uns als Täter präsentiert. Ich glaube schon, dass er der Mörder von Manfredi und Manuela Tuchtenhagen ist. Natürlich steckt da kein Eifersuchtsdrama dahinter, sondern etwas ganz anderes. Bassetti wird geopfert, um von der Organisation abzulenken.«

»Den Verdacht hatte ich auch«, sagte Madsack. »Nur wird es schwerfallen, die dahinterstehenden Strukturen aufzubrechen.«

»Gut, Madsack.«

»Setzen, Eins«, meldete sich Putensenf zu Wort.

»Haben Sie auch einen qualifizierten Kommentar?«, fragte Frauke in seine Richtung. Dann sprach sie über die Schulter zu Madsack: »Es wird ein hartes Stück Arbeit werden, Bassetti die Mitwirkung am organisierten Verbrechen und den vorsätzlichen Mord nachzuweisen. Das sogenannte freiwillige Geständnis macht auf das Gericht bestimmt Eindruck. Das hat der italienische Advokat gerissen eingefädelt. Wir wissen noch nichts von der gesamten Organisation, die vom manipulierten Fleischexport bis zum Rauschgifthandel alles fest im Griff hat. Bassetti, da bin ich mir sicher, ist nur ein kleines Licht.«

»Und wer zieht die Fäden?«, fragte Madsack.

»Keine Ahnung«, antwortete Frauke.

Putensenf räusperte sich. »Haben Sie eine Vermutung, wer Lars von Wedell ermordet hat? Könnte das nicht doch Thomas Tuchtenhagen gewesen sein?«

»Bassetti war es nicht«, stellte Frauke klar.

»Und Tuchtenhagen?«, bohrte Putensenf noch einmal nach.

Frauke zeigte nach vorn. »An der nächsten Abfahrt müssen wir von der Autobahn.«

»Dann nicht«, brummte Putensenf und zog sich beleidigt zurück.

Nach einer Weile wandte sich Frauke erneut an Madsack.

»Wir haben uns gefragt, wie Tuchtenhagen von seiner Frau informiert worden ist, als wir noch davon ausgingen, dass er ihr bei der vermeintlichen Flucht behilflich war. Dabei wurde auch Tuchtenhagens Handy überwacht.«

»Richtig.«

»Weshalb hat man bei dieser Gelegenheit nicht festgestellt, dass er von Bassetti angerufen wurde? Wären diese Gespräche zurückverfolgt worden, hätten wir die Verbindung zu Bassetti früher aufgedeckt.«

Madsack schwieg eine Weile betreten. »Ich fürchte, da ist eine Panne geschehen. Die Telefonüberwachung konzentrierte sich auf die Ehefrau. Anderen Anrufern hat man keine Beachtung geschenkt.«

»So etwas *darf* nicht passieren«, schimpfte Frauke.

»Wir sind eben alle nur Menschen«, sagte Madsack kleinlaut.
Putensenf grunzte etwas Unverständliches. Dann räusperte er sich.

»Das können wir so nicht stehen lassen«, sagte er leise. »Wir wissen beispielsweise, dass Tuchtenhagen am Montagmorgen, als Manfredi ermordet wurde, tatsächlich während des Regens im Stau gesteckt und dort Zeit verloren hat. Es gab zur fraglichen Zeit einen Unfall auf der Bernadotte-Allee kurz vor der Kreuzung Fritz-Behrens-Allee. Das liegt auf Tuchtenhagens Arbeitsweg. Das haben wir recherchiert.«

»Und warum erfahre ich das erst jetzt?«

»Die Ermittlungsergebnisse werden bei Bernd Richter konsolidiert«, sagte Putensenf kleinlaut.

»Das nennen Sie Teamarbeit?«

»Ich bin nicht der Ermittlungsgruppenleiter«, murmelte Putensenf, ohne Frauke dabei anzusehen. Er bremste ab und hielt an der Ampel, um links in den Ort abzubiegen. An dieser Ecke lag das Restaurant, in dem Frauke am Vorabend Thomas Tuchtenhagen ausfindig gemacht hatte. Beim Vorbeifahren registrierte sie, dass der Leihwagen des Mannes verschwunden war.

Bei Tageslicht sah Othfresen ein wenig freundlicher aus. Die alten, zum Teil restaurierten Fachwerkhäuschen strahlten sogar einen gewissen Charme aus.

Am Ortsende wies Frauke Putensenf an, abzubiegen. Sie fuhren über einen Feldweg, der zunächst parallel zur Hauptstraße lief, dann links abbog, am Rande der Neubausiedlung entlangging und auf einen anderen Wirtschaftsweg stieß, der Richtung Wald führte.

»Und wo soll das sein?« Putensenf wirkte immer noch unzufrieden.

»Das sollten Sie wissen. Aufgabe der Polizei ist das stete Suchen.«

»Blöde Phrase«, grummelte Putensenf und sah gleichzeitig mit den beiden anderen die Polizeifahrzeuge, die weiter oben am Waldrand standen.

Neugierige Blicke von gut zwanzig uniformierten Polizeibeamten und ein paar Zivilisten empfingen sie. Der rötliche Haarschopf des Goslarer Kripobeamten Eder leuchtete deutlich sichtbar aus der kleinen Ansammlung hervor.

»Hallo, Sie beschäftigen uns aber ganz gut in der letzten Zeit«, sagte Eder und reichte zunächst Frauke, dann den beiden anderen die Hand. »Wir haben schon einmal gesucht, aber nichts gefunden. Wann soll der Verdächtige eintreffen?«

»Der ist unterwegs«, erwiderte Frauke und setzte Eder in dem Maße ins Bild, wie es ihr für diese Aktion notwendig erschien.

»Meistens ist unsere Arbeit weniger spektakulär«, sagte Eder. »Da ist so was eine kleine Abwechslung. Ob das aber immer so willkommen ist, wenn es dabei um Menschenleben geht, wage ich zu bezweifeln. Gottlob haben wir hier selten vergrabene Leichen.«

»Der Mensch an sich ist böse«, antwortete Frauke mit einer Phrase.

»Besonders, wenn er weiblich ist«, murmelte Putensenf, allerdings nicht leise genug.

»Sie können die Zeit nutzen, um in Hannover anzufragen, ob es schon eine Auswertung der DNA-Proben gibt.«

»Welche?«

»Auf dem Fleischhammer. Finden sich dort Spuren von Bassetti?«

»Das sind Labormäuse und keine Hexer«, erwiderte Putensenf.

»Machen Sie«, sagte Frauke barsch und folgte Eder zum Einsatzleiter des Zuges der Bereitschaftspolizei, um Putensenf keine Möglichkeit der Widerrede zu geben.

Es dauerte noch eine weitere Stunde, bis Bassetti in einem zivilen Fahrzeug, begleitet von zwei Frauke nicht bekannten Kripobeamten, eintraf.

Der Italiener sah bleich aus. Er sah sich nervös um und hielt demonstrativ seine gefesselten Hände hoch, aber niemand reagierte darauf.

»Gehen Sie voran«, forderte Frauke ihn auf. Sie folgte Bassetti, der von zwei Streifenbeamten eskortiert wurde. Zunächst gingen sie noch ein Stück am Waldrand entlang, bis der Mann unschlüssig stehen blieb.

»Ich glaube, hier war es«, sagte er leise und bog in einen kleinen Trampelpfad ab, der leicht bergan führte. Nach zweihundert Metern hielt er an und kratzte sich den Haaransatz an der Stirn.

»Ich bin mir nicht sicher. Es ging alles so schnell.« Er zeigte mit beiden Händen in Richtung einer kleinen Tannenschonung. »Da drüben.« Sie brachen durch das dichte Unterholz, bis Bassetti stehen blieb. »Hier, hinter diesem Gestrüpp.«

Der Hauptkommissar des Bereitschaftszuges ging voraus und sah sich die Stelle an.

»Das sieht nicht aus, als wäre dort vor Kurzem gegraben worden«, sagte er von Weitem.

Frauke sah Bassetti an.

»Das sieht hier alles gleich aus. Aber hier war es. Ehrlich.«

»Lassen Sie Ihre Männer den Umkreis absuchen«, bat Frauke den Führer des Bereitschaftszuges.

Der erteilte ein paar Anweisungen, und nach wenigen Minuten rief ein junger Polizist von einer nahen Stelle: »Ich glaube, hier könnte es sein.«

Der gesamte Tross wechselte den Standort, und Bassetti nickte stumm, als Frauke ihn ansah.

Der Hauptkommissar sagte: »Dann man los«, und zwei Polizisten stießen ihre Spatenblätter ins lockere Erdreich.

Stumm beobachteten die Anwesenden, wie sich Schippe um Schippe Erde neben der Fundstelle anhäufelte. Die beiden Beamten kratzten mehr die Erde ab, als dass sie tief gruben. Sie waren erst zwei Handbreit tief eingedrungen, als einer stoppte, sich niederbeugte und rief: »Hier ist was!«

Er wischte mit der Hand eine dünne Erdschicht beiseite und hielt erschrocken inne, als ein Stofffetzen sichtbar wurde.

»Stopp«, sagte sein Vorgesetzter.

Sichtlich erleichtert zog sich der junge Polizist zurück.

»Den Rest überlassen wir der Spurensicherung«, entschied Frauke und wandte sich ab. Aus den Augenwinkeln sah sie, dass Madsack bereits zum Telefon gegriffen hatte.

Da eindeutig feststand, dass Fundort und Tatort nicht identisch waren, gab es hier nichts, was für eine erfahrene Mordermittlerin hätte von Interesse sein können. Und Bassetti hatte den Mord gestanden. Sollte er nicht allein hier gewesen sein, so wären alle weiteren Spuren eines Komplizen ohnehin zertrampelt.

Frauke ging auf Bassetti zu, der mit grauem Gesicht dem Ganzen gefolgt war.

»Ist das ein tolles Gefühl, wenn die sterblichen Überreste des Menschen ausgegraben werden, den man ermordet hat?«

Der Italiener sah sie aus tief liegenden Augen an. Dann schüttelte er sich, als hätte er Fieber.

»Was sagen Sie dazu?«, forderte ihn Frauke zum Sprechen auf. Aber Bassetti schwieg eisern.

»Wollen Sie uns immer noch das Märchen von der Eifersucht, der verschmähten Liebe auftischen? Mensch. Sagen Sie endlich die Wahrheit. Wer hat Sie beauftragt, Manfredi zu ermorden? Und Manuela Tuchtenhagen musste sterben, weil sie zufällig Zeugin des ersten Mordes wurde.«

»Sie haben ja keine Ahnung!«, schrie Bassetti sie in einem plötzlichen Wutanfall an. Nur die fest zupackenden Beamten an seiner Seite hinderten ihn daran, auf Frauke loszustürmen. »Ich habe alles gesagt. So war es. Und nicht anders.«

»Wir werden Ihnen und Ihren Hintermännern schon auf die Schliche kommen«, sagte Frauke.

»Blöde Kuh. Wie oft soll ich es noch sagen: Es gibt keine Hintermänner. Das sind alles Hirngespinste.«

Frauke nickte den beiden Kripobeamten zu, die Bassetti hergebracht hatten. »Zurück nach Hannover«, sagte sie und wunderte sich nicht, dass ihre eigene Stimme müde klang.

Frauke saß auf dem Besucherstuhl, Madsack hatte hinter seinem Schreibtisch Platz genommen. Putensenf hatte sich ohne ein Wort in den Feierabend verabschiedet.

»Das haben Sie gut gemacht«, sagte der korpulente Hauptkommissar leise.

Frauke schüttelte den Kopf. »Wir sind noch lange nicht am Ziel. Bassetti dürfte als überführt gelten. Wir haben nicht nur sein Geständnis, das ich immer noch für falsch halte. Zumindest die Tatmotive betreffend. Falls er sich es anders überlegen sollte, gibt es drückende Beweise gegen ihn. Er kannte den Fundort der Leiche. Und seine DNA-Spuren haben wir auf dem Fleischhammer gefunden. Er hat folglich die Tatwaffe in Händen gehalten. Mit hoher Wahrscheinlichkeit als Letzter.«

»Das ist doch ein guter Ansatz«, sagte Madsack.

»Nein.« Fraukes Antwort fiel schroffer aus als gewollt. »Wir werden doch an der Nase herumgeführt. Bassetti mag der Täter sein. Aber alles, was dahintersteckt, blüht noch im Verborgenen. Und das ist so gewaltig, mein lieber Madsack, dass Bassetti sich freiwillig ans Messer liefert. Und dann bliebe noch die größte unbeantwortete Frage.«

»Lars von Wedell.« Madsacks Stimme klang fast tonlos.

Frauke gab sich einen Ruck. »Es gibt noch eine traurige Pflicht zu erfüllen. Thomas Tuchtenhagen glaubt immer noch, dass seine Frau nur entführt wurde.«

»›*Nur*‹ klingt fast ein wenig zynisch«, gab Madsack zu bedenken.

»So schlimm eine Entführung für die Angehörigen auch sein mag, bleibt doch immer noch ein Funke Hoffnung. Jetzt muss jemand Tuchtenhagen informieren.«

»Der ist doch flüchtig. Wir können ihn gar nicht benachrichtigen«, warf Madsack ein.

Möglicherweise hatte der Kollege recht, dachte Frauke. Trotzdem war es eine menschliche Verpflichtung, den Mann zu suchen.

»Ich übernehme das«, sagte sie.

»Danke«, sagte Madsack. Ihm war die Erleichterung deutlich anzusehen.

»Wo steckt eigentlich Bernd Richter?«

Madsack schüttelte den Kopf, dass das Doppelkinn in Bewegung geriet.

»Das weiß ich nicht. Ich habe ihn nicht mehr gesehen, seit wir aus dem Verhörraum gekommen sind.«

»Ich denke, wir kommen auch ohne ihn aus.« Frauke sah Madsack dabei fest an.

Der wich ihrem Blick aus und sah auf seinen Bildschirm. »Ich werde dann auch Feierabend machen«, sagte er.

Sie gingen gemeinsam zum Parkplatz hinter dem Haus und stiegen in ihre Fahrzeuge.

Frauke hatte keine Mühe, das Haus des Ehepaars Tuchtenhagen zu finden. Die Straße lag trotz der frühen Stunde verlassen da. Niemand war zu sehen, kein Kinderschrei oder Hundegebell zu hören. Anhand der vielen Autos war aber ersichtlich, dass die Mehrheit der Bewohner zu Hause sein musste. Sie fand erst ein Stück die Straße hinab einen Parkplatz und ging gemächlich zum Haus zurück.

Der Vorgarten, der bei ihrem ersten Besuch am Montag noch gepflegt ausgesehen hatte, wirkte vernachlässigt. Jemand hatte eine der kostenlosen Werbezeitschriften vor die Tür gelegt. Das Blättchen hatte sich durch den Wind aufgeblättert und lag nun auf der kleinen Grünfläche vor dem Haus.

Frauke klingelte. Nichts rührte sich. Sie versuchte es erneut. Doch niemand nahm von ihrer Anwesenheit Notiz. Sie legte ihren Finger auf den Knopf und ließ es fortwährend läuten. Nach ein paar Minuten hörte sie, wie ein Schlüssel gedreht wurde. Thomas Tuchtenhagens rotes Gesicht erschien im Türspalt.

»Was soll das, verdammt!«, fluchte er. Dann erkannte er Frauke. »Sie schon wieder. Ich habe keine Lust auf Unterhaltung.«

Deutlich roch Frauke den Alkohol, den Tuchtenhagen getrunken haben musste. Seine Augen waren glasig, seine Sprechweise schwerfällig.

Vorsichtig drückte sie gegen die Tür. »Ich muss mit Ihnen reden.«

Er ließ es geschehen und trottete mit unsicheren Schritten ins Wohnzimmer. Mit einem »Hups« auf den Lippen ließ sich Tuchtenhagen in einen Sessel fallen. Auf dem Tisch standen eine halb volle Cognacflasche und ein Wasserglas. Der Mann hatte sich nicht einmal der Mühe unterzogen, einen Cognacschwenker hervorzuholen.

»Auch einen?«, brachte er mit schwerer Zunge hervor.

Es tat Frauke leid, aber Tuchtenhagen schien einer behutsamen Erklärung nicht mehr zugänglich.

»Wir haben Ihre Frau gefunden.«

Tuchtenhagen, der erneut zur Flasche greifen wollte, hielt mitten in der Bewegung inne.

»Was?«, schrie er.

»Manuela.«

Er stemmte sich mit beiden Händen auf den Sessellehnen auf und versuchte, sich in die Höhe zu drücken, ließ aber wieder von seinem Vorhaben ab.

»Ihre Frau ist einem Unfall zum Opfer gefallen.«

»So ein Blödsinn.« Tuchtenhagen tippte sich gegen die Stirn. »Sie ist doch gar nicht Auto gefahren.«

»Ich spreche nicht von einem Verkehrsunfall.«

Der Mann lachte hektisch auf. »Dann kann sie ja gar keinem Unfall zum – wie sagten Sie? – Opfer gefallen sein.« Erneut unternahm er einen Versuch, zur Flasche zu greifen. Doch Frauke war schneller. Sie stellte den Cognac außer Reichweite von Tuchtenhagen neben sich auf den Tisch.

»Sie hören jetzt auf mit dem Saufen. Ihre Frau ist ermordet worden.«

Tuchtenhagen winkte lässig ab. »Kann nicht sein«, lallte er und schien im ersten Moment erleichtert, dass es doch kein Unfall war.

Dann erstarrte er. Es erschien Frauke eine Ewigkeit, die ihr Gegenüber damit zubrachte, irgendwohin zu starren. Schließlich drehte er den Kopf in Fraukes Richtung.

»Aber wieso denn?«, fragte er. »Warum sollte Manuela ermordet worden sein? Und von wem?«

»Wir haben den vermutlichen Täter gefasst. Simone Bassetti.«

»Der hat doch keinen Grund.« Tuchtenhagens Stimme klang jetzt weinerlich.

»Er behauptet, er und Marcello Manfredi hätten gleichzeitig ein Verhältnis mit Ihrer Frau gehabt.«

»Der ist ...«, begann Tuchtenhagen und brach ab. Er schluckte mehrfach, bis er erneut sprach. »Der ist nicht ganz dicht. Manuela hatte mit niemandem ein Verhältnis. Ganz bestimmt nicht. Weder sie noch ich.«

»Es gibt ein mögliches anderes Motiv. Wir glauben, dass Ihre Frau zufällig Zeugin des Mordes an Manfredi geworden ist.«

Und der Mord an Manfredi war nicht geplant, fiel Frauke in diesem Moment ein. Bassetti wäre bestimmt nicht in das Büro gegangen und hätte Manfredi gezielt getötet, wenn dessen Sekretärin anwesend war. Die beiden mussten eine handfeste Auseinandersetzung gehabt haben, in deren Verlauf es zu den tödlichen Verletzungen gekommen war. Das war Totschlag. Im Unterschied dazu war die Tötung Manuela Tuchtenhagens kaltblütiger Mord, um die erste Straftat zu vertuschen.

»Und deshalb musste Manuela sterben?« Tuchtenhagen schüttelte sich. »Das ist doch nicht fassbar.«

»Bei dem Streit zwischen Manfredi und Bassetti ging es vermutlich um die manipulierten Schinken, die als Original Parmaschinken in den Nahen Osten verkauft wurden.«

»Das ist doch eine Lappalie. Dafür muss doch niemand sterben.«

Frauke hatte den Eindruck, dass Tuchtenhagen zunehmend aufnahmefähiger wurde.

»Sie wussten davon?«

»Von dem Schwindel mit dem Schinken? Ich habe es mir gedacht. Natürlich habe ich die falsche Etikettierung entdeckt und Steinhövel gefragt, was das soll. ›Halten Sie sich da raus‹, hat er geantwortet. Er hatte damit gedroht, dass mein Job auf dem Spiel steht.«

»Und das wäre unschön gewesen, nachdem Sie schon einmal nicht genau hingesehen haben – damals in Oldenburg.«

»Das war dumm von mir. Aber ich habe bei Schröder-Fleisch eine zweite Chance bekommen.«

»War das eine Belohnung dafür, dass Sie in Oldenburg nicht ausgepackt haben?«

Tuchtenhagen hob beide Hände. »Sie wissen es ja doch.«

Frauke schob sich auf ihrem Sessel ein wenig nach vorn.

»Morgen werden sich die Kollegen bei Ihnen melden. Es gibt noch eine Reihe von Formalitäten zu klären. Kann ich noch etwas für Sie tun? Brauchen Sie einen Arzt?«

Tuchtenhagen lachte bitter auf und zeigte auf die Schnapsflasche. »Der hilft mir.«

»Trotz der Dinge, die Sie jetzt überrollt haben – das ist keine Lösung.«

»Was wissen Sie denn schon? So jemand hat doch keine Sorgen. Einen sicheren Beamtenjob, keinen Stress, keinen Druck von oben. Nein!« Er griff zur Schnapsflasche. »Ich brauche keine Hilfe. Ich werde künftig auch allein zurechtkommen müssen.« Dann brachen die Tränen hervor. »Es ist besser, Sie gehen jetzt«, sagte er schluchzend.

SECHS

Der Sonnabend oder Samstag, wie man in Hannover zu sagen pflegte, unterschied sich in seiner Ruhe deutlich von den übrigen Werktagen der Woche. Hinter den Bürotüren war es still, keine hastigen Schritte eilten über den Flur, nirgendwo war das schrille Geräusch eines Telefons zu hören.

Frauke hatte nach der Rückkehr von Thomas Tuchtenhagen ihr Hotel aufgesucht. Nachdem sie lange wach gelegen hatte, war sie in einen unruhigen Schlaf verfallen. Bereits um sechs Uhr konnte sie keine Ruhe mehr finden, war aufgestanden und ins LKA gefahren.

Sie studierte noch einmal die Protokolle. Immer wieder las sie die Schriftstücke durch. Sie hatte sich Kopien angefertigt und fügte in die Dokumente ihre eigenen Gedanken ein. Sie markierte Stellen, unterstrich andere Passagen in einer zweiten Farbe, leuchtete einzelne Sätze an und machte Frage- und Ausrufezeichen am Rand.

So arbeitete sie viele Schriftstücke mehrfach durch. Sie ertappte sich dabei, dass sie, sicher auch durch den unzureichenden Schlaf bedingt, Passagen überlas. Es war jene Nachlässigkeit, die einem automatisch bei mehrfachem Lesen eines Schriftsatzes überkommt. Man glaubt, den Text zu kennen, und huscht darüber hinweg. Gerade das wollte sie jedoch nicht. Sie suchte nach kleinen Ungereimtheiten, nach dem Haken, den sie bisher übersehen hatten.

Das neue Material, das sie entdeckt hatte, war so umfangreich, dass sie es damit bewenden ließ, die dicken Akten zu überfliegen. Das reichte, um ihr ein Bild zu vermitteln.

Nach vier Stunden konzentrierter Arbeit fasste sie ihre Erkenntnisse stichwortartig zusammen. Dann versuchte sie, die Nummer des privaten Anschlusses von Kriminaloberrat Ehlers herauszufinden.

Im örtlichen Telefonbuch von Hannover fanden sich fast neunzig Ehlers, darunter aber nur ein Michael und ein M. Ehlers. Außerdem war sie sich nicht sicher, ob der Kriminaloberrat überhaupt in der Stadt wohnte oder nicht in einem der vielen Orte in der Peripherie.

Sie rief deshalb Madsack an. Der Hauptkommissar meldete sich sofort, als hätte er am Telefon gesessen und auf einen Anruf gewartet.

»Ich brauche die Privatnummer von Herrn Ehlers.«

»Er mag es nicht, wenn damit ein schwunghafter Handel betrieben wird«, gab Madsack zu bedenken.

»Es wäre aber wichtig. Ich bin auf etwas gestoßen, das keinen Aufschub bis Montag duldet.«

»Wollen Sie sich nicht zuvor mit Bernd Richter abstimmen?«, schlug Madsack vor. »Ach, lassen Sie. Mit dem kommen Sie ohnehin nicht zurecht«, schob er aber gleich hinterher und nannte Frauke eine Rufnummer.

»Bis Montag«, verabschiedete sich Madsack.

»Das glaube ich nicht«, sagte Frauke, nachdem sie aufgelegt hatte. Dann wählte sie Ehlers' Nummer. Es dauerte ewig, bis sich eine verschlafene Frauenstimme meldete.

»Jaaa!!?«

»Frau Ehlers?«

»Was wollen Sie?«, antwortete die Frau und konnte ein Gähnen nicht unterdrücken.

»Dobermann. LKA Hannover. Ich hätte gern Ihren Mann gesprochen.«

»Er ist nicht mein Mann«, sagte die Frau unwirsch. Dann hörte Frauke, wie sie in den Hintergrund rief: »Michi, da will eine was von dir.«

»Wer denn?«, meldete sich Ehlers aus der Tiefe des Raumes.

»Keine Ahnung. Irgendeine Tante. Sagt, sie wär vom LKA.«

Kurz darauf hörte Frauke die vertraute Stimme des Kriminaloberrats.

»Entschuldigen Sie, dass ich am Wochenende störe. Aber ich bin auf etwas gestoßen, das keinen Aufschub bis Montag duldet. Und allein kann ich das Problem nicht lösen. Dazu ist das ganze Team erforderlich. Und Sie.«

Ehlers fragte nicht nach.

»Ist in Ordnung«, sagte er. »In einer Stunde auf der Dienststelle. Reicht das?«

Frauke stimmte zu.

»Ich benachrichtige die Kollegen«, sagte der Kriminaloberrat.

Bei Frauke meldete sich der leere Magen. Sie hatte ihr Hotel in aller Frühe verlassen, als es noch kein Frühstück gegeben hatte. Das wollte sie jetzt nachholen und sich ein paar belegte Brötchen und einen »Coffee to go«, wie es im Neudeutschen seit einiger Zeit hieß, im nahen Hauptbahnhof besorgen. Sie würde rechtzeitig wieder zurück sein.

Nacheinander trafen die Mitglieder der Ermittlungsgruppe ein. Nathan Madsack war der Erste. Er trug eine beigefarbene Stoffhose; ein zartblaues Hemd spannte sich über seinen mächtigen Bauch. Die Knopfleiste war auch am Sonnabend durch eine Krawatte verdeckt. Das Samtsakko war ein wenig dunkler als die Hose, passte aber.

Wesentlich legerer war Putensenf gekleidet. Eine schwarze Jeans, ein offenes Sporthemd und ein leichter gelber Pulli waren seine Freizeitbekleidung.

Ehlers und Richter trafen zusammen ein. Beide sahen aus, als hätte man sie versehentlich in einem Brauereikeller eingeschlossen.

Frauke hatte die Zeit genutzt und eine große Kanne Kaffee gekocht.

»Danke«, sagte Ehlers und goss sich ein.

Richter schwieg. Er hatte es auch nicht für nötig befunden, Frauke zu begrüßen.

»Wie gut, dass wir jetzt eine Frau im Team haben«, knurrte Putensenf und schob nach dem ersten Schluck hinterher: »Kaffee kochen kann sie.«

»Heute ist Samstag«, knurrte Richter. »Ich hoffe, Sie haben etwas Wichtiges.«

»Für Polizisten ist der Sonnabend nicht heilig«, erwiderte Frauke und musste sich von Putensenf belehren lassen: »Bei uns heißt es Samstag!«

Der Kriminaloberrat bat Frauke, vorzutragen.

Sie fasste noch einmal die bisherigen Ergebnisse zusammen und erläuterte ihre Idee, dass Bassetti nur vorgeschickt worden sei.

»Für diesen hanebüchenen Blödsinn müssen wir herkommen?«, fluchte Richter.

Frauke sah an den Gesichtern der anderen, dass auch sie nicht begeistert waren. Madsack war der Einzige, der seine Enttäuschung verbarg.

»Es gibt Verbindungen zwischen dem Vorfall in Oldenburg und dem Betrug mit dem falsch deklarierten Schinken in Hannover.«

»Sind das auch nur Vermutungen?«, fragte Richter.

Statt einer Antwort stand Frauke auf und holte einen Aktenstapel von einem Stuhl am anderen Ende des Tisches. Sie hatte ihn dort platziert. Niemand hatte ihn bisher bemerkt. Während sie die Unterlagen vor sich auf den Tisch legte, sah sie reihum in die Gesichter der Beamten.

»Hier ist der Beweis.«

»Was ist das?«, fragte Ehlers.

»Die Ermittlungsakten aus Oldenburg.«

»Nach denen wir so lange gesucht haben?« Ehlers tat erstaunt.

»Wo haben Sie die her?« Auch Richter schien interessiert.

»Darin sind die Vorgänge in Oldenburg aufgezeichnet. Tuchtenhagens Rolle wurde in den Protokollen ebenso heruntergespielt wie der gesamte Vorgang.«

»Das ist ja ein Ding«, staunte Madsack.

»Wo kommen diese wichtigen Dokumente her?«, fragte Richter. Er hatte sich über den Tisch gebeugt. Seine Stimme klang eindringlich.

»Ich habe sie im Schrank eines Kollegen gefunden.«

»Wer hat das verschlafen?« Putensenf sah nacheinander alle Anwesenden an.

»Wollen Sie damit sagen, dass Sie in den Schränken der Kollegen geschnüffelt haben?« Ehlers war anzusehen, dass er verärgert war.

»Ich habe nicht *geschnüffelt*, sondern in einer Mordsache ermittelt.«

»Das verstehe ich nicht«, sagte Richter.

»Das ist doch ganz einfach. Jemandem war daran gelegen, diese Akten zu verbergen.«

»Könnte es nicht ein Versehen gewesen sein?«, mischte sich der Kriminaloberrat ein.

»Nein«, antwortete Frauke eine Spur zu scharf. »Jeder hier im Raum wusste, dass wir die Akten gesucht haben. In Oldenburg gab es sehr hässliche Details. Die haben dort Gammelfleisch verkauft, Abfälle, die für den menschlichen Verzehr nicht geeignet waren. Därme, Adern, Sehnen, Augen – das alles ist in die Wurst gekommen. Wollen Sie noch mehr hören?« Sie sah reihum die anderen an. »Es gab ein berechtigtes Interesse, die Verbindung zu Schröder-Fleisch zu unterdrücken. So konnte die These, es wäre ein Eifersuchtsdrama, eher gestützt werden. Dann waren da noch die Geschäftsunterlagen, die wir bei Manfredi sichergestellt haben. Selbst ohne Sachverständigengutachten war erkennbar, dass man von den normalen Geschäften, die der getätigt hat, nicht leben konnte. Dort wurde im großen Stil Geld gewaschen, indem imaginäre, ich vermute, nur auf dem Papier existierende Ware quer durch Europa verschoben wurde. Manfredi war der ›Geldwäscher‹ einer sehr viel mächtigeren Organisation.«

»Eine große Verschwörungstheorie, für die uns die Beweise fehlen«, warf Ehlers ein.

»Noch. Die Organisation ist aber in vielen Geschäftsfeldern tätig und gibt sich einen seriösen Anstrich. So überrascht es nicht, dass sie auch einen schwunghaften Handel mit gefälschten Produkten treibt. Textilien. Elektronik. Alkohol. Zigaretten. Medikamente. Und Lebensmittel. Die schrecken vor nichts zurück. Dummerweise reichte es Manfredi nicht, was er als Handlanger der Organisation verdiente. Er stockte die Bestellungen bei Schröder-Fleisch auf und lieferte den angeblichen Original Parmaschinken über den arglosen Hamburger Exporteur auf eigene Rechnung nach Skandinavien.«

»Das klingt wirklich gewaltig«, brummte Madsack mehr zu sich selbst.

»Das ist aufgeflogen, weil Bassetti, der als Aufpasser der Organisation bei Schröder-Fleisch installiert war, auch ein kleines privates Nebengeschäft betrieb. Er schmuggelte über den Schinken Rauschgiftpäckchen in die Vereinigten Arabischen Emirate. Beide wussten nichts von ihren kleinen Privatgeschäften, die aufflogen, als die heroinbestückten Schinken in Norwegen auftauchten. So kam es zur Auseinandersetzung zwischen Bassetti und Manfredi. Das Ergebnis kennen wir. Manuela Tuchtenhagen war ein unglückliches weiteres Opfer.«

»Schön. Aber was hat das mit dem Mord an Lars von Wedell zu tun?«, sagte Ehlers.

»Ich vermute, von Wedell hatte die Akten zufällig entdeckt und sich etwas zusammengereimt. Man hat ihm vielleicht auch einen Brocken hingeworfen, der in eine bestimmte Richtung deutete. Der junge Mann war ehrgeizig und begierig, bei seinem ersten großen Fall einen bedeutsamen Anteil zur Lösung beizutragen. Für mich liegt der Schlüssel in der zufälligen Begegnung mit Bassetti in der Pizzeria.«

»Graue Theorie«, sagte Putensenf. »Miss Marple kann das besser.«

»All das, was wir über die ›Organisation‹ zu wissen glauben, konnte dieser nicht gefallen. Die mühsam aufgebauten Strukturen wurden durch das Fehlverhalten und die Eigenmächtigkeit Einzelner gefährdet. Wenn man zunächst glaubte, Bassetti durch die Beseitigung der Zeugin heraushalten zu können, erwies sich das später als Irrtum. So wurde Bassetti geopfert und soll nun wegen der angeblichen Eifersuchtstat dafür büßen.«

»Gut. Das hört sich spannend an. Da bleibt uns noch eine Menge Arbeit, alles so wasserdicht aufzubereiten, damit die Staatsanwaltschaft mit der Anklage vor Gericht standhält.« Richter wollte aufstehen.

»Bleiben Sie bitte«, bat Frauke. »Es gibt noch einen Punkt: Lars von Wedell.«

Es schien, als würden alle Beamten die Luft anhalten. Nur schwach drangen ein paar Geräusche von draußen herein.

»Von Wedell bekam den Anruf, der ihn abends auf das Messegelände bestellte, in meiner Gegenwart. Es war Bassetti. Die beiden hatten sich aber nur kurz in der Pizzeria getroffen. Es ist kaum anzunehmen, dass sie dort Handynummern ausgetauscht haben. Also?« Frauke sah Putensenf an. Der zuckte die Schultern.

»Keine Ahnung.«

»Bassetti hat von Wedells Handynummer von jemand anderem

erfahren. Und den Auftrag erhalten, ihn auf das Messegelände zu bestellen. Der Italiener war nicht selbst dort.«

»Woher wollen Sie das wissen?«, warf Richter ein.

»Wir hätten ihn gefunden.«

»Und wer ist vor mir geflüchtet? Tuchtenhagen?«

»Nein. Der hat vor dem Tor, wo ihn ebenfalls Bassetti hinbestellt hatte, gewartet.« Frauke sah Madsack an. »Hat man eigentlich Bassettis Telefongespräche zurückverfolgt?«

Madsack sah hilflos in die Runde. »Ich habe das nicht angeordnet«, sagte er entschuldigend.

»Sie sind für die Koordination zuständig, Herr Richter«, warf Frauke dem Ermittlungsgruppenleiter vor.

»Für solche Aufgaben ist Nathan zuständig.« Richter zeigte auf den korpulenten Hauptkommissar.

»Du wirst mir das doch nicht anheften wollen?«, empörte sich Madsack.

»Doch. Das ist eine Schlamperei.« Richter war zornig.

»Wir klären später, wer hier versagt hat«, entschied Ehlers und zeigte auf Frauke. »Bitte.«

»Wir waren alle anwesend, als der Mord an Lars von Wedell geschah. Es gibt kaum bessere Zeugen als vier erfahrene Kriminalbeamte, unter deren Augen so etwas geschah. Nur Herr Ehlers gab vor, nicht am Tatort gewesen zu sein.«

»Ich muss doch sehr bitten.« Der Kriminaloberrat ließ seiner Empörung freien Lauf.

Frauke gebot ihm durch eine Handbewegung, nicht weiterzusprechen. »Keiner hat ihn gesehen. Ich auch nicht. Und niemand ist auf die Idee gekommen, ihn nach seinem Alibi zu fragen.«

»Das wird mir langsam zu dumm«, sagte Richter sichtlich aufgebracht. »Sie wollen den Mord an Lars doch keinem von uns in die Schuhe schieben.«

»Doch!«

Dieses eine Wort saß wie ein Peitschenknall. Entsetzen breitete sich in den Gesichtern der Beamten aus.

»Ich glaube, Sie gehen jetzt entschieden zu weit. Wir sollten das Gespräch an dieser Stelle abbrechen«, entschied Ehlers.

»Nein!«, sagte Frauke mit fester Stimme. »Ich bin noch nicht fertig. Und bei einem Mord, zumal an einem Polizisten, mag ich keine disziplinarischen Beschränkungen akzeptieren.«

Sie rückte den vor ihr liegenden Papierstapel zurecht.

»Noch einmal: Was ist auf dem Messegelände passiert? Wir haben gewartet, bis von Wedell meldete, er glaubte, es würde sich jemand nähern.«

»Was heißt ›*glaubte*‹?«, warf Richter ein. »Ich habe es auch gesehen.«

»Wer noch?«, fragte Frauke in die Runde. Nachdem niemand antwortete, fuhr sie fort: »Entweder haben wir anderen drei es nicht gesehen, oder es war einer von uns.«

»Ich bin empört«, schimpfte Putensenf. »Was soll dieser Quarkikram? Sie spinnen doch.«

»Was geschah danach? Wir haben alle einen Schuss gehört. Von Wedell rief, dass er glaubte, auf ihn würde geschossen.«

»Richtig«, sprach Madsack dazwischen.

»Danach habe *ich* von meinem Standort aus eine Gestalt gesehen, die davonlief. Sie wurde von einer anderen Person verfolgt.«

»Das habe ich auch gesehen«, bestätigte Richter. »Von Wedell hat den Unbekannten verfolgt.«

»Es war kein Unbekannter«, beharrte Frauke auf ihrer Meinung.

»Er ist doch nicht hinter einem Kollegen hergelaufen«, gab Ehlers zu bedenken.

Frauke lehnte sich zurück.

»Lars war unerfahren. Und überaus dienststeifrig. Und wir, die sogenannten alten Hasen, haben uns von einem Denkfehler leiten lassen. Wir sind wie selbstverständlich davon ausgegangen, dass von Wedell jemanden verfolgt hat. Nein! Er war der Erste und wurde von einem anderen verfolgt. Das war genau umgekehrt.«

»Warum sollte er unmotiviert losjagen?«, sagte Putensenf und kratzte sich den Hinterkopf.

»Das kann keiner mehr beantworten. Wie gesagt – es war der erste Einsatz unter realistischen Bedingungen.«

Zur Überraschung aller hob Richter den Zeigefinger und meldete sich zu Wort: »Wenn wir annehmen, dass Sie eventuell recht haben, dann war von Wedell der erste und ich der zweite Mann, den Sie gesehen haben. Schließlich bin ich auch losgerannt, als der erste Schuss fiel.«

»Schön. Damit hätten wir diesen Punkt geklärt. Ich bin, obwohl damals noch unbewaffnet, ebenfalls hinterhergelaufen. Dann haben wir vier weitere Schüsse gehört. Wir sind davon ausgegangen, dass der Täter noch einmal auf die Verfolger geschossen hat. Irrtum. Es waren die Schüsse, die unseren Kollegen niedergestreckt haben. Heimtückisch von hinten, als er an der kleinen Baustelle ankam.«

»Dort muss ihm jemand aufgelauert haben«, sagte Richter und sah vorwurfsvoll Madsack und Putensenf an.

»Du willst mich doch nicht mit einem solch absurden Vorwurf konfrontieren«, sagte Madsack, dessen Gesicht feuerrot angelaufen war.

»Oder mich?« Auch Putensenf war außer sich.

»Und ich glaubte, einem Fremden auf der Spur gewesen zu sein.« Richter fasste sich an die Stirn. »Das ist ja unfassbar. Dann hat einer von euch Lars erschossen, ich habe ihn verfolgt, und der Mörder hat sich seitlich in die Büsche geschlagen. So kommt es, dass Tuchtenhagen, der vielleicht wirklich ahnungslos vor der Tür gewartet hatte, mich sah und erschrocken flüchtete. Ein wahrlich teuflischer Plan. Pfui.«

»Wir haben danach noch drei Schüsse gehört. Einer wurde von Herrn Richter abgegeben, als er den vermeintlichen Täter verfolgte. Zwei vom Täter. Die Sache hat aber einen Haken.«

Gespannt waren alle Blicke auf Frauke gerichtet.

»Die Reihenfolge war: Bum. Das war der Schuss, von dem Lars glaubte, er galt ihm. Bum. Bum-bum. Dann die beiden Schüsse in von Wedells Rücken. Pause. Bum.« Frauke schluckte. »Hier ist der Mörder an sein Opfer herangetreten und hat ihn mit einem Kopfschuss final getötet. Bum. Noch mal Bum. Das waren die Schüsse auf Richter, als der den Mörder verfolgte. Und – bum – Richters letzter Schuss.« Sie sah in die Runde. »Haben wir das alle so erlebt?«

Putensenf und Madsack nickten. Richter stimmte zu.

»Im Protokoll steht aber folgender Takt: Bum-bum. Bum-bum-bum. Pause. Bum. Bum. Bum. Demnach sind drei Schüsse gewechselt worden, als Richter dem Mörder hinterherjagte.«

»Das ist ein Widerspruch«, erkannte der Kriminaloberrat. »Was ist nun richtig?«

»Meine erste Version. Das Protokoll ist falsch.«

»Das kann nicht sein«, warf Richter ein.

»Bernd hat recht«, pflichtete ihm Putensenf bei.

Madsack wischte sich den perlenden Schweiß von der Stirn. »Verdammt. Ich weiß es nicht mehr.«

»Ich habe auch lange darüber gegrübelt. Aber die Reihenfolge der Schüsse hat mich auf die Spur gebracht. Es war einer von uns. Deshalb haben wir auch keine Patronenhülsen oder keine Geschosse gefunden, weil die in die Luft abgegeben wurden und die Hülsen eingesammelt wurden.«

»Wo ist die Tatwaffe abgeblieben?«, fragte Madsack

»Das können Sie selbst beantworten«, erwiderte Frauke.

Der Hauptkommissar schüttelte den Kopf und sah nervös seine Kollegen an, als alle Blicke auf ihn gerichtet waren.

»Der Mörder hatte zwei Waffen. Seine Dienstwaffe und die Tatwaffe. Das war gerissen, denn bei einer solchen Aktion durchsucht niemand die anwesenden Polizisten nach der Tatwaffe.«

»Richtig«, sagte Putensenf. »Aber wenn es wirklich einer aus diesem Kreis war, ich betone: – wenn! –, dann hatte er doch Schmauchspuren an der Hand.«

»Haben Sie bei Richter oder Madsack danach gesucht?«, warf ihm Frauke vor.

Putensenf schüttelte den Kopf.

Richter zeigte auf ihn. »Wenn du der Todesschütze warst, Jakob, wirst du kaum bei dir selbst gesucht haben.«

»Spinnst du?«, giftete Putensenf ihn an.

»Niemand begeht den perfekten Mord. Auch ein Profi nicht, wenn ich erfahrene Kriminalbeamte so bezeichnen darf.« Frauke zeigte den Anflug eines Lächelns, das auf die anderen überheblich wirken musste.

»Fangen wir beim Motiv an. Der Mörder ist in die Machenschaften der Organisation, die hinter allem steckt, verstrickt und wird von ihr bezahlt und/oder erpresst. Unter Umständen hat man ihn zu allem gezwungen. Er hat bereits bei der Oldenburger Ermittlung gekungelt. Deshalb hat er auch die Akten verborgen gehalten.«

»Nun sagen Sie uns, in welchem Schrank Sie die gefunden haben«, forderte der Kriminaloberrat Frauke auf.

»Bei Bernd Richter.«

»Sie schnüffeln in meinem Büro herum? Das ist ja unerhört!«, empörte sich Richter. »Wo sollen die dort gelegen haben?«

»Im linken Schrankteil. Unten rechts.«

»Und wer hat sie dort deponiert? Jeder hier in der Runde weiß, dass ich meine Unterlagen auf dem Sideboard vor der Fensterbank lagere.«

»Das wird noch zu klären sein. Fingerabdrücke heißt das Zauberwort«, entgegnete Frauke ungerührt. »Dann haben wir die Anrufe bei Bassetti. Es lässt sich zurückverfolgen, von wem der seine Aufträge erhielt. Das ist eine Fleißarbeit, alle bei ihm eingegangenen Anrufe zu analysieren. Also …« Frauke brach mitten im Satz ab und fuhr mit dem gestreckten Zeigefinger durch die Luft. »*Ich* hätte Bassetti nicht von meinem Handy aus angerufen. Ich würde Sie bitten, Ihre Mobiltelefone sofort abzugeben und Herrn Ehlers treuhänderisch zu überlassen.«

Richter legte sein Telefon auf die Tischplatte. »Nur unter Protest.«

»Nein«, sagte Madsack. »Das brauche ich. Ich bin darauf angewiesen. Das geht nicht.«

»Ich habe meins nicht mit«, erklärte Putensenf.

»Bassetti kann natürlich auch aus dem LKA von einem Diensttelefon aus angerufen worden sein.«

»Das ist doch kein schlüssiger Beweis«, sagte Madsack. »Jeder hätte in das Büro des anderen gehen können.«

»Langsam«, bremste Frauke. »Putensenf und ich wurden von Bassetti angerufen, als wir bei Tuchtenhagen waren. Wer wusste davon? Nur die Mitglieder der Ermittlungsgruppe. Und einer hat das an Bassetti weitergegeben.«

»Ich war dabei«, sagte Putensenf, und ihm war deutlich anzuhören, wie erleichtert er war. »Wir haben den Anruf zurückverfolgen lassen. Er kam von einer öffentlichen Telefonzelle am Kröpcke. Wie ich es vermutet hatte, weil ich im Hintergrund die Straßenmusiker gehört hatte, die oft vor dem Café spielen und ihren ganz eigenen Sound haben.«

»Genau«, sagte Frauke.

»Ich war zu dem Zeitpunkt in meinem Büro«, stellte Richter fest. »Kurz zuvor hatte mich Jakob Putensenf angerufen und mich über das Ergebnis der Durchsuchung von Tuchtenhagens Haus informiert.« Er zeigte auf Madsack. »Und wo warst du, Nathan?«

Madsack wischte sich erneut die Schweißperlen von der Stirn. »Woher soll ich das wissen?«

»Kommen wir zum Ende, nachdem wir die Puzzleteile so sauber sortiert haben. Zu guter Letzt passen sie erstaunlich gut zueinander«, sagte Frauke.

»Herr Ehlers scheidet aus. Er war zwar über die Aktionen informiert, aber auf dem Messegelände wäre er einem von uns aufgefallen. Wir haben dort nur zwei Männer laufen sehen. Von Wedell als ersten und Sie, Richter, der ihn verfolgt hat.«

»Sicher. Ich habe, wie wir alle, den Schuss gehört und bin auch in die Richtung gelaufen.« Er schlug sich gegen die Stirn. »Wenn ich das gewusst hätte ... An der Baustelle bin ich links abgebogen, während du, Nathan Madsack, dort gelauert und Lars ermordet hast.«

Madsack war kreideweiß geworden. »Das – ist – doch – nicht – wahr«, stöhnte er, und jedes Wort kam stoßweise über seine Lippen.

»Doch, Nathan. Ich gebe es nicht gern zu, dass ich mit Frau Dobermanns eigenmächtigen Ermittlungsmethoden nicht einverstanden war.« Richter schnalzte mit der Zunge. »Eine so perfide und heimtückische Tat hätte ich dir nicht zugetraut.«

»Bin ich froh, nicht mehr verdächtigt zu sein«, sagte Putensenf, und die Erleichterung war ihm deutlich anzunehmen. Er sah Madsack an und schüttelte den Kopf, als würde er sich allein vor dem Blick ekeln.

»Sie waren mit mir im Haus von Tuchtenhagen, als Bassetti anrief und uns weismachen wollte, dass Manuela Tuchtenhagen ein Verhältnis mit Manfredi hatte«, sagte Frauke. »Mensch, Putensenf. Schalten Sie Ihren Denkapparat ein. Was war noch?«

Putensenf sah ratlos in die Runde. »Was sollte sein?«

»Sie haben Richter danach verständigt.«

»Und?«

»Wo war der?«

»Ich Idiot.« Es sah aus, als wollte Putensenf sich auf Richter stürzen. »Du hinterhältiger Hund. Du warst in der Passerelle. Die führt vom Kröpcke durch den Hauptbahnhof. Diesen Weg nimmt man, wenn man von der Telefonzelle ins LKA zurückgeht.«

»Richter war es auch, der auf dem Messegelände von Wedell hinterhergelaufen ist. Erst hat er ihn im Laufen mit zwei Schüssen niedergestreckt und dann an der Baustelle den tödlichen Kopfschuss abgegeben. Schließlich sind Sie weitergelaufen und haben uns weismachen wollen, Sie hätten den Mörder verfolgt. Und dass Tuchtenhagen dorthin bestellt wurde, war auch Teil Ihres Plans.«

»Das ist doch nicht wahr …!«, schrie Richter.

Frauke schlug mit der flachen Hand auf den Tisch. »Ruhe! Selbst wenn jemand auf die abwegig erscheinende Idee gekommen wäre, nach Schmauchspuren zu suchen, hätten Sie eine Erklärung gehabt. Schließlich haben Sie auch auf den Flüchtigen geschossen. Das wollten Sie uns verkaufen. Das war Ihnen auch gelungen. Ich bin erst darüber gestolpert, als ich mir noch einmal klarmachte, in welcher Folge der Schusswechsel stattfand. Wie ich es vorhin erläutert habe.«

»Bum-bum«, murmelte Putensenf selbstvergessen und wurde von Madsack mit einem tadelnden »Aber Jakob« zurechtgewiesen.

»Sie haben die ganze Zeit die Ermittlungen boykottiert und vordergründig alles auf einen Zweikampf zwischen Ihnen und mir geschoben, so getan, als würden die Hahnenkämpfe um die Karriere zwischen uns beiden zu den Komplikationen führen. Wenn Sie mit Schrecken feststellten, dass ich ein kleines Stück des Puzzles entdeckt hatte, versuchten Sie es mit der ›Das ist unprofessionell‹-Masche.«

»Ich glaube Frau Dobermann, das klingt alles sehr schlüssig«, sagte der Kriminaloberrat. »Herr Richter. Ich verhafte Sie hiermit wegen des Verdachts, den Polizeibeamten Lars von Wedell aus niederen Beweggründen getötet zu haben.«

Richter sackte in seinem Stuhl zusammen. Er stützte die Ellenbogen auf die Tischplatte und ließ sein Gesicht darin verschwinden. Er schwieg.

»Sie hatten gute Gründe, mich in jeder Weise in der Ermittlungsarbeit zu behindern und mir die Akten aus Oldenburg vorzuenthalten. Das galt auch für die Geschäftsunterlagen Manfredis, die Sie zunächst unter dem Vorwand, sie müssten übersetzt werden, zurückgehalten hatten.«

Frauke lehnte sich erschöpft zurück. »Heute mache ich mir große Vorwürfe, weil ich Lars von Wedell empfohlen hatte, sich Ihnen anzuvertrauen, als der anonyme Anruf kam, der ihn zur Messe bestellte. In der Vorbesprechung zu diesem Einsatz hatte Madsack vorgeschlagen, mehr Beamte einzusetzen oder das SEK zu alarmieren. Das haben Sie, Richter, kategorisch abgelehnt. Auch das hatte ich damals unterstützt, weil ich Ihren hinterhältigen Argumenten folgen konnte. Wer ahnt schon, dass ein junger Beamter vor den Augen der Polizeikollegen so kaltblütig ermordet werden sollte. Ich habe schon vielen verzweifelten, brutalen und hinterhältigen Mördern gegenübergestanden, aber so etwas ist mir noch nicht begegnet.«

Putensenf war aufgestanden und hatte den Raum verlassen. Kurz darauf kam er mit zwei uniformierten Beamten zurück. Er zeigte auf den immer noch zusammengesunken hockenden Richter.

»Abführen!«

»Bitte?«, fragte der größere der beiden Beamten ungläubig.

Erst als Ehlers nickte, brummte er: »Meinetwegen«, und packte Richter am Oberarm.

Der ehemalige Ermittlungsgruppenleiter ließ sich widerstandslos aus dem Raum bringen.

»Für uns ergibt sich jetzt eine völlig neue Situation«, sagte der Kriminaloberrat. »Frau Dobermann wird ab sofort die Leitung der Gruppe übernehmen.«

»Ach du Elend«, sagte Putensenf.

»Hatten Sie etwas anzumerken?«, fragte ihn Ehlers.

Doch Putensenf winkte nur ab.

Madsack erhob sich schwankend. Er wirkte immer noch angeschlagen. Mit beiden Händen ergriff er Fraukes rechte Hand und schüttelte sie heftig.

»Danke«, sagte er. »Danke. Danke.« Er atmete tief durch. »Da ist mir der Schreck aber heftig in die Glieder gefahren.«

Stumm traten die Beamten auf den Flur hinaus. Während Ehlers und Madsack vorangingen, zupfte Putensenf Frauke am Ärmel.

»Da ist noch was«, sagte er leise und hielt sie ein wenig zurück. »Eigentlich wollten meine Frau, Richter und ich heute Abend etwas zusammen unternehmen. Das fällt nun ins Wasser. Also – ja – ähm – hätten Sie nicht Lust, mitzukommen? Wir würden uns freuen.«

Frauke wollte ablehnen, doch bevor sie etwas erwidern konnte, sagte Putensenf eindringlich: »Ablehnen gilt nicht. Um neunzehn Uhr ›unterm Schwanz‹.«

Sie sah ihn ratlos an.

»Da trifft man sich in Hannover. Auf dem Bahnhofsvorplatz steht ein Denkmal mit einem Reiter und einem Pferd. Also – ›unterm Schwanz‹.«

Dann folgte er mit raschen Schritten Ehlers und Madsack.

Frauke vermochte nicht zu sagen, ob das lebhafte Treiben dem spätsommerlich guten Wetter zu verdanken war. Zumindest trug es dazu bei, dass viele Menschen den Bahnhofsvorplatz bevölkerten. Manche eilten hastig über das Pflaster, andere schlenderten gemächlich und scheinbar ziellos umher, wieder andere hatten sich zu kleinen Gruppen zusammengefunden und hielten muntere Schwätzchen.

Frauke kam sich inmitten der vielen Menschen ein wenig verloren vor, als sie »unterm Schwanz« auf Putensenf wartete. Sie war bereits mehrfach um das Denkmal von Ernst August herumgeschlichen, dem König von Hannover, das – laut Inschrift – dankbare Bürger ihrem Herrscher errichtet hatten. Sie musterte die Bronzefigur, die auf einem Pferd thronte. Die Statue mit dem Federbusch am Hut erinnerte Frauke ein wenig an das Bildnis des Sarotti-Mohrs, der auf jeder Tafel Schokolade abgebildet war.

König Ernst August hätte dieses Denkmal sicher nicht gespendet bekommen, hätte er wie einer seiner gleichnamigen Nachfahren an den türkischen Pavillon auf der Weltausstellung gepinkelt, dachte Frauke.

Tatsächlich schienen sich die Hannoveraner hier zu verabreden. Gerade eben hatte ein junger Mann ein gleichaltriges Mädchen fest umarmt. Dann waren beide eng umschlungen Richtung Innenstadt davongegangen. Zuvor hatten zwei Mädchen ein weiteres ebenso herzlich begrüßt.

Von Weitem sah sie Putensenf, der heftig winkte. Sie ging ihm entgegen.

»Meine Frau wartet da vorn im Auto«, sagte er. »Das ist eine ungünstige Stelle.«

Sie folgte ihm zu einem älteren Audi A4, in dem eine im Alter zu Putensenf passende Frau am Steuer auf sie wartete.

Putensenf quälte sich auf den Rücksitz. »Meine Frau – Frau Dobermann«, stellte er die beiden einander vor.

Frauke nahm auf dem Beifahrersitz Platz.

»Schön, Sie kennenzulernen«, sagte Frau Putensenf.

Die mittellangen, in Wellen gelegten kastanienbraunen Haare waren gefärbt. Sonst wären graue Strähnen sichtbar gewesen, dachte Frauke. Lachfalten lagen um die Augenwinkel, weitere, die ein sicher über fünfzigjähriges Leben ins Gesicht eingegraben hatte, waren durch eine sorgsame kosmetische Pflege vor dem Verlassen des Hauses verdeckt worden. Brille, Ohrringe und das dezente Rouge auf den Wangen unterstrichen den Eindruck einer gepflegten Frau, die aber keine Anstrengungen unternahm, die Lebensjahre zu vertuschen.

Sie steuerte das Fahrzeug routiniert durch den dichten Verkehr. Mittlerweile war Frauke so weit mit den Örtlichkeiten vertraut, dass sie das Neue Rathaus erkannte, das Innenministerium an der Lavesallee und das zu Zeiten der Gründung zukunftsweisende Ihme-Zentrum, das heute aber einen weniger guten Ruf genoss.

Frauke fragte nicht nach dem Ziel. Das Ehepaar Putensenf hätte es ihr ohnehin nicht verraten.

Frau Putensenf war auf Nebenstraßen ausgewichen und durchfuhr ein gewachsenes Wohngebiet.

»Das ist Linden-Süd«, erklärte sie, bevor die Straße über den Westschnellweg hinwegführte. Kurz darauf hatten sie ihr Ziel erreicht.

»Ein Jazz-Club?«, fragte Frauke ein wenig erstaunt, als sie auf dem Parkplatz hielten, wo die Plane eines orangefarbenen Anhängers auf den Zielort hinwies. Gegenüber einem eigentümlichen

Gebäude, dessen Bedeutung sich Frauke auch auf den zweiten Blick nicht erschloss, residierte der Jazz-Club Hannover in einem von einem rustikal belassenen Park umgebenen Haus.

»Ich hoffe, Sie mögen es«, sagte Frau Putensenf. »Lassen Sie sich überraschen. Jakob und ich lieben es. Im Park finden übrigens auch Veranstaltungen statt.«

Ein paar Stufen führten zu einer schwarzen Tür hinab. Der poppige Baldachin über dem Eingang bildete den Auftakt für das im gleichen Orange gehaltene Etablissement mit seinen verschachtelten Räumen, die teilweise eher Nischen glichen.

Putensenf steuerte einen Tisch in der Nähe der Bühne an, auf der ein großer Flügel stand.

In den engen Räumen herrschte ein hoher Geräuschpegel. Leute unterhielten sich, es wurde gelacht, gescherzt und auch quer durch den Raum gerufen. Viele Menschen aus dem Publikum schienen das gemeinsame Interesse an dieser Musik zu teilen und kannten sich.

»Hallo«, sagte ein hagerer Mann mit eingefallenen Wangen und struppeligem Rauschebart zum Ehepaar Putensenf, als er den Tisch passierte.

Jemand tippte Frau Putensenf von hinten auf die Schulter. »Hat es noch geklappt?«, fragte eine Frau mit einem runden Vollmondgesicht und sagte: »Prima«, nachdem Frau Putensenf ihr mit »Wir haben noch Glück gehabt« geantwortet hatte.

Wie auf Kommando erstarb die Geräuschkulisse, als der Pianist eintrat. Er verharrte einen Moment am Flügel und verneigte sich, um den Beifall der Gäste über sich ergehen zu lassen. Dann setzte er sich an das Instrument, ließ dreimal in der Luft seine Hände über die Tastatur gleiten, schüttelte seine Finger demonstrativ aus, schlug mit dem rechten Fuß zweimal auf den Fußboden, murmelte dabei sicht-, aber unhörbar: »Drei – vier«, und hämmerte ansatzlos in atemberaubender Geschwindigkeit in die Tasten.

Frauke war sprachlos. Es war faszinierend, in welchem Tempo der Künstler »Boogie Woogie with me« intonierte. Ein Lächeln erschien auf seinem sonst konzentriert wirkenden Gesicht, als mitten im Stück Beifall aufbrandete.

Auch Frauke spendete Applaus. Den hatte sich der Mann redlich verdient. Es folgte der »Swanee River Boogie«, und beim »Powerhouse Boogie Woogie« gab es kein Halten mehr unter den Zuschauern. Der Pianist hatte sie alle in seinen Bann gezogen.

Frauke war überrascht, überwältigt und begeistert. *Das* hätte sie Nathan Madsack nicht zugetraut.

In einer Pause zwischen zwei Stücken beugte Putensenf sich zu ihr herüber. »Na? Zu viel versprochen?«

Sie wollte antworten, konnte aber nur nicken, weil die Worte in den ersten Tönen des nächsten Stücks untergegangen wären.

Madsack hatte sich den tosenden Applaus und die Pause redlich verdient.

»Ich kümmere mich um den Getränkenachschub«, sagte Putensenf und wurde kurz abgelenkt, als Fraukes Handy klingelte.

Böse Blicke und launische Kommentare von anderen Tischen straften sie dafür ab, dass sie vergessen hatte, das Telefon auszuschalten.

»Dobermann«, sprach sie leise in das Gerät und deckte das Telefon mit der flachen Hand ab.

»Sie haben einen Fehler gemacht«, sagte eine fremdländisch klingende Männerstimme. »Sie werden sterben.«

Dichtung und Wahrheit

Wie alle meine Romane ist auch dieser Stoff ausschließlich meiner Phantasie entsprungen. Das gilt für die Handlung und alle darin auftretenden Personen. Keiner der Protagonisten hat ein reales Vorbild.

Sollten wegen der Authentizität meiner Werke Ähnlichkeiten zu vorhandenen Orten oder Einrichtungen auftreten, sind diese zufällig und haben ebenfalls keinen Bezug zur Wirklichkeit. Menschen, die in den Orten und Häusern leben und arbeiten, sind genauso unverdächtig wie Unternehmen, die sich in einer der von mir beschriebenen Branchen betätigen.

Allerdings gibt es die Pizzeria Italia wirklich, nur nicht in Hannover, sondern in einer anderen Stadt. Gäste und Inhaber sind ausschließlich ehrbare Menschen. Nur dass es dort die beste Pizza der Welt gibt, entspricht der Wahrheit. Danke, Judith und Giosino.

Neben den schon oft genannten Menschen möchte ich an dieser Stelle Birthe besonders erwähnen, die mir – wieder einmal – bei der Recherche eine mittlerweile professionelle Hilfe war, und meiner Tochter Celine danken, die sich ebenfalls als Scout betätigt hat.

HANNES NYGAARD

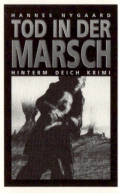

Hannes Nygaard
TOD IN DER MARSCH
Broschur, 240 Seiten
ISBN 978-3-89705-353-3

»Ein tolles Ermittlerteam, bei dem man auf eine Fortsetzung hofft.«   Der Nordschleswiger

»Bis der Täter feststeht, rollt Hannes Nygaard in seinem atmosphärischen Krimi viele unterschiedliche Spiel-Stränge auf, verknüpft sie sehr unterhaltsam, lässt uns teilhaben an friesischer Landschaft und knochenharter Ermittlungsarbeit.«   Rheinische Post

Hannes Nygaard
VOM HIMMEL HOCH
Broschur, 240 Seiten
ISBN 978-3-89705-379-3

»Nygaard gelingt es, den typisch nordfriesischen Charakter herauszustellen und seinem Buch dadurch ein hohes Maß an Authentizität zu verleihen.«   Husumer Nachrichten

»Hannes Nygaards Krimi führt die Leser kaum in lästige Nebenhandlungsstränge, sondern bleibt Ermittlern und Verdächtigen stets dicht auf den Fersen, führt Figuren vor, die plastisch und plausibel sind, so dass aus der klar strukturierten Handlung Spannung entsteht.«
Westfälische Nachrichten

www.emons-verlag.de

EMONS VERLAG

Hannes Nygaard
MORDLICHT
Broschur, 240 Seiten
ISBN 978-3-89705-418-9

»Wer skurrile Typen, eine raue, aber dennoch pittoreske Landschaft und dazu noch einen kniffligen Fall mag, der wird an ›Mordlicht‹ seinen Spaß haben.« NDR

»Ohne den kriminalistischen Handlungsstrang aus den Augen zu verlieren, beweist Autor Hannes Nygaard bei den meist liebevollen, teilweise aber auch kritischen Schilderungen hiesiger Verhältnisse wieder einmal großen Kenntnisreichtum, Sensibilität und eine starke Beobachtungsgabe.« Kieler Nachrichten

Hannes Nygaard
TOD AN DER FÖRDE
Broschur, 256 Seiten
ISBN 978-3-89705-468-4

»Dass die Spannung bis zum letzten Augenblick bewahrt wird, garantieren nicht zuletzt die Sachkenntnis des Autors und die verblüffenden Wendungen der intelligenten Handlung.« Friesenanzeiger

»Ein weiterer scharfsinniger Thriller von Hannes Nygaard.«
Förde Kurier

www.emons-verlag.de

HANNES NYGAARD

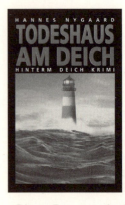

Hannes Nygaard
TODESHAUS AM DEICH
Broschur, 240 Seiten
ISBN 978-3-89705-485-1

»Ein ruhiger Krimi, wenn man so möchte, der aber mit seinen plastischen Charakteren und seiner authentischen Atmosphäre überaus sympathisch ist.« www.büchertreff.de

»Dieser Roman, mit viel liebevollem Lokalkolorit ausgestattet, überzeugt mit seinem fesselnden Plot und der gut erzählten Geschichte.«
Wir Insulaner – Das Föhrer Blatt

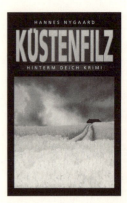

Hannes Nygaard
KÜSTENFILZ
Broschur, 272 Seiten
ISBN 978-3-89705-509-4

»Mit ›Küstenfilz‹ hat Nygaard der Schleiregion ein Denkmal in Buchform gesetzt.«
Schleswiger Nachrichten

»Nygaard, der so stimmungsvoll zwischen Nord- und Ostsee ermitteln lässt, variiert geschickt das Personal seiner Romane.«
Westfälische Nachrichten

www.emons-verlag.de

EMONS VERLAG

Hannes Nygaard
TODESKÜSTE
Broschur, 288 Seiten
ISBN 978-3-89705-560-5

»Seit fünf Jahren erobern die Hinterm Deich Krimis von Hannes Nygaard den norddeutschen Raum.«   Palette Nordfriesland

»Der Autor Hannes Nygaard hat mit ›Todesküste‹ den siebten seiner Krimis ›hinterm Deich‹ vorgelegt – und gewiss einen seiner besten.«
Westfälische Nachrichten

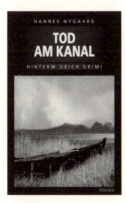

Hannes Nygaard
TOD AM KANAL
Broschur, 256 Seiten
ISBN 978-3-89705-585-8

»Spannund und jede Menge Lokalkolorit.«
Süd-/Nord-Anzeiger

»Der beste Roman der Serie.«   Flensborg Avis

www.emons-verlag.de

HANNES NYGAARD

Hannes Nygaard
DER TOTE VOM KLIFF
Broschur, 272 Seiten
ISBN 978-3-89705-623-7

Die große (Welt-)Politik streckt erneut ihre schmutzigen Finger nach Schleswig-Holstein aus: Der international bekannte wie gefürchtete Finanzmogul Lew Gruenzweig wird auf Sylt ermordet. Das ist nicht nur eine Sensationsnachricht mit globaler Reichweite, sondern fordert auch besonderes Einfühlungsvermögen der Ermittler. Da gibt es nur einen, der über das notwendige Können verfügt: Lüder Lüders. Ob aber ausgerechnet Große Jäger der passende Partner ist, um in der Welt der Mächtigen aus Wirtschaft und Politik zu ermitteln?

Erscheint im April 2009

www.emons-verlag.de